赵晓军◎著

中国收入分配差距

现状、原因及对策

INCOME DISTRIBUTION GAP IN CHINA

北京大学出版社
PEKING UNIVERSITY PRESS

图书在版编目(CIP)数据

中国收入分配差距：现状、原因及对策/赵晓军著. —北京：北京大学出版社，2020. 5
ISBN 978-7-301-31054-0

Ⅰ.①中… Ⅱ.①赵… Ⅲ. ①居民收入-收入差距-研究-中国 Ⅳ. ①F126.2

中国版本图书馆 CIP 数据核字（2020）第 015466 号

书　　名 中国收入分配差距：现状、原因及对策
ZHONGGUO SHOURU FENPEI CHAJU: XIANZHUANG、YUANYIN JI DUICE
著作责任者 赵晓军 著
责 任 编 辑 黄炜婷
标 准 书 号 ISBN 978-7-301-31054-0
出 版 发 行 北京大学出版社
地　　址 北京市海淀区成府路 205 号　100871
网　　址 http://www.pup.cn　新浪微博　@北京大学出版社
电 子 信 箱 zpup@pup.cn
电　　话 邮购部 010-62752015　发行部 010-62750672　编辑部 010-62752021
印 刷 者 三河市博文印刷有限公司
经 销 者 新华书店
720 毫米×1020 毫米　16 开本　12. 5 印张　246 千字
2020 年 5 月第 1 版　2020 年 5 月第 1 次印刷
定　　价 42.00 元

序　　言

“公平”与“效率”一直是经济中最重要的两大主题。1949 年中华人民共和国成立之初，我国实行计划经济体制，由中央政府统一管理和分配经济资源，并实行“平均主义”的分配制度。在此后的二十多年间，尽管贫富差距很小，但由于中央计划者配置资源的效率低下，经济增长十分缓慢，因此这种“公平”是低效率的。1978 年，在对计划经济体制进行反思后，以邓小平同志为首的领导人转变发展理念，在各领域逐渐引入市场机制以提高资源配置效率，开启我国的渐进式改革之路。随着改革开放的深入推进，1992 年我国正式确立社会主义市场经济体制，并提出“效率优先，兼顾公平”的分配原则。自此，发展的天平开始由“公平”向“效率”倾斜，我国经济在近四十年内飞速增长，创造了年均 GDP (国内生产总值) 增长率超过 9% 的“增长奇迹”。与此同时，收入分配不均的问题也开始凸显，各层次的收入不平等开始涌现，并且呈长期扩大的趋势。

我国收入分配差距经历了怎样的演变过程？

当前中国收入分配的差距有多大？

影响居民收入分配的主要因素有哪些？

只有回答清楚这些问题，才能对我国当前的居民收入分配问题进行客观的评价，进而对收入分配格局的调整建言献策。《中国收入分配差距：现状、原因及对策》的问世在一定程度上解释了上述问题。本书集中了刘伟教授、张辉教授、赵晓军副教授以及北京大学经济学院多位博士生的研究成果，以标准的经济学理论为基础，对 1978 年以来中国收入分配结构变迁做了全面的介绍和系统的分析，为收入分配的相关研究提供了新的参考文本。

在我看来，本书主要有以下三个优点：

其一，采用统一的框架，从多维度出发，对我国收入分配的演化历程进行了全面的展示和剖析。历来中国研究收入分配问题的文献和著作不在少数，但由于切入点、研究的时间跨度、度量收入分配差距的方法以及使用数据等的不同，研究结果不是非常统一，甚至会出现矛盾的情况。本书采用统一的方法、数据，研究自改革开放至今的收入分配格局，考察范围涵盖城乡、地区和行业等方方面面，对我国的收入结构进行了准确且详细的论述。

其二，进行了大量的实证分析，为收入分配的影响因素提供了翔实的论据。在分析收入分配的影响因素时，本书所有的论证都建立在详细的数据基础之上，定量地刻画了这些因素对居民收入不平等的影响程度。值得一提的是，本书在回答人口流动、区域发展战略、税收制度和贸易自由化这四大因素对收入分配的影响的同时，还采用反事实估计的方法，从正反两个方面比较上述因素对居民收入结构的影响，提高论证的可信度。

其三，本书最大的亮点在于，在统一的框架下，从经济中的短期和长期视角出发，给出改善中国收入分配差距的各种对策。收入分配作为一个结构性问题，要想从根本上改变需要一个漫长的过程。在分析缩小收入分配差距的对策时，我们要综合考虑政策对经济各方面的影响。现有文献由于只关注某一领域的收入分配问题，因而提出的政策建议往往忽略了政策对经济效率的影响，以及对经济环境会产生不同的长短期效应。本书提出在短期聚焦于需求端的再分配政策、在长期注重供给端的初次分配结构调整等一系列举措，为我国收入分配问题提供了切实可行的改进思路，也为政府相关政策的执行提供了一定的理论依据。

《中国收入分配差距：现状、原因及对策》的出版，为我们了解收入分配的相关问题提供了一个全新的视角。当然，本书也有不尽如人意的地方。例如，由于缺少相关数据，在原因和对策方面的部分研究无法从实证的角度刻画某些因素影响收入分配的传导机制；在进行对策分析时，没有考虑政策的部门间传导；等等。本书提供了一个较为成熟的理论框架，随着数据的丰富和研究的深入，这些问题在未来都可以得到解决。

龚六堂

2019 年 12 月于燕园

摘　　要

自改革开放至今，已经过去四十多个春秋。在这四十多年间，中国的经济发展取得了举世瞩目的成就，如今已一跃成为了世界第二大经济体，在全球经济中占据了举足轻重的地位。然而，在一系列“增长光环”的背后，也潜藏着不少结构性矛盾，这是总量型发展模式导致的必然结果。为了保持经济的高速增长，必然要求把整个国家的资源配置到对经济拉动效用最为明显的部门，长此以往就会造成资源在各部门的配置不均，进而导致产业结构失衡、收入分配差距扩大等问题。作为学者，批判性思维是必不可少的，在感叹我国经济迅速发展的同时，也要正视和思考当前经济结构存在的各种问题。基于此，我们关注中国收入分配差距，围绕这一话题进行大量的研究，并将这些研究成果结集成书，希冀为认识我国收入分配差距提供一个直观且深入的视角。

本书共分为三个部分，分别从我国居民收入及其分配差距的演变历史、影响因素和未来对策三个主题展开论述，层层递进，对相关问题进行了全面且深入的剖析。第一部分是对改革开放以来收入分配格局的变迁以及现状分析。在第 1 章中，我们首先介绍收入分配的相关定义，定量刻画收入分配差距所需的数据和指标，并对本书采用的研究方法做出说明。在第 2—4 章中，我们利用基尼系数、泰尔系数和极化指数等一系列指标，全面描绘我国城乡间、地区间和行业间的收入分配差距。结果显示，我国居民的收入分配演化可以分为两大阶段。第一阶段是 1978—2008 年，以各种指标度量的收入分配差距总体呈上升的趋势。这意味着伴随经济的发展，各部门的居民收入不平等程度都在不断提高，但不同部门收入差距上升的逻辑不同。就城乡而言，城乡间的收入差距对总体收入分配差距的贡献率最大；尽管城镇和农村内部两极分化程度较为严重，但对总体收入分配差距的影响程度相对较小。地区间收入分配差距的扩大同样源于四大经济地区间的差距，而各经济区域内部的不平等状况则表现不一。然而，三大产业间的收入分配差距对总体收入分配差距的贡献程度较小且逐年下降，行业的收入不平等主要来自三大产业内部，尤其是第三产业的收入不平等。第二阶段是 2008—2015 年，不论是城乡间、地区间还是行业间的收入分配差距都有下降的趋势，然而绝对水平依然较高，基尼系数保持在 0.4 的国际警戒线之上。因此，当前我国的收入分配状况不容乐观，居民的收入结构亟待调整。

究竟是什么因素导致了我国居民收入的不平等程度如此之高？在未来，收入分配差距是否会像库兹涅茨理论所预言的随经济增长而逐渐缩小呢？这些问题的答案不但有助于我们更深入地了解我国收入分配的演变历程，而且直接决定政府对于收入分配结构调整的政策导向。

第二部分详细分析了影响收入分配的各种因素，包括人口流动、区域发展战略、税收制度和国际贸易。如果从标准的经济学理论角度看，这些因素有助于缩小收入分配差距。例如，如果劳动力可以按照边际生产率原则自由流动，那么当城镇部门的收入高于农村部门时，城乡间的人口流动有助于降低劳动力在城镇的边际回报率并提升其在农村的边际回报率，最终两个部门的工资率会相等。根据 Barro et al. (1991, 1992) 的条件收敛理论和林毅夫等人的比较优势理论，如果区域发展战略符合该地区的禀赋优势和产业结构特征，那么区域内部和地区间的人均收入将呈收敛的趋势，即地区间的收入分配差距会缩小甚至消失。根据赫克歇尔–俄林理论，贸易自由化有助于提高发展中国家的劳动力需求，进而提高工资率，促进行业间的收入趋同。总之，上述三个因素有助于缩小初次分配环节的收入差距，优化居民的收入分配结构。此外，合理的税收制度可以从再分配环节缩小贫富差距，进一步提高公平性。然而，上述理论成立的条件是有完备的、没有摩擦的市场。在我国，要素市场的扰动，如户籍制度、劳动力市场黏性、行业异质性等因素限制了人口流动和贸易自由化的趋同效应；西部地区与经济基础不匹配的发展战略限制了区域内部和地区间收入分配差距的缩小；以累退税为主的税制结构和不合理的个人所得税征收制度也加剧了收入不平等程度。这些摩擦使得四大因素变成了一把把“双刃剑”，在促进经济增长的同时推动了居民收入分配差距扩大。

既然已经找到症结所在，那么就可以对症下药，采取适当的对策调整收入分配格局。随着“投资 + 出口”双引擎速度减缓，我国经济增长逐渐乏力，当前已迈入经济结构转型的历史性时期，必须寻求新的增长点。熊彼特的“创造性破坏”理论指出，经济结构转型过程会面临大规模的新旧产业更替，并造成大量旧产业工人失业，这对居民的收入分配差距又将是一次巨大的冲击。我们认为，本次结构转型同样给我国收入分配结构的调整提供了宝贵的机遇，只要应对得当就可以改变收入分配格局，在促进“效率”的同时实现“公平”。

第三部分分别站在经济的短期和长期视角，给出了不同发展阶段的应对措施。由于短期内对经济影响最直接的是总需求管理政策——货币政策和财政政策，因此我们认为：短期内我国应当采用结构性货币政策以“稳增长”，并重新设计更大力度、更多元化的财政转移支付政策以调节收入再分配结构，避免收入不平等的进一步扩大；长期内我国应当从供给侧发力，推进要素市场改革和供给侧结构性改革，消除影响资源流动的各种扰动，优化产业结构，从而同时调整规模性和功能性收入分配结构。此外，利用财产税等手段遏制财富不平等的形成，并推行全国范围内的教育平等化，避免收入分配差距的代际传递，确保超长期内中国经济的稳定发展。

在本书付梓之际，心中难免充满了感动和喜悦。一方面，在对收入分配问题进行深入研究后，感叹我国经济发展之成就、人民之勤劳、政府之不易。另一方面，感谢杨耀武博士、黄昊博士、王灿博士、梁银鹤博士、张宁川博士、陈雨露博士、王琪博士和王龙博士在数据收集、分析与书稿撰写方面的相关工作。希望本书能给对收入分配相关问题感兴趣的读者有所参考，并为未来的相关研究提供新的思路。

作　者

2019 年 3 月于燕园

目　　录

第一部分　中国收入分配现状分析

第二部分 中国收入分配原因分析

第三部分　改善中国收入分配对策分析

第一部分

中国收入分配现状分析

自改革开放以来，在经济总量持续增长的背景下，我国居民的绝对收入水平已然迈入中等偏上国家的行列，但收入分配差距却在不断扩大。在第一部分，我们详细地计算和梳理四十多年我国各领域的收入分配差距，力求向读者更全面、更直观地展示我国居民收入分配结构的变迁。

在第 1 章中，我们首先介绍了关于收入分配的一些基本概念、数据和测算方法。居民收入按归算口径可以分为个人收入和家庭收入。学术界一般把以家庭为单位测算的收入差距称为“家庭收入差距”，而把以居民个人为单位测算的收入差距称为“居民收入差距”。本书所讨论的是居民收入差距。在对居民收入分配差距进行测算时，往往需要大量的个人收入数据。我国官方的微观调查数据是国家统计局的入户调查数据；此外，一些高校和科研机构也组建了各自的数据库，包括北京大学的 CFPS 数据库、中国人民大学的 CGSS 数据库、西南财经大学的 CHFS 数据库和中国社会科学院的 CHIP 数据库。由于 CHIP 数据库的时间跨度较长，有关居民收入方面的数据也更详尽，因而本书主要选用各年份的 CHIP 数据库进行研究。在对收入分配差距的量化方面，目前学界公认的指标是人口收入份额度量、基尼系数和泰尔指数。由于这些方法各有优劣且存在互补关系，因而本书会结合上述指标，全面评价我国收入分配差距的演变历史。

在第 2—4 章中，我们从城乡、地区和行业三个维度入手，揭开居民收入分配差距演变过程的面纱。第 2 章分析城乡间居民收入分配差距。我们发现，从 1983 年开始，中国城乡间居民收入分配差距总体呈扩大趋势，直到 2008 年后才有所缓解。在进一步分解城镇和农村的收入分配结构后，我们发现城乡间居民收入差距的扩大是造成全体居民收入分配差距扩大的根源，并且城镇和农村内部收入两极分化的程度都比较高。第 3 章讨论地区间的收入差距。我们计算了我国 27 个省级行政区 (不包括四个直辖市) 的基尼系数，并估计了不同年份各省基尼系数的分布函数，发现中国地区间收入分配差距同样呈现先扩大后缩小的格局，基尼数据的分布也逐渐趋近于合理。不过值得注意的是，尽管 2008 年后地区间收入分配差距有所缩小，但收入不平等程度较大的省份依然较多。第 4 章刻画行业间收入分配差距，发现自 1990 年以来，我国行业间收入分配差距逐渐扩大，并在 2008 年达到峰值，之后小幅回落。在分解行业的收入分配情况后可以看出，我国行业收入分配差距大部分来自产业内部的差距，尤其是第三产业。因此，总体上来看，在我国经济发展的同时，各领域的收入不平等程度都有所加剧。尽管上升的趋势在 2008 年后得到遏制，但收入分配差距的绝对水平依然较高，收入分配不平等的问题不容忽视。

第 1 章　中国居民收入分配差距

自改革开放以来，中国经济增长取得的成就举世瞩目，但总量增长的背后潜藏着一系列的结构性矛盾，收入分配差距的扩大就是之一。本书主要从中国居民收入分配差距的演变过程、原因和对策三个角度出发，全面分析收入分配的相关问题。在本章中，我们对一些基本的概念、数据和方法进行介绍。首先，我们区分了居民收入差距和家庭收入差距的相关概念，并介绍了国家统计局的入户调查与其他机构的收入调查项目的开展情况，以及国家统计局的收入定义与中国家庭收入调查的收入定义的区别。其次，我们根据中国家庭收入调查数据计算了中国城乡居民的人均可支配收入情况，介绍了人口收入份额度量方法、基尼系数和泰尔指数这三种刻画收入分配差距的主要方法。再次，我们利用中国家庭收入调查数据，以人口收入份额度量法、泰尔指数和基尼系数刻画了中国城乡居民收入分配状况。最后，我们利用泰尔指数的完全相加可分解性，将中国居民总体收入不平等分解为城镇和农村内部以及城乡间的收入差距，研究各组成部分收入差距对居民总体收入不平等的影响。结果发现，中国居民总体收入分配差距在 2013 年较 2007 年出现下降，但并不代表农村和城镇内部居民收入差距的缓解，这种下降是由城乡间收入差距的缩小带来的。

1.1　居民收入及其构成

1.1.1　居民收入的定义和构成

居民收入按归算口径可以分为个人收入和家庭收入。对于中国居民来说，一部分收入是以家庭为单位获取的，如持续多年的独生子女补贴等；另一部分虽然不以家庭为获取单位，但在家庭内部却很难归算到某一具体的成员，如家庭经营性收入等。因此，在研究居民个人收入分配差距时，确实存在收入难以归算等问题。而以家庭为单位研究居民收入差距，又将面临家庭规模差异所带来的居民收入差距刻画不合理的问题。为了解决上述问题，本章将居民家庭收入在家庭成员之间平分以计算居民个人收入，并将以家庭为单位测算的收入差距称为“家庭收入差距”，而将以居民个人为单位测算的收入差距称为“居民收入差距”。

居民收入，无论是农村居民收入还是城镇居民收入，都可以按来源分为以下四种类型：一是工资性收入，包括家庭工作成员和离退休人员的现金收入与实物收入；二是经营性收入，包括个体或私营企业主收入以及农村自产自销产品价值；三是财产性收入，包括金融资产和房产带来的收入，家庭自用住房产生的归算租金 (Imputed Rent) 也纳入此类；四是转移性收入，主要由政府转移性收入和私人转移性收入组成。

1.1.2 国家统计局的入户调查与其他机构开展的收入调查项目

在中国微观家户调查方面，国家统计局城市和农村经济社会调查队从 20 世纪 80 年代初就已经对中国城乡住户收支与生活状况进行了详细的抽样调查。2013 年以前，中国城乡居民收入统计是按城乡分别进行的。城镇居民收入数据来自城镇住户调查，农村居民收入数据来自农村住户调查；对城镇居民按可支配收入统计，对农村居民按纯收入统计。这造成城乡居民收入统计指标不一致、农民工归类不明确，很难准确把握中国居民收入分配全貌，难以适应城乡统筹发展的需要。为了改变这种状况，2012 年国家统计局对城乡住户调查实施了一体化改革，统一了城乡居民收入指标名称、分类和统计标准，在全国统一抽选了 16 万户城乡居民家庭，正式开展了城乡一体化的住户收支与生活状况调查。截至 2013 年年底，国家统计局已经按新标准收集了 16 万调查户 12 个月的记账数据，并汇总计算出 2013 年城乡可比的全国居民可支配收入。①对于 2013 年以前的数据，国家统计局提供了可回溯调整的方法，即按新的可支配收入指标口径统一农村居民纯收入和城镇居民可支配收入，并对年内外出务工半年以上的农民工，从现行的农村人口调整为城镇常住人口。②应该说，这种调整方法可以适应研究人口流动及城镇化进程对中国收入分配影响的需要。在对往年数据进行回溯调整的基础上，2013 年 1 月国家统计局一次性地公布了 2003—2012 年全国居民的收入基尼系数。可是，有关国家统计局 2013 年以后城乡统一的调查数据和 2013 年以前城乡分离的调查数据，现在还无法通过公开渠道获得；其公布的基尼系数也只有全国总体的基尼系数，城镇和农村内部的基尼系数无从知晓。

除了国家统计局对家庭收入开展的大规模入户调查，很多高校和科研机构也对中国居民收入进行了入户调查，其中具代表性的有中国综合社会调查、中国家庭金融调查、中国家庭动态跟踪调查和中国家庭收入调查。

中国综合社会调查 (Chinese General Social Survey, CGSS) 始于 2003 年，由中国人民大学中国调查与数据中心负责执行。遵照国际标准，自 2003 年起，每年一次，对中国各省份 10 000 多户家庭进行连续性的横截面调查。CGSS 收集了社会、

① 详情请见《国家统计局住户调查办公室主任王萍萍就居民收入统计改革和相关数据答记者问》，国家统计局网站。

② 相关调整方法详情，请见王萍萍：《关于我国居民收入基尼系数测算的几个问题》，《中国信息报》2013 年 2 月 5 日，第 1 版。

社区、家庭、个人多个层次的数据，调查的核心模块包括社会人口属性、就业、收入和家庭背景等方面的数据。

中国家庭金融调查 (Chinese Household Financial Studies，CHFS) 是西南财经大学中国家庭金融调查与研究中心 (成立于 2010 年) 在全国范围内开展的、旨在收集有关家庭金融微观层次相关信息的追踪调查。中国家庭金融调查旨在收集家庭 (主要包括住房资产、金融财富、负债、信贷约束、收入、消费、社会保障、保险、代际转移及人口特征方面) 的信息。2011 年 7—8 月，中国家庭金融调查与研究中心对中国 25 省份 8 438 户家庭进行了访问。该中心计划每两年进行一次追踪调查，形成面板数据。中国家庭金融调查在 2011 年、2013 年和 2015 年分别完成 8 438 户、28 000 户和 40 000 户有效样本的访问工作。

中国家庭动态追踪调查 (Chinese Family Panel Studies，CFPS) 由北京大学中国社会科学调查中心实施，旨在跟踪、搜索个体、家庭、社区三个层次的数据，反映中国社会、经济、人口、教育和健康的变迁。CFPS 样本覆盖 25 个省/市/自治区，目标样本规模为 16 000 户，调查对象包括样本家户中的全部家庭成员。CFPS 于 2010 年正式开展访问，经 2010 年基线调查界定出来的所有基线家庭成员及其今后的血缘/领养子女将作为 CFPS 的基因成员，成为永久追踪对象。中国家庭追踪调查现已完成 2012 年、2014 年和 2016 年 3 次追访工作。

中国家庭收入调查 (China Household Income Projects，CHIP) 始于 20 世纪 80 年代末，牛津大学经济学院基斯 · 格里芬 (Keith Griffin) 与中国社科院经济研究所赵人伟联合带领中外研究者组成的团队组织了第一轮调查。CHIP 项目旨在收集中国家庭数据，以分析改革开放以后中国诸如收入、不平等及贫困趋势等有益的经验分析。20 世纪 90 年代中期，赵人伟、李实和美国教授卡尔 · 李思勤 (Carl Riskin) 牵头组织了第二轮调查；21 世纪初期，李实、瑞典经济学家别雍古斯塔夫森和加拿大经济学家史泰丽等组织了第三轮调查；21 世纪初的中期，李实和澳大利亚国立大学孟昕组织了第四轮调查。为了进一步挖掘当前中国居民的收入分配状况及其背后的居民福利状况，中国居民收入调查课题组组织了第五轮全国范围的大调查，并在 1988 年、1995 年、2002 年、2007 年、2013 年住户调查的基础上，形成了被国际学术界称为 CHIP 的数据库。

因本书旨在研究改革开放以来中国居民收入分配状况，故选取时间跨度更长的 CHIP 数据库为分析基础。国家统计局每年都会公布包括城乡在内的居民收入分组收入情况，为方便读者了解国家统计局公布的居民收入所包含的内容，下面指出国家统计局的收入定义与中国家庭收入调查项目的收入定义的区别。

1.1.3 国家统计局的收入定义与中国家庭收入调查项目的收入定义的区别

2013 年以前，国家统计局对中国城乡居民收入的统计是按城乡分别进行的。国家统计局衡量的城镇收入被称为可支配收入，包括工资性收入 (工资、薪金及其他补偿)、自我经营收入、财产性收入以及来自公共部门或私人的转移性收入。这种度量方法主要包括各种来源的现金收入，没有完全反映实物收入，而且未包括自有住房的估算租金。国家统计局衡量的农村收入被称为纯收入，包括来自就业、自我经营、家庭经营和农业等生产性活动的现金收入，以及自己生产自己消费的产品在扣除成本、税费和生产性资产折旧后的货币价值，再加上转移收入 (国家统计局，2008)。与城镇收入相同，国家统计局衡量的农村收入也不包括自有住房的估算租金。

Kane 等指出了中国国家统计局这种住户收入度量方法的缺陷。一种缺陷是排除了自有住房的估算租金，另一种缺陷是低估了消费补贴，尤其是对城镇家庭来说。在过去，消费补贴主要来自计划经济下提供低价的消费品和公有住房补贴。20 世纪 90 年代以后，计划配给的消费品几乎没有了，而消费补贴也逐渐消失了。类似地，到 21 世纪初，中国基本完成城镇住房的私有化和市场化，也导致城镇公有住房补贴的大幅减少。但在此之前，城镇居民的消费补贴是存在的，并占居民收入相当大的比例。

基于以上考虑，本书采用比国家统计局更全面的方法衡量住户收入。在国家统计局所衡量收入的基础上加上自有住房的估算租金和租住城镇公有住房的隐性补贴。

无论是国家统计局的收入还是中国家庭收入调查项目的收入都没有完全包括社会福利和公共支出项目的市场价值，但是都包括了现金转移收入，例如失业保险金、最低生活保障收入和农村居民的粮食生产补贴。现期获得的养老金收入也包括在内，但雇主和雇员支付的社会保险项目的费用没有包括在内。一些学者认为，应该估计出这些项目的市场价值并且作为收入的一部分。由于受到诸多方面问题的困扰 (如收集相关信息的困难)，有关究竟哪一部分应该被包含在收入中以及每一部分该如何计算，目前还存在不同的观点。此外，许多国际上的研究也没有包含这类收入，因此，与李实等 (2013) 一样，本书也没有包含社会福利和公共支出项目的市场价值。正如李实等 (2013) 所指出的，将这些收入的组成部分排除在外可能会导致全国收入差距的低估，因为低收入群体 (如农村和流动人口家庭) 几乎没有或者很少从这些项目中受益。①

1.1.4 中国家庭收入调查项目样本情况

中国家庭收入调查已经相继在 1989 年、1996 年、2003 年、2008 年和 2014 年

① 国家统计局的收入定义与中国家庭收入调查项目的收入定义的区别详见李实等 (2013)。

进行了五次入户调查，分别收集了 1988 年、1995 年、2002 年、2007 年和 2013 年包括收支在内的家庭和个人信息，下文将这五次入户调查形成的数据库分别形成 CHIP(1988)、CHIP (1995)、CHIP(2002)、CHIP(2007) 和 CHIP(2013)。

CHIP(1988) 包含农村家庭 10 258 户，涉及 51 352 位家庭成员；城镇家庭 9 009 户，涉及 31 827 位家庭成员。农户平均人口规模为 5.006 人/户，城镇家庭平均人口规模为 3.5328 人/户。被调查的农村家庭分布在中国除新疆和西藏以外的 28 个行政区域，被调查的城镇家庭分布在北京、山西、辽宁、江苏、安徽、河南、广东、云南、甘肃和湖北 10 个行政区域。

CHIP(1995) 包含农村家庭 7 998 户，涉及 34 739 位家庭成员；城镇家庭 6 931 户，涉及 21 698 位家庭成员。农户平均人口规模为 4.3435 人/户，城镇家庭平均人口规模为 3.1306 人/户。被调查的农村家庭分布在中国东部、中部、西部的 19 个省/市，被调查的城镇家庭分布在北京、山西、辽宁、江苏、安徽、河南、湖北、广东、四川、云南和甘肃 11 个行政区域。

CHIP(2002) 包含农村家庭 9 200 户，涉及 37 969 位家庭成员；城镇家庭 6 835 户，涉及 20 641 位家庭成员。农户平均人口规模为 4.1271 人/户，城镇家庭平均人口规模为 3.0199 人/户。被调查的农村家庭分布在中国 22 个省份，被调查的城镇家庭分布在中国 12 个省份。

CHIP(2007) 包含农村家庭 13 000 户，涉及 51 847 位家庭成员；城镇家庭 10 000 户，涉及 29 553 位家庭成员。农户平均人口规模为 3.9882 人/户，城镇家庭平均人口规模为 2.9553 人/户。被调查的农村和城镇家庭分布在北京、山西、辽宁、江苏、浙江、安徽、福建、广东、河南、湖南、湖北、重庆、四川、云南、甘肃 15 个省份，农村样本还包括河北，城镇样本还包括上海。

CHIP(2013) 包含农村家庭 10 490 户，涉及 39 065 位家庭成员；城镇家庭 6 674 户，涉及 19 887 位家庭成员。农户平均人口规模为 3.7240 人/户，城镇家庭平均人口规模为 2.9798 人/户。被调查的农村和城镇家庭分布在北京、山西、辽宁、江苏、安徽、山东、河南、湖北、湖南、广东、重庆、四川、云南、甘肃 14 个省份。

1.2　中国居民收入分配的总体状况

本节利用 CHIP(1988，1995，2002，2007，2013) 调查数据，刻画中国居民的收入分配状况。

1.2.1　中国城乡居民人均收入

根据 CHIP(1988，1995，2002，2007，2013) 调查数据，按当年价格计量中国农村居民的人均可支配收入，1988 年为 778 元，1995 年为 2 335 元，2002 年为

3 332 元，2007 年为 4 381 元，2013 年为 10 193 元。按当年价格计量中国城镇居民的人均可支配收入，1988 年为 1 438 元，1995 年为 5 583 元，2002 年为 9 163 元，2007 年为 16 120 元，2013 年为 26 201 元。城乡居民人均可支配收入比，1988 年为 1.85，1995 年为 2.39，2002 年为 2.75，2007 年为 3.68，2013 年为 2.57。从以上数据可以看出，城乡居民可支配收入比经历了一个先升后降的过程 (见图 1.1)。

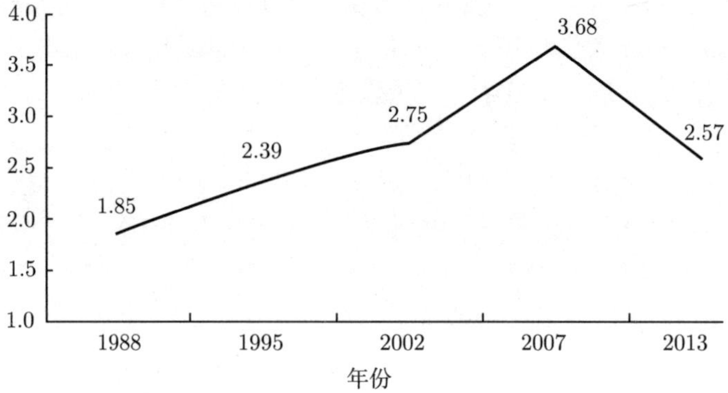

图 1.1　中国城乡居民可支配收入比

1.2.2　刻画收入分配差距的几种主要方法

1. *人口收入份额度量方法*

人口收入份额度量方法比较直观，使用一定比例人口的收入份额或份额比反映个体间的收入差距，是国际通用的衡量收入差距的方法。根据所选取人口比例的不同，这一方法包括以下三类常用指数：

库兹涅茨指数 (Kuznets Index)。这是指一个国家最富有的 20%人口所占的收入份额。当收入完全平等时，库兹涅茨指数达到 0.2 的最小值。库兹涅茨指数的值越大，表明收入分配差距越大。

收入不良指数和欧希玛指数。收入不良指数是指一国或地区收入最高 20%人口与收入最低 20%人口的收入份额之比；欧希玛指数 (Oshima Index) 是指一国或地区收入最高 10%人口与收入最低 10%人口的收入份额之比。当收入完全平等时，两个指标均达到最小值 1。该指数的值越大，表明收入分配差距越大。从中可以看出，收入不良指数与欧希玛指数非常相似，区别只在所用收入最高人口和收入最低人口的比例。

阿鲁瓦利亚指数 (Ahluwalia Index)。这是指收入最低 40%人口的收入份额。

人口收入份额度量方法的优点是易于计算和比较直观，缺点是难以反映社会各阶层收入差距的总体状况。

2. 基尼系数

基尼系数 (Gini Coefficient) 是最常用的刻画收入分配差距的指标，取值在 0—1，0 表示收入分配完全平等，1 表示所有收入被某一个体独占 (完全不平等)，即数值越大表示收入分配越不平等。

根据基尼的定义 (Gini,1912)，基尼系数等于基尼相对平均差的 1/2，当掌握大量微观家户调查数据时，基尼系数可以表示为：

$$G=\frac{1}{2N^2\mu}\sum_{i=1}^{N}\sum_{r=1}^{N}\left|y_i-y_r\right| \tag{1.1}$$

其中，μ 是样本收入均值。$|y_i-y_r|$ 是样本中两两收入的绝对离差，N 是样本量。另外，基尼系数也可通过洛伦兹曲线从几何角度进行计算。令 P_i 为样本中收入小于或等于 y_i 的个体比例，Q_i 为样本中收入小于或等于 y_i 的个体收入之和占样本总收入的比例，即

$$P_i=\frac{i}{N},\quad Q_i=\frac{1}{N\mu}\sum_{r=1}^{i}y_r,\quad i=1,2,\cdots,N \tag{1.2}$$

令 $(P_0,Q_0)=(0,0)$，将点 (P_i,Q_i) $(i=1,2,\cdots,N)$ 依次连接起来，得到洛伦兹曲线 L(见图 1.2)。样本基尼系数等于 L 与完全平等线之间面积与下三角形面积之比，即

$$G=\frac{A}{A+B} \tag{1.3}$$

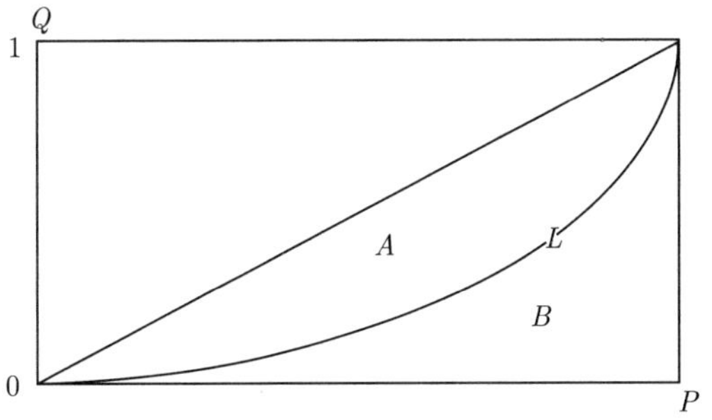

图 1.2　洛伦兹曲线

因下三角形面积等于 1/2，故基尼系数也等于 L 与完全平等线之间面积的 2 倍。当已经获得微观家户调查数据时，基尼系数可通过下式计算：

$$G=1-\sum_{i=1}^{N}(P_i-P_{i-1})(Q_i+Q_{i+1})=\sum_{i=1}^{N}(Q_iP_{i-1})(Q_{i-1}P_i) \tag{1.4}$$

有学者指出，国家统计局使用的基尼系数计算公式为：

$$G = 1 - \sum_{i=1}^{n} P_i \times (2\sum_{k=1}^{i} W_k - W_i) \tag{1.5}$$

其中，W_i 和 P_i 是指将调查户按收入由低到高进行排序，计算第 i 个个体代表人口收入占总收入的比例 (W_i)，以及第 i 个个体所代表人口占总人口的比例 (P_i)。经过简单的变形，我们发现式 (1.5) 和式 (1.4) 利用样本洛伦兹曲线从几何角度计算基尼系数是等价的。

若收入分配状况服从具体的分布 $f(x)$，已知

$$G = \frac{1}{2\mu}\int_a^{\infty}\int_a^{\infty}|x-y|f(x)f(y)dxdy = \frac{1}{2\mu}E|x-y| \tag{1.6}$$

其中，μ 是总体收入的均值，$f(x)$ 是总体收入 X 的概率密度函数，而 X、Y 是独立同分布的随机变量。

当收入分配状况服从具体分布 $f(x)$ 已知时，相应的洛伦兹曲线 $Q = L(P)$ 也就给定了；此时，计算洛伦兹曲线与完全平等线 (45^0 线) 之间的面积可以得出基尼系数为：

$$G = 1 - 2\int_0^1 L(P)dP \tag{1.7}$$

3. 泰尔指数

泰尔指数是泰尔 (Theil，1971) 利用信息理论中熵的概念衡量个人或地区间收入分配差距的指标，可表示为：

$$T = \frac{1}{n}\sum_{i=1}^{n}(\frac{X_i}{\overline{X}}\ln\frac{X_i}{\overline{X}}) \tag{1.8}$$

其中，n 为样本中个体的总数量，X_i 为第 i 个分组的人均收入水平 (总收入/人数)，$\overline{X} = \sum\limits_{i=1}^{n} f_i X_i$，$f_i$ 为权重。当收入完全平等时，泰尔指数取最小值 0。泰尔指数越大表明收入越不平等，当收入完全不平等 (收入完全为一人所有) 时，泰尔指数取最大值 $\ln(n)$。

与基尼系数相比，泰尔指数满足完全相加可分解性，即可以实现在不同收入群体之间的分解，而不用考虑各组之间收入是否重叠。

$$T = \sum_{i=1}^{n} f_i T_i + \sum_{i=1}^{n} f_i \ln(\frac{\overline{X}}{X_i}) \tag{1.9}$$

基于泰尔指数的上述性质，可以将中国居民总体收入不平等分解为城镇内部、农村内部以及城乡间的收入差距，以研究各组成部分收入差距对居民总体收入不平等的影响。

1.2.3　中国城乡居民收入分配状况概述

1. 以人口收入份额度量的中国城乡居民收入分配状况

根据 CHIP(1988，1995，2002，2007，2013) 调查数据核算的结果，1988 年，中国农村居民收入分配差距的库兹涅茨指数 (最富有 20%人口所占收入份额) 为 40.50%，城镇居民为 33.40%；1995 年，中国农村居民收入分配差距的库兹涅茨指数为 47.90%，城镇居民为 41.70%；2002 年，中国农村居民收入分配差距的库兹涅茨指数为 44.70%，城镇居民为 39.70%；2007 年，中国农村居民收入分配差距的库兹涅茨指数为 43.50%，城镇居民为 43.40%；2013 年，中国农村居民收入分配差距的库兹涅茨指数为 44.90%，城镇居民为 41.50%。

以收入不良指数反映居民收入分配差距，1988 年，农村居民收入不良指数为 5.71，城镇居民为 3.06；1995 年，农村居民收入不良指数为 7.62，城镇居民为 5.15；2002 年，农村居民收入不良指数为 6.66，城镇居民为 5.51；2007 年，农村居民收入不良指数为 7.15，城镇居民为 5.42；2013 年，农村居民收入不良指数为 7.74，城镇居民为 5.98。

以欧希玛指数反映居民收入分配差距，1988 年，农村居民收入分配差距的欧希玛指数为 10.38，城镇居民为 4.35；1995 年，农村居民收入分配差距的欧希玛指数为 13.64，城镇居民为 8.45；2002 年，农村居民收入分配差距的欧希玛指数为 11.16，城镇居民为 9.32；2007 年，农村居民收入分配差距的欧希玛指数为 13.18，城镇居民为 8.77；2013 年，农村居民收入分配差距的欧希玛指数为 13.71，城镇居民为 10.01。

以阿鲁瓦利亚指数反映居民收入分配差距，1988 年，农村居民收入分配差距的阿鲁瓦利亚指数为 19.90%，城镇居民为 26.20%；1995 年，农村居民收入分配差距的阿鲁瓦利亚指数为 16.90%，城镇居民为 20.70%；2002 年，农村居民收入分配差距的阿鲁瓦利亚指数为 18.00%，城镇居民为 19.90%；2007 年，农村居民收入分配差距的阿鲁瓦利亚指数为 17.50%，城镇居民为 21.80%；2013 年，农村居民收入分配差距的阿鲁瓦利亚指数为 16.60%，城镇居民为 19.00%。

以人口收入份额度量的中国农村和城镇居民收入分配状况如表 1.1 所示。

表 1.1　以人口收入份额度量的中国农村和城镇居民收入分配状况

项目	1988 年		1995 年		2002 年		2007 年		2013 年	
	农村	城镇	农村	城镇	农村	城镇	农村	城镇	农村	城镇
库兹涅茨指数 (%)	40.50	33.40	47.90	41.70	44.70	39.70	43.50	43.40	44.90	41.50
收入不良指数	5.71	3.06	7.62	5.15	6.66	5.51	7.15	5.42	7.74	5.98
欧希玛指数	10.38	4.35	13.64	8.45	11.16	9.32	13.18	8.77	13.71	10.01
阿鲁瓦利亚指数/%	19.90	26.20	16.90	20.70	18.00	19.90	17.50	21.80	16.60	19.00

资料来源：CHIP 数据库。

由于中国的二元经济结构，城乡居民之间收入差距较大，因此用人口收入份额度量全国居民收入分配差距一般会更大 (见表 1.2)。对于库兹涅茨指数，1988 年为 39.40%，1995 年为 49.00%，2002 年为 49.50%，2007 年为 51.10%，2013 年为 46.00%；对于收入不良指数，1988 年为 5.89，1995 年为 9.93，2002 年为 10.26，2007 年为 13.13，2013 年为 9.20；对于欧希玛指数，1988 年为 10.08，1995 年为 17.34，2002 年为 17.34，2007 年为 24.41，2013 年为 16.57；对于阿鲁瓦利亚指数，1988 年为 19.00%，1995 年为 14.10%，2002 年为 13.90%，2007 年为 11.90%，2013 年为 15.10%。

表 1.2 以人口收入份额度量的中国居民收入分配状况

项目	1988 年	1995 年	2002 年	2007 年	2013 年
库兹涅茨指数 (%)	39.40	49.00	49.50	51.10	46.00
收入不良指数	5.89	9.93	10.26	13.13	9.20
欧希玛指数	10.08	17.34	17.34	24.41	16.57
阿鲁瓦利亚指数 (%)	19.00	14.10	13.90	11.90	15.10

资料来源：CHIP 数据库。

表 1.1 的结果表明，除库兹涅茨指数反映的中国农村和城镇居民中最富有 20%居民收入份额有所波动外，其他三个指数反映的农村和城镇居民中的高收入阶层与低收入阶层在 2013 年的收入差距是最大的。表 1.2 的结果则显示，不论是库兹涅茨指数、收入不良指数、欧希玛指数还是阿鲁瓦利亚指数都表明从 1988 年到 2007 年，中国居民中的高收入阶层所占收入份额在逐步增大而低收入阶层所占收入份额在逐步减小；2013 年，中国高收入阶层所占收入份额有所下降而低收入阶层所占收入份额出现上升。这表明中国农村居民内部和城镇居民内部高低收入阶层的收入差距有逐步增大的趋势，而居民总体中高低收入阶层的收入差距在 2007 年达到最大，到 2013 年已有所缓解。这主要是因为：2007—2013 年，中国城乡间收入差距有所缩小，农村居民的平均收入涨幅超过城镇居民，而低收入阶层又主要集中在农村。

2. 以基尼系数刻画的中国城乡居民收入分配状况

根据 CHIP(1988，1995，2002，2007，2013) 调查数据 (见表 1.3)，中国农村居民收入分配差距的基尼系数，1988 年为 0.331，1995 年为 0.408，2002 年为 0.374，2007 年为 0.367，2013 年为 0.389。

中国城镇居民收入分配差距的基尼系数，1988 年为 0.223，1995 年为 0.332，2002 年为 0.323，2007 年为 0.347，2013 年为 0.349。

全国居民收入分配差距的基尼系数，1988 年为 0.341，1995 年为 0.440，2002 年为 0.444，2007 年为 0.487，2013 年为 0.477。

表 1.3　根据 CHIP 调查数据得出的中国城镇居民收入分配的基尼系数

	1988 年	1995 年	2002 年	2007 年	2013 年
农村	0.331	0.408	0.374	0.367	0.389
城镇	0.223	0.332	0.323	0.347	0.349
全国	0.341	0.440	0.444	0.487	0.477

资料来源：CHIP 数据库。

3. 以泰尔指数刻画的中国城乡居民收入分配状况

根据 CHIP(1988，1995，2002，2007，2013) 调查数据核算的结果 (见表 1.4)，中国农村居民收入分配差距的泰尔指数，1988 年为 0.1936，1995 年为 0.3278，2002 年为 0.2566，2007 年为 0.2443，2013 年为 0.2765。

中国城镇居民收入分配差距的泰尔指数，1988 年为 0.0911，1995 年为 0.2418，2002 年为 0.1776，2007 年为 0.1927，2013 年为 0.2563。

全国居民收入分配差距的泰尔指数，1988 年为 0.1856，1995 年为 0.3699，2002 年为 0.3363，2007 年为 0.3819，2013 年为 0.3783。

表 1.4　根据 CHIP 调查数据得出的中国城镇居民收入分配的泰尔指数

	1988 年	1995 年	2002 年	2007 年	2013 年
农村	0.1936	0.3278	0.2566	0.2443	0.2765
城镇	0.0911	0.2418	0.1776	0.1927	0.2563
全国	0.1856	0.3699	0.3363	0.3819	0.3783

资料来源：CHIP 数据库。

1.2.4　泰尔指数的分解

根据泰尔指数的完全相加可分解性，不用考虑各组之间收入是否重叠，居民收入分配差距在不同收入群体之间的分解是可以实现的，基于泰尔指数的上述性质，我们可以将中国居民总体收入不平等分解为城镇和农村内部以及城乡之间的收入差距，以研究各组成部分收入差距对居民总体收入不平等的影响。

表 1.4 列出以泰尔指数度量的中国城乡居民收入分配差距的结果，从中可以看出虽然中国居民总体收入分配的泰尔指数在 2013 年较 2007 年有所下降，但如果分城乡来看，农村居民和城镇居民收入分配的泰尔指数在 2013 年均高于 2007 年，且城镇居民收入分配的泰尔指数在 2013 年是最高的。中国总体居民收入分配泰尔指数在 2013 年较 2007 年出现下降，并不代表农村和城镇内部居民收入差距的缓解，有可能是因城乡之间收入差距的缩小所造成的。为了进一步验证这一设想，下面将根据泰尔指数的相加可分解性，将中国居民总体收入不平等分解为城镇和农村内部以及城乡之间的收入差距。

分解后的结果显示 (见表 1.5)，1988 年中国城乡内部收入分配差距解释了居民总体收入差距的 74.5%，城乡之间收入差距解释了居民总体收入差距的 25.5%；1995 年中国城乡内部收入分配差距解释了居民总体收入差距的 74.7%，城乡之间收入差距解释了居民总体收入差距的 25.3%；2002 年中国城乡内部收入分配差距解释了居民总体收入差距的 63.2%，城乡之间收入差距解释了居民总体收入差距的 36.8%；2007 年中国城乡内部收入分配差距解释了居民总体收入差距的 56.0%，城乡之间收入差距解释了居民总体收入差距的 44.0%；2013 年中国城乡内部收入分配差距解释了居民总体收入差距的 77.9%，城乡之间收入差距解释了居民总体收入差距的 22.1%。

表 1.5 泰尔指数在城乡内部和城乡之间的分解 单位：%

	1988 年	1995 年	2002 年	2007 年	2013 年
城乡内部	74.5	74.7	63.2	56.0	77.9
城乡之间	25.5	25.3	36.8	44.0	22.1

资料来源：CHIP 数据库。

从表 1.5 可以看出，中国居民城乡之间的收入差距对居民总体收入差距的贡献率在 1988 年和 1995 年相差无几；从 1995 年开始到 2007 年，城乡之间收入差距对居民总体收入差距的贡献率逐步上升，2007 年达到近一半；2013 年城乡之间收入差距对居民总体收入差距的贡献率最低，而城乡内部收入差距则解释了居民总体收入差距的绝大部分。

1.3 小 结

首先，本章区分了居民收入差距和家庭收入差距的相关概念，指出中国居民收入主要由工资性收入、经营性收入、财产性收入和转移性收入组成；介绍了国家统计局的入户调查与其他机构的收入调查项目的开展情况，以及国家统计局的收入定义与中国家庭收入调查项目 (CHIP) 收入定义的区别。

其次，根据 CHIP(1988，1995，2002，2007，2013) 数据计算了中国城乡居民的人均可支配收入情况，介绍了人口收入份额度量方法、基尼系数和泰尔指数这三种刻画收入分配差距的主要方法。

再次，以人口收入份额度量法、泰尔指数和基尼系数刻画了中国城乡居民收入分配状况。结果发现，中国总体的收入分配差距在 2013 年较 2007 年出现了下降，但城镇和农村内部的收入分配差距未降反升。

最后，利用泰尔指数的完全相加可分解性，将中国居民总体收入不平等分解为城镇和农村内部以及城乡之间的收入差距，以研究各组成部分收入差距对居民总体收入不平等的影响。结果发现，中国居民总体收入分配差距在 2013 年较 2007 年出现下降，但这并不代表农村和城镇内部居民收入差距有所缓解，而是由城乡之间收入差距的缩小带来的。

参考文献

[1] 蔡昉. 农村剩余劳动力流动的制度性障碍分析——解释流动与差距同时扩大的悖论. 经济学动态, 2005(1): 35—39.

[2] 李实. 中国农村劳动力流动与收入增长和分配. 中国社会科学, 1999(2): 16—33.

[3] 李实. 中国个人收入分配研究回顾与展望. 经济学: 季刊, 2003, 2(2): 379—404.

[4] 李实, 佐藤宏, 史泰丽. 中国收入差距变动分析: 中国居民收入分配研究. 北京: 人民出版社, 2015.

[5] 陆铭, 陈钊. 城镇化、城市倾向的经济政策与城乡收入差距. 经济研究, 2004(6): 50—58.

[6] 钱敏泽. 中国现行统计方法基尼系数的推算及结果. 经济理论与经济管理, 2002, V(11): 5—10.

[7] 万海远, 李实. 户籍歧视对城乡收入差距的影响. 经济研究, 2013(9): 43—55.

[8] 王红涛. 中国城乡收入差距分析——基于泰尔指数的分解. 经济论坛, 2009(12): 4—8.

[9] 王小鲁, 樊纲. 中国收入差距的走势和影响因素分析. 经济研究, 2005(10): 24—36.

[10] 杨耀武, 杨澄宇. 中国基尼系数是否真的下降了? 基于微观数据的基尼系数区间估计. 经济研究, 2015(3): 75—86.

[11] Gini, C. *Variabilitµae Mutabilitµa: Ntributo allo Studio delle Distribuzioni e delle Relazioni Statistiche*, C. Cuppini, Bologna 1912.

[12] Lin, Justin Y. G Wang and Y. Zhao Regional inequality and labor transfers in China *Economic Development & Cultural Change*, 2004, 52(3): 587-603.

[13] Knight J and S. Li The increasing inequality of wealth in China (2002-2013) Economics Series Working Papers, University of Oxford, 2016.

[14] Theil H. *Economics and Information Theory*, Amsterdam: Elsevier, 1971.

[15] Sato H, T. Sicular and X. Yue Housing ownership, incomes, and inequality in China (2002-2007), in *Rising Inequality in China: Challenges to a Harmonious Society*, 2013, 85-141.

第 2 章　城乡间居民收入差距与人口流动

在我国，由于城乡经济发展不平衡，集中在城镇的工业和服务业部门的发展远远快于农业的发展，生产效率的差异使得城镇劳动力收入的增长远远高于农村劳动力收入，加之在城镇更为集中的资本要素从分配中获得的收入比例逐步上升，城乡间收入差距始终是收入差距中最主要的部分。除了生产效率和要素禀赋差异，制度因素也一定程度地导致了城乡收入差距的扩大。改革开放之前，我国实施了优先发展重工业战略；改革开放以来，让一部分人先富起来、国有企业改革、偏向城镇的财政政策等使得城镇的发展优势愈加凸显，尽管农村改革也进行了一系列的积极探索，但并不能有效缓解城乡收入差距的扩大趋势。跟随改革步伐追溯我国城乡居民的收入演变，这对于整体认识城乡收入差距这一问题具有重要意义。

与此同时，集中在城镇的工业和服务业部门的发展吸收了大量的农村剩余劳动力，人口由农村向城镇的流动在一定程度上使得城乡间的差距得以缩小，在市场机制的作用下，根据收入平等化理论，理想环境下同质劳动力不应存在收入差距。但是，由于劳动力流动受到市场、政策与自身人力资本水平等因素的制约，城乡间收入差距仍处于较高水平。本章基于城乡视角探讨我国收入分配的演变和现状，对改革开放以来的收入差距进行城乡分解和测算，分别研究城乡居民的收入增长模式，比较城乡居民的收入来源和收入结构，并对城镇化进程中的人口流动进行基本描述。

2.1　城乡居民收入分配差距的总体度量

2.1.1　城乡居民收入比

城乡收入差距的度量目前普遍采用的、较为简单且直观的指标为城镇人均可支配收入与农村人均纯收入 (2013 年开始改为农村人均可支配收入) 之比，即城乡居民收入比自 1978 年以来呈波动上升的趋势，1978—1983 年以此衡量的城乡收入差距处于下降通道，在 1983 年降到最低点 (1.63)。这是由于 1978 年开始的家庭联产承包责任制等一系列农村改革极大地释放了农村生产力。1978—1994 年城乡间收入差距逐步扩大，到 1994 年城镇人均收入达到农村人均收入的 2.83 倍。1995 年政府提高了农产品的收购价格，乡镇企业在此期间迅速发展，导致 1995—1997 年农村平均收入的增长快于城镇，收入差距随之上升。1997 年后农产品收购价格下降，城镇服务业的发展使得城乡收入差距进一步扩大。2009 年后城乡收入比再次进入下降通道，这一趋势的原因是值得探讨的主题。考虑农村和城镇生活成本的不同，以经消费指数调整后的城乡实际收入比衡量的收入差距有所减小，但城乡收入比仍未考虑人口比重的变化。例如，2015 年城乡名义收入比为 2.73，尽管略低于 1994 年的 2.86，但由于 2015 年有 56.1%的人口在城镇，而 1994 年这一比例仅为 28.51%，因此在城镇收入较农村提高更快的同时城镇人口占比也在上升，事实上有更大部分的人拥有了更高且增长更快的收入，而收入比指标并不能反映这一人口份额的变化 (见图 2.1)。

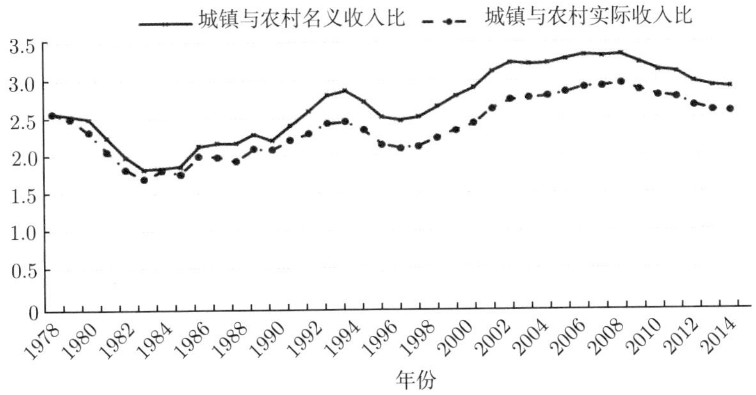

图 2.1　1978—2015 年我国的城乡收入比

2.1.2　城乡居民收入分配的泰尔指数

衡量城乡间收入差距另一较为常用的指标是泰尔指数。有别于上一章，我们根据国家统计局及各省份历年统计年鉴公布的城乡居民收入和人口数据，计算出连续年份 (1978—2016 年) 的泰尔指数 (见图 2.2)。从中可以看出，我国农村内部及城镇内部收入差距均呈较平稳但略有上升的趋势，总泰尔指数主要由城乡之间收入差距决定，1983 年以前下降，1983—1994 年上升，1994—1998 年经历短暂下降后继续上升，2007 年以后再次下降且下降幅度较大。城乡收入差距对总体收入差距的贡献率相较于农村内部、城镇内部差距是最大且越来越重要的，农村内部收入差距贡献率 1993 年之前逐步上升，之后略有下降。改革开放初期的一系列农业改革政策大大提高了农业生产率，农村居民收入得以提升，农村内部收入差距加大的同时农村整体收入水平上升，致使城乡之间收入差距下降。1978—1984 年，农村内部收入差距对总体收入差距的贡献率逐年上升，1984 年达到 36.48%；而城乡之间收入差距对总体收入差距的贡献率不断下降，1984 年为历年最低的 44.94%。之后虽然城市与农村同步发展，但城镇增长速度更快，城乡收入水平再次被拉开，城乡之间收入差距对总体收入差距的贡献率逐年上升，至 2011 年达到 73.85%。

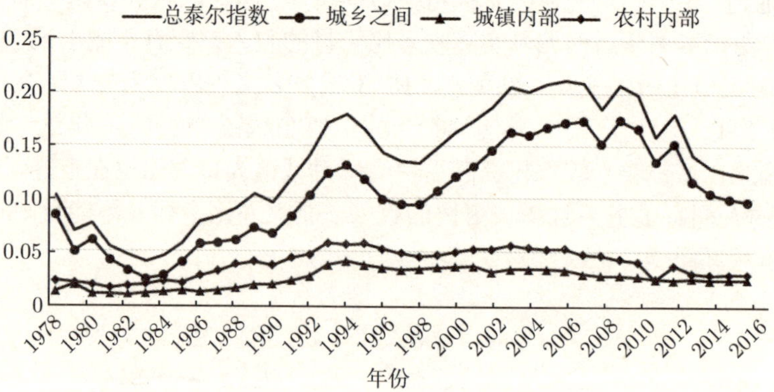

图 2.2　改革开放以来我国泰尔指数及其城乡分解

值得注意的是，图 2.2 中农村收入差距水平始终高于城镇内部收入差距水平。根据国家统计局公布的 2002 年以来按收入等级分城乡居民可支配收入 (2013 年以前为农村居民人均纯收入) 数据，农村居民最高收入水平始终为最低收入水平的 6 倍以上，且年均增长 2.6 个百分点，2016 年甚至达到 9.46 倍；而城镇最高收入水平与最低收入水平群体收入之比则较为平稳，维持在 5—6 倍 (见图 2.3)。根据中国收入分配研究院公布的基于 CHIP 数据测算，2002 年我国农村居民收入基尼系数为 0.650，城镇居民收入基尼系数为 0.531，农村收入差距较城镇高 0.119。

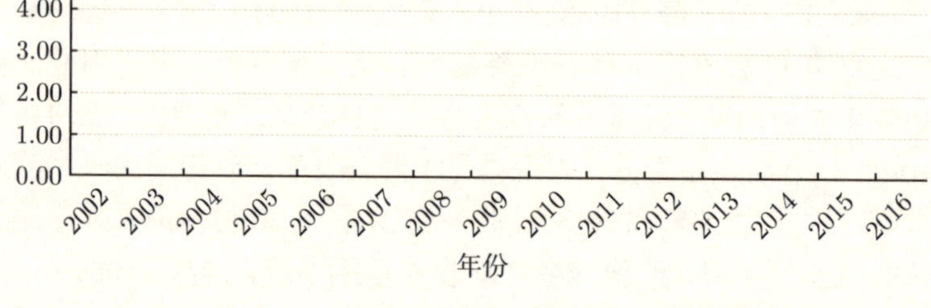

图 2.3　城乡居民最高收入等级与最低收入等级平均收入比

2.1.3　城乡居民收入分配的极化指数

西方经济学家自 20 世纪 80 年代开始关注“消失的中产阶级”问题，由此衍生出极化的概念，即中产阶级由收入分布的中间向两个尾端移动，收入以中位数为分界点向两端聚集。传统的不平等指标不能衡量这一变化，Wolfson(1994) 提出了极化指数以度量极化程度。

$$W=\frac{2\left\{2\left[0.5-L\left(0.5\right)\right]-G\right\}}{m/\mu} \tag{2.1}$$

其中，$L(0.5)$ 为收入最低 50% 群体的收入份额，G 为收入的基尼系数，m 为收入的中位数，μ 为收入的均值。以 2002 年 CHIP 城镇、农村和流动人口数据分别计算的极化指数如表 2.1 所示。

表 2.1　2002 年城乡及流动人口收入极化指数

	收入份额 (%)	基尼系数	中位数	均值	极化指数
城镇	12.19	0.5305	6447	7866.87	0.5510
农村	6.82	0.6399	2300	4503.50	0.8759
流动人口	25.12	0.3837	13200	16855.53	0.2908

资料来源：2002 年 CHIP 数据库。

城镇中低收入 50%群体的收入份额仅为 12.19%，在农村更低，仅为 6.82%；城镇居民收入极化指数为 0.5510，农村居民收入极化指数则高达 0.8759；流动人口收入的极化程度相对较小，极化指数为 0.2908。农村居民收入以中位数为分界点聚集在两端的情况非常严重，穷者极穷、富者极富、中产阶级缺失的状态不利于农村的社会稳定和均衡发展。

比较城镇和农村不同收入等级群体的收入增长率可以发现 (见表 2.2)，农村收入水平差距相较于城镇更大的原因是农村低收入者收入增长较慢。2016 年城镇居民可支配收入人均增长 7.72%，农村居民可支配收入人均增长 6.32%，但农村低收入群体人均可支配收入则下降 2.56%，是城乡各阶层唯一收入负增长的群体。这与 2016 年我国遭受罕见的大范围强暴雨有关，洪涝、滑坡、泥石流等自然灾害对农业生产造成极大的破坏，农村居民收入受到影响。城镇不同收入等级群体的收入平均年增长相差不大，收入增长最慢的低收入群体年平均增长率为 11.10%，增长最快的中等收入群体的年平均增长率为 11.78%，两者仅相差 0.68 个百分点；而农村收入增长最慢的低收入群体年平均增长率仅为 9.68%；比增长最快的中等偏上收入群体年平均增长率低 2.86 个百分点，低收入群体收入增长速度显著低于其他任何一个阶层。由此可见，随着经济的增长，城乡收入的平均增长率 (分别为 11.56%、11.81%)、城镇之间不同收入等级群体的收入增长率均较为均衡，但这种增长的不平衡主要体现在农村不同收入等级群体之间。

表 2.2　2003—2006 年按收入等级划分的城乡人均收入年增长率　单位：%

年份	城镇					农村				
	低	中等偏下	中等	中等偏上	高	低	中等偏下	中等	中等偏上	高
2003	8.68	9.03	9.34	10.08	13.02	1.04	3.78	5.04	5.80	7.52
2004	10.53	12.03	12.20	13.19	15.05	16.30	14.67	13.44	12.51	9.20
2005	10.30	11.40	12.53	14.05	13.93	5.98	9.56	10.56	10.96	11.78
2006	13.69	12.57	11.75	11.47	10.95	10.80	10.09	10.43	11.07	9.39
2007	17.46	17.82	17.26	16.63	16.01	13.90	16.19	16.21	15.36	15.53
2008	13.25	14.55	16.13	17.50	17.60	11.35	13.68	14.88	15.57	15.32
2009	10.71	10.28	10.12	9.16	7.98	3.30	5.97	7.11	9.09	9.11
2010	13.08	12.97	11.84	10.33	9.95	20.69	16.43	15.98	15.04	14.05
2011	15.56	14.14	13.47	13.93	14.24	6.99	17.52	18.88	19.53	19.46
2012	17.81	15.61	14.71	12.85	9.43	15.78	12.97	13.42	14.04	13.26
2013	−4.42	5.17	7.82	9.39	12.25	24.25	24.09	19.84	16.50	12.18
2014	13.37	11.47	10.25	9.25	6.67	−3.82	10.71	12.63	13.82	12.30
2015	9.02	9.14	9.21	8.25	5.63	11.47	9.33	8.49	8.09	8.63
2016	6.32	7.50	8.30	8.38	8.09	−2.56	8.40	8.23	8.19	9.36
均值	11.10	11.69	11.78	11.75	11.49	9.68	12.39	12.51	12.54	11.93
标准差	5.55	3.35	2.86	3.00	3.67	8.36	5.25	4.43	3.85	3.35

资料来源：国家统计局历年统计年鉴。

农村低收入群体收入增长较慢，同时波动也最为剧烈，2013 年农村低收入者人均收入增长 24.25%，2014 年则下降 3.82%。农业生产受天气、市场供需等不确定因素的影响较大，而低收入农村居民大部分以农业为生，缺乏外出打工的工作能力，因而粮食收成和粮价水平基本决定其收入水平，有必要建立针对农村居民的应急性收入保障制度。另外，农村低保制度的建设相对较慢，中西部地区尚未全面建立该制度，低收入家庭的生活难以得到保障；城镇中抵御风险能力最差的也是低收入群体，这是由于当市场不景气时，低收入群体面临较大的失业风险。无论是城镇还是乡村中的中高收入者均表现出较为稳定的收入增长。一方面，城镇中高收入阶层的工作相对稳定，收入可以平稳增长；另一方面，农村中高收入阶层大部分为外出务工者，避开了农业生产的不确定性和周期性。

2.2　城乡居民的收入构成差异分析

城乡居民收入不仅在增长率上存在差异，收入结构也相差很大。城镇居民收入主要来自工资性收入，2015 年工资性收入占比为 61.99%，转移性收入占比为 17.12%，经营性收入占比为 11.14%，尽管近年来财产性收入越来越重要，但目前在城镇居民收入的占比仅为 9.75%；农村相较于城镇，经营性收入的占比更大，达 39.43%，而财产性收入的占比低至 2.21%。

从时间上来看，城镇工资性收入的重要性在逐年下降，经营性收入、财产性收入的占比不断提升，2000—2015 年经营性收入占比提升 7.23%，财产性收入占比提升 7.71%，这表明城镇居民收入结构日趋多元，个体经营、创业者的比例增大，城镇劳动人口越来越多地自我雇佣、独立谋生，金融市场、房地产市场不断完善，城镇居民理财意识增强。农村居民工资性收入占比由 2000 年的 31.17%升至 2015 年的 40.27%，主要是由于大量农村剩余劳动力进城务工，由传统的依赖于经营性收入转为工资性收入。转移性收入是城乡居民之间分配最不平均的一项 (江宗德，2011)，2000 年城乡之间转移性收入占比相差 19.39%，但随着财政支农力度的加大，政府为农业发展和农村居民生活提供的财政支出增加，农村转移性收入在 2013 年实现突破，达到 17.48%。这表明农业补贴、农业税改革以及新农合、养老保险等社会保障制度发挥了作用。农村财产性收入在近十五年来始终处于较低水平，但随着近年来城镇化进程的加快和农村土地经营形式的改变，土地征用补偿和土地流转收入将逐渐增加农村居民的财产性收入。

按收入来源对城乡收入差距进行分解，计算各分项收入的城乡基尼系数 (见表 2.3)。城乡之间的工资性收入差距始终维持在 0.3—0.4 的水平，变化不大，因为城镇居民的工资性收入明显高于农村居民。但是，随着越来越多的农民工进城务工以及近年来农民工工资普遍提升，2004 年以后城乡居民工资性收入差距呈下降趋势，2015 年城乡工资性收入基尼系数已降至 0.308。

表 2.3　2000—2015 年我国按收入来源划分的城乡居民收入差距

年份	工资性收入基尼系数	经营性收入基尼系数	财产性收入基尼系数	转移性收入基尼系数
2000	0.364	0.353	0.240	0.448
2001	0.362	0.342	0.241	0.450
2002	0.372	0.317	0.168	0.453
2003	0.375	0.292	0.172	0.456
2004	0.378	0.279	0.178	0.453
2005	0.369	0.231	0.186	0.447
2006	0.364	0.205	0.208	0.441
2007	0.365	0.200	0.231	0.438
2008	0.359	0.126	0.223	0.424
2009	0.357	0.123	0.221	0.419
2010	0.349	0.123	0.220	0.418
2011	0.339	0.093	0.240	0.410
2012	0.334	0.081	0.239	0.403
2013	0.320	0.069	0.429	0.224
2014	0.312	0.064	0.427	0.220
2015	0.308	0.064	0.424	0.221

资料来源：国家统计局历年统计年鉴。

城乡经营性收入差距是四项收入差距中下降幅度最大的，由 2000 年的 0.353 降至 2015 年的 0.064，下降了 0.288。这一基尼系数的下降表明城镇居民经营性收入的增长快于农村，因为经营性收入作为农村居民传统的主要收入，是农村居民收入中唯一一项高于城镇的。2000 年农村人均经营性收入为 1 427.5 元，是城镇该项收入的 5.80 倍，这主要得益于 90 年代乡镇企业的发展。近十五年来，城镇人均经营性收入年均增长率为 19.89%，并在 2008 年经历了大幅跨越，仅一年就增长了 54.52%，之后仍保持年均 13.50%的增长速度，远高于农村经营性收入 8.04%的年均增长率，2015 年城镇居民人均经营性收入增长至 3 476 元，仅比农村该项收入低 1 028 元。城镇经营性收入的快速增长表明，城镇劳动人口自我雇佣、独立谋生的比例提升，小微企业、服务性企业、民营企业数量的增加带动了大众创业的高潮，经营性收入为城镇居民收入的增长带来了新的活力。但这同时也意味着经营性收入对于城乡收入差距的缓解作用在逐步下降，农村居民需尽快适应当前的新型创新创业模式，寻求乡镇企业新的突破点。

城乡间财产性收入差距近年来不断扩大，2000 年财产性收入基尼系数仅为 0.240，2015 年财产性收入基尼系数提高近 1 倍，达到 0.424，是城乡收入差距中最大的一项。财产性收入在城乡居民收入中的占比最小，但随着城镇居民理财观念的增强和闲余资金的累积，该项收入正以城镇居民收入中最快的速度增长，在城镇居民收入中占据越来越重要的地位。2007 年由于整体经济的繁荣和股市牛市的到来，人均财产性收入从 244 元一跃增至 348.5 元，增长 42.83%；2013 年城镇居民人均财产性收入由 707 元增至 2 552 元，增长 1.61 倍。由于 2013 年国家统计局调整了城乡住户调查的范围、方法和指标口径，这种纵向比较是不科学的，但城乡之间的横向比较仍是有效的。农村财产性收入农村居民收入中的占比为 2.21%，但近年来也有较大幅度的增长，是农村居民 2015 年各项收入中增长率最高的一项，达到 13.51%。不同于城镇居民财产性收入受资本市场的影响较大，农村居民财产性收入主要来自银行存款、土地和集体资产，对政策变动更为敏感。土地制度改革逐步明确了农村土地的经营形式，征地制度改革保障了城镇化进程中被征地农村居民的权益，农村集体经济组织为农村居民提供了红利收入；然而，农村金融体系还不健全，农村居民投资渠道较为单一，理财意识相对薄弱，使得农村居民在金融、保险等市场上的参与度较低，财产性收入差距已成为对城乡收入差距贡献率最大的一部分，并由于其累积性的特征在未来会造成更大的城乡收入差距。

转移性收入差距在 2000 年为城乡收入差距中最大的，城乡基尼系数达到 0.448，2015 年已降至 0.221，仅高于经营性收入差距。随着我国社会保障制度的不断完善，城乡居民转移性收入均实现大幅增长。城镇大部分劳动力拥有稳定的工作，离退休金、单位福利均有保障，对丧失劳动力家庭的社会救助及城镇职工的养老保险制度实施较早，城镇居民转移性收入在 2000 年已占城镇居民总收入的 22.88%，而直至

2004 年农村居民转移性收入占比均在 4%以下。随着新农合、农村养老保险、低保等制度的完善以及财政支农力度的加大，农村居民转移性收入实现了飞跃式的增长，尤其在 2011 年、2012 年年均增长均达 23.14%，农村居民收到的转移支付逐渐向城镇居民靠近。

综上所述，城乡收入差距中最重要的是财产性收入差距，尽管目前财产性收入占居民总收入的比重较小，但资本的特性决定了财产性收入差距将成为未来城乡收入差距的主要来源；次重要的是工资性收入差距，随着越来越多的农民工从事非农业生产活动，农村居民工资性收入的占比越来越大，城乡收入的这一差距也在逐渐缩小。在转移性收入方面，农村居民收入与城镇居民的差距最小，主要得益于近年来农村社会保障制度和帮扶制度的逐步完善。在经营性收入方面，农村居民比城镇居民要高，但由于城镇创业潮的兴起，这一差距也在逐年缩小。

2.3　人口流动现状分析

我国流动人口规模自 2010 年以来先升后降，在 2014 年达到峰值 2.53 亿人后开始下降，究其原因：一是城镇化进程加快，流动人口融入城镇的愿望强烈，加上逐步放松的户籍政策和日益完善的城镇社会生活保障制度，部分从农村到城镇的流动人口获得了城市身份；二是回乡创业扶持政策的大力推动，2015 年国务院印发了《关于支持农民工等人员返乡创业的意见》，为返乡创业的农民工提供了诸多优惠条件 (如降低返乡创业门槛、定向减税、财政支持等)，鼓励农民工回乡创业。

表 2.4　2010—2016 年我国流动人口规模　　单位：亿人

年份	流动人口数
2010	2.21
2011	2.30
2012	2.36
2013	2.45
2014	2.53
2015	2.47
2016	2.45

资料来源：国家统计局历年统计年鉴。

流动人口包括农村流入的劳动力和非就业型流动人口、从其他城镇流入的就业型和非就业型流动人口。[①]2010 年第六次人口普查数据显示，从流动人口来源看，城镇外来人口大部分来自本省份，占到 66%；来自本省的外来人口中有 55.8%来自农村，来自外省的外来人口中同样也是来自农村的比例更高，达到 87.5%。从流动

① 李实. 中国农村劳动力流动与收入增长和分配 [J]. 中国社会科学, 1999(2):16—33.

人口迁移原因看，城镇省内外来人口迁移原因主要为务工经商 (45.9%)、工作调动 (3.5%)、学习培训 (10.7%)、随迁家属 (13.6%)、投亲靠友 (4.2%)、拆迁搬家 (11.5%) 等，省际流动人口中务农经商比例则高达 74.7%。

从来源看，从农村到城镇的流动人口由于可以在城镇获得更高的报酬而对城乡收入差距的缩小产生作用，但从其他城镇流入的劳动人口 (城镇间劳动力流动) 一般为高素质劳动力，加上城镇集聚效应会提高流入地生产率，从而提高了城镇收入，扩大城乡差距。于潇 (2017) 研究发现，城镇流动人口与农村流动人口之间存在收入差距，农村流动人口在较低收入水平中的占比高达 72%；并且由于存在户籍歧视，城乡流动人口的收入差距会随着工资收入的提高而不断扩大。虽然目前城镇之间人口流动的占比较低，但随着高等教育的发展和城镇功能的集聚，这一人口流动正在日趋活跃。根据原国家卫计委的预测，2020 年城镇之间的流动人口将占总流动人口的 24.05%，这部分流动人口对城乡收入差距将发挥越来越大的作用。

从迁移原因看，随迁家属、投亲靠友等非自主性迁移的农村人口对城乡收入差距的缩小作用不如务工经商、学习培训等原因流动的农村人口。根据 2015 年全国流动人口动态监测数据，家属随迁为农村流动人口中除务工经商外的第二大原因，但其月收入却比务工经商低 29.25%，仅为 2812 元。出于婚姻嫁娶、投亲靠友原因进城的农村人口所获工作收入同样较低，月均收入低于 3 000 元，且投亲靠友进城的农村居民在城镇中无固定工作的比例最高，而务工经商者大部分从事月收入较高的工作，月均收入达 3 975 元。出于学习培训、参军原因的农村流动人口月均收入甚至达到 4 500 元以上。出于务工经商、学习培训、参军等原因进城的农村人口的人力资本水平较高，可以在城镇中找到薪资更高的工作，因而对农村整体收入水平的提高的作用更大，对缩小城乡收入差距的作用也更为明显；而出于家属随迁、婚姻嫁娶、投亲靠友等原因进城的农村人口的月均收入虽然高于其留在农村的收入，但处于城镇的低收入水平。

对比流动人口收入和城乡收入平均水平 (见表 2.5)，农村流动人口在城镇的平均收入属于农村收入中的较高水平，即流动人口拉高了农村的平均收入水平，因而近年来越来越多的农村人口进城寻求更高的劳动报酬。但是，这一收入在城镇中尚未达到中等水平，表明流动人口在城镇中的经济地位仍处于劣势，在与城镇劳动力的竞争中从事着相对低端、替代性强的职业。流动人口在收入水平上属于城镇与农村之间的一类群体，是城镇化进程中人口由农村向城镇转化的过渡状态，对城镇和农村内部的收入不平等具有不同的影响，对城乡间收入差距产生一定的缓和作用。李实等 (2013) 使用 2007 年 CHIP 数据测算出城乡人均收入比为 4.10，城乡收入泰尔指数的组间差距为 52.0；在包含农民工之后 (加入城镇收入中)，城乡收入比及组间差距均有所下降，分别为 4.06 和 51.4。农民工收入降低了城镇收入的平均水平，若将农民工收入加入农村居民收入中，则会提高农村收入平均水平，这同样会缩小城乡收入间的差距。

表 2.5 农村流动人口收入与城乡按收入等级划分的平均水平比较

年份	城镇平均水平		农村平均水平		农村流动人口
	中等偏下	中等	中等偏上	高	
2011	14 498	19 545	8 894	16 783	15 372
2012	16 761	22 419	10 142	19 009	17 969
2013	17 628	24 173	11 816	21 324	19 018
2014	19 651	26 651	13 449	23 947	19 450
2015	21 446	29 105	14 537	26 014	21 005

资料来源：国家统计局历年统计年鉴。

从收入来源的各分项看，人口流动并不是单纯缩小城乡收入差距。农村人口流入城镇使得城镇劳动力增加，同时带动资本边际产出上升，而资本回报的提高有利于资本收入份额较高的城镇获益。尽管农村居民的劳动收入增加，但由于城镇的资本优势使得城乡间差距逐步扩大，而且伴随着城乡工资性收入差距的下降，城乡财产性收入差距逐步扩大。

城乡人口流动除了农村劳动力暂时性进城务工 (不考虑非就业型迁移) 模式，另一模式是由农村户口转为城镇户口的城镇化。城镇化水平常用的指标为非农人口占总人口的比重。我国 1978 年非农人口仅占总人口的 17.9%，而到 2015 年这一比例已达到 56.1%；非农就业占总就业的比重也由 1978 年的 29.5%升至 2015 年的 71.7%，上升了 1.43 倍 (见图 2.4)。

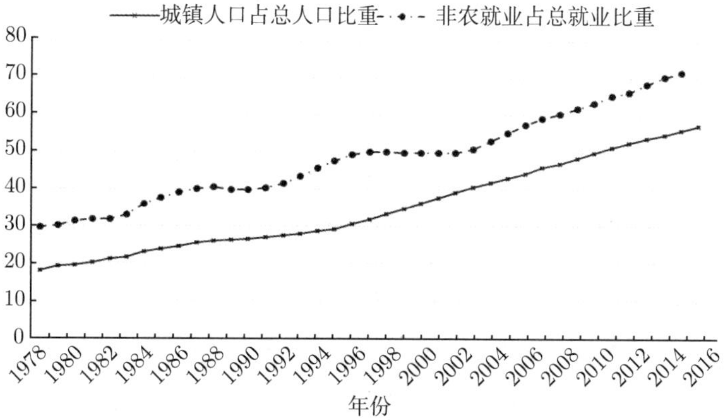

图 2.4 1978—2016 年我国城镇化率和劳动力流动

采用城镇化水平作为城乡人口流动指标的问题：一是未能考虑城乡出生率、死亡率的差别，若城镇人口出生率较高或死亡率较低会在无人口流动的情况下导致非农人口的比重上升，但由于缺乏城乡出生率、死亡率数据，我们可以采用非农就业人数经普查数据中分年龄人口数调整后的非农就业比重作为衡量指标；二是能够取得城镇户口的农村流动人口大多为农村中人力资本较高的，这类农村居民的城镇化会使农村收入水平降低，扩大统计上的城乡收入差距，因此非农就业比重是更加合适的指标。

2.4　城乡间居民收入差距与人口流动初探

李实 (1992) 通过估计针对农村外出打工户和非外出打工户收入函数，计算外出打工者在家工作的机会成本，由此预测潜在基尼系数，并根据这一基尼系数高于实际基尼系数得出人口流动对农村内部收入差距具有缩小作用的结论。但李实 (1992) 忽视了外出打工者的示范效应和信息溢出效应，导致回归可能存在内生性问题。陆铭和陈钊 (2004) 以城乡收入比为被解释变量、城镇化水平为解释变量进行回归，发现城镇化对缩小城乡收入差距具有显著作用，但向城镇倾斜的经济政策会拉大城乡收入差距。张义博和刘文忻 (2012) 将人口流动因素与财政因素相结合，解释人口流动对城乡收入差距的负向影响和财政政策倾斜对城乡收入差距的正向影响。

目前，学术界整体观点为：人口流动有利于缩小城乡收入差距，但城乡分割的管理体制、劳动力流动限制、财政支出、经济政策等方面的差异会扩大收入差距。有关城乡间收入差距与人口流动的研究仍存在以下不足：

第一，缺乏针对城乡间收入差距的明确定义。由于收入由劳动力边际产出决定，城乡收入比本质上是效率比，未考虑公平因素，更合适的定义应考虑收入分布与人口分布的关系，反映收入份额与人口份额的匹配程度。显然，采用泰尔指数分解得到的城乡间收入差距是更合适的代理变量。

第二，忽视了农民工的信息溢出效应。外出打工者在提高自身收入的同时也激励更多的农村劳动力外出，对城乡收入差距的缩小作用有可能被低估。

第三，城乡人口流动对当地金融具有反哺作用。农村消费市场匮乏和投资渠道有限使得农民工将大部分个人收入存入银行，这部分储蓄会流入城镇并在城镇中产生更大的收益，从而加速城镇资本累积和收入增长，扩大城乡差距。

第四，现有研究未能区分城镇间人口流动、城乡间人口流动分别对城镇内部收入差距、农村内部收入差距和城乡间收入差距的影响。伴随农村人口入城的还有人口由县城向城镇、由三线城镇向一二线城市的迁移，而且这部分人口将随着我国高等教育事业的发展而越发重要，这是否与农民工进城对收入分配具有相同的影响机制尚有待研究。在本书的第三部分，我们将重点分析人口流动对城乡间居民收入分配差距的影响机制。

2.5 小　　结

我国城乡间居民收入差距呈波动上升的趋势，尽管农村内部、城镇内部存在收入差距，但城乡间收入差距始终是造成总收入差距的主要因素，并随着我国城乡二元结构的加剧而大幅增长。值得庆幸的是，2007 年以来我国收入差距进一步恶化的趋势得到了缓解并开始缩小，政府在再分配政策上的调整以及在推动城乡协调发展上的努力取得了初步成效，但农村内部存在的不平等甚至极化问题仍未解决。农村低收入家庭仍主要依赖原始劳动或低技术劳动获得收入，缺乏保障性和发展性，其收入波动剧烈且增长速度远远低于经济增长速度，这需要在提高农业生产效率的同时进一步建立针对农村低收入者的社会保障制度，帮助其自我投资以提高自身竞争力，鼓励更多的剩余劳动力从事技术工作。

在收入构成上看，城乡工资性收入差距较为稳定，随着大量农村剩余劳动力进城务工呈缩小趋势；经营性收入在城乡之间存在逆差距，但在迅速减小，城镇经营性收入的增长速度快于农村；财产性收入的城乡差距最严重，且资本自我累积的性质使其会在居民收入中占据更大的比重；转移性收入差距缩小得最为明显，体现了社会保障制度的成效。城镇居民的高收入必然会吸引农村劳动力向城镇流动，这种劳动力由低报酬向高报酬的迁移在一定程度上可改变两地区的人口分布，提高农村人均收入的同时降低城镇人均收入、缩小城乡收入差距。但是，这要求建立在人口自由流动的基础上，由于现实中的户籍制度、迁移成本、医疗保障等因素的限制，人口流动对收入差距的作用还需进一步探讨。

参 考 文 献

[1] 陈斌开, 林毅夫. 重工业优先发展战略、城镇化和城乡工资差距. 南开经济研究, 2010(1): 3—18.

[2] 程开明, 李金昌. 城市偏向、城镇化与城乡收入差距的作用机制及动态分析. 数量经济技术经济研究, 2007, 24(7): 116—125.

[3] 程永宏. 二元经济中城乡混合基尼系数的计算与分解. 经济研究, 2006(1): 109—120.

[4] 程永宏. 改革以来全国总体基尼系数的演变及其城乡分解. 中国社会科学, 2007(4): 45—60.

[5] 江宗德. 城乡统筹视角下我国农民收入增长问题研究. 西南财经大学, 2011.

[6] 李实, 佐藤宏, 史泰丽. 中国收入差距变动分析: 中国居民收入分配研究. 北京: 人民出版社, 2015.

[7] 李实. 中国农村劳动力流动与收入增长和分配. 中国社会科学, 1999(2): 16—33.

[8] 陆铭, 陈钊. 城镇化、城市倾向的经济政策与城乡收入差距. 经济研究, 2004(6): 50—58.

[9] 欧阳志刚. 中国城乡经济一体化的推进是否阻滞了城乡收入差距的扩大. 世界经济, 2014(2): 116—135.

[10] 王少平, 欧阳志刚. 我国城乡收入差距的度量及其对经济增长的效应. 经济研究, 2007(10): 44—55.

[11] 王红涛. 中国城乡收入差距分析——基于泰尔指数的分解. 经济论坛, 2009(12): 4—8.

[12] 于潇, 孙悦. 城镇与农村流动人口的收入差异——基于 2015 年全国流动人口动态监测数据的分位数回归分析. 人口研究, 2017, 41(1): 84—97.

[13] 杨涛. 城乡收入差距的政治经济学. 中国社会科学, 2000(4): 11—22.

[14] 张义博, 刘文忻. 人口流动、财政支出结构与城乡收入差距. 中国农村经济, 2012(1): 16—30.

[15] Wolfson, M. C. When inequalities diverge. *American Economic Review*, 1994, 84(2): 353-358.

第3章　地区间居民收入差距

改革开放实行先发展沿海后发展内地的发展战略造成的地区间经济发展不平衡的状况愈加明显，地区间的收入分配差距日益受到学界和社会各界的重视。党十九大报告指出，在新时代，我国社会主要矛盾已经由“人民日益增长的物质文化需要同落后的社会生产之间的矛盾”转化为“人民日益增长的美好生活需要和不平衡、不充分的发展之间的矛盾”。在报告中，习近平总书记共四次提及发展不平衡、不充分的问题。由此可见，着力解决不平衡、不充分发展问题，是下一阶段的工作重点。本章将根据 1998—2016 年我国 27 个主要省份地级市的居民人均 GDP 数据，采用基尼系数测算各省级区域居民收入基尼系数，并进一步分析省级区域基尼系数的区域性特征及其动态变化过程，为准确把握我国省级区域的居民收入差距及其变化趋势提供基础。

3.1　文 献 综 述

地区间的居民收入分配差距也是居民收入分配差距的重要组成部分。地区间的收入分配差距受到区域发展水平的影响，反过来也会影响各地区的经济增长。不少学者对我国的地区收入分配差距进行了研究。陈昌兵 (2007) 利用非等分组基尼系数公式，首次较为完整地计算出全国 21 个省份的 1995—2004 年城镇居民、农村居民和城乡居民基尼系数；并在这一基础上，利用非参数计量经济模型中的分布密度函数估计方法，分析 1995—2004 年各地区城镇、农村和城乡居民基尼系数变化特征。段景辉和陈建宝 (2010) 利用《中国城乡居民生活综合调查》(2004) 的有关家庭收入抽样调查数据，运用分布函数法测算了 2004 年 23 个省份以及东部、中部、西部地区的城镇、农村和城乡居民收入混合基尼系数。田卫民 (2012) 利用基尼系数计算公式，较为完整地计算出全国 27 个省级区域 1995—2010 年城镇居民、农村居民和总体居民收入基尼系数；并在此基础上，利用非参数计量经济模型中的分布密度函数估计方法，分析了 1995—2010 年各省级区域城镇、农村和总体的居民收入基尼系数的变化特征。崔华泰 (2017) 针对我国城乡二元经济复杂性和收入来源多样性的特征，对国家统计年鉴等官方数据进行处理，实现全国范围内连续年度基尼系数的测算和分解，得出了我国基尼系数的长期变化规律，揭示了收入来源与收入差距的关联性，为研究我国收入差距问题提供了一个新视角。这是目前学界较为可靠的一个测算省级区域基尼系数的研究成果。

本章将根据 1998—2016 年我国 27 个主要省份地级市的居民人均 GDP 数据[①]，并采用基尼系数测算各省级区域居民收入基尼系数。在此基础上，我们运用分布密度函数估计方法分析省级区域居民收入基尼系数的动态变动趋势，并剖析省级区域基尼系数的区域性特征，为准确把握我国省级区域的居民收入差距及其变化趋势提供基础。

3.2 省级居民收入基尼系数测算

3.2.1 非等分组的基尼系数计算公式

第 1 章所讨论的基尼系数计算公式要求每组包含的微观个体数是均等的。但出于种种原因, 数据并非按照等分组的形式出现，在这种情况下，可使用非等分组的基尼系数计算公式：

$$G = \mu^{-1} \sum_{i=2}^{N} \sum_{j=1}^{i-1} p^i |y_i - y_j| p^j \tag{3.1}$$

其中, G 表示基尼系数, μ 表示总体收入的期望值, N 表示分组数, y_i 和 p^i 分别表示第 i 组的平均水平和组内人口占总人口比重，y_j 和 p^j 分别表示第 i 组的平均水平和组内人口占总人口比重。在统计局的各年度统计年鉴中，城镇和农村居民收入分组的数据格式并不一致，1986 年之前的城镇和 2001 年之前的农村居民收入按照一定的收入区间分组，1987 年之后的城镇按收入等级分为非等份的七组，2001 年之后的农村按收入等级分为五等份。因此，无论是等份还是非等份的基尼系数计算公式都不能提供口径一致的计算结果。在本章中，我们采用上述公式计算我国各省级行政区的基尼系数。

3.2.2 数据介绍

本章采用全国各省份统计年鉴 (如《安徽省统计年鉴》) 中的各地级市 GDP 数据和人口数据，在将各地级市的 GDP 数据进行指数平减之后，除以当地的人口数据，从而获得全国各省地级市的人均 GDP 数据。各省份统计年鉴是我国各省统计局编印的一种资料性年刊，是全面反映省/市自治区经济和社会发展情况的权威资料。正常年度每年一刊，刊名为《×× 年 ×× 省统计年鉴》，如《2007 安徽省统计年鉴》等。我们最终需要的是除四个直辖市 (北京、天津、上海、重庆) 以外的 27 个省级行政单位包含的 337 个地级市的人均 GDP 数据，借此计算我国省级居民收入基尼系数，结果汇总在表 3.1 中。

① 我们从 31 个省级行政单位中剔除北京、上海、天津、重庆四个直辖市，这是因为直辖市每年只有 1 个人均收入数据和人口数据，无法计算基尼系数。

表 3.1 我国省级居民收入基尼系数

省份	1998 年	1999 年	2000 年	2001 年	2002 年	2003 年	2004 年	2005 年	2006 年	2007 年
安徽	0.22	0.23	0.25	0.26	0.33	0.28	0.30	0.32	0.34	0.34
福建	0.32	0.32	0.33	0.33	0.34	0.25	0.25	0.24	0.24	0.23
甘肃	0.40	0.39	0.39	0.39	0.39	0.41	0.43	0.49	0.49	0.49
广东	0.40	0.39	0.42	0.36	0.37	0.39	0.39	0.39	0.39	0.39
广西	0.19	0.20	0.19	0.18	0.19	0.20	0.20	0.19	0.19	0.17
贵州	0.26	0.27	0.27	0.28	0.28	0.28	0.28	0.28	0.28	0.27
海南	0.27	0.27	0.32	0.31	0.30	0.17	0.15	0.10	0.10	0.13
河北	0.25	0.26	0.27	0.28	0.28	0.28	0.27	0.28	0.28	0.28
河南	0.19	0.17	0.18	0.19	0.19	0.21	0.21	0.22	0.23	0.22
黑龙江	0.26	0.29	0.36	0.35	0.33	0.33	0.32	0.34	0.34	0.33
湖北	0.25	0.23	0.24	0.24	0.24	0.24	0.25	0.27	0.27	0.28
湖南	0.20	0.20	0.21	0.22	0.23	0.23	0.22	0.24	0.24	0.24
吉林	0.15	0.16	0.19	0.20	0.22	0.20	0.20	0.17	0.15	0.15
江苏	0.33	0.34	0.34	0.34	0.34	0.37	0.37	0.35	0.37	0.37
江西	0.22	0.21	0.21	0.22	0.23	0.23	0.24	0.24	0.24	0.26
辽宁	0.29	0.30	0.32	0.31	0.30	0.30	0.29	0.28	0.27	0.26
内蒙古	0.22	0.22	0.23	0.23	0.25	0.27	0.26	0.31	0.32	0.33
宁夏	0.38	0.35	0.32	0.29	0.26	0.26	0.33	0.33	0.33	0.33
青海	0.31	0.29	0.30	0.30	0.30	0.31	0.31	0.36	0.39	0.39
山东	0.30	0.29	0.31	0.31	0.30	0.31	0.30	0.30	0.30	0.28
山西	0.23	0.24	0.23	0.23	0.22	0.20	0.20	0.19	0.19	0.19
陕西	0.24	0.25	0.24	0.23	0.24	0.23	0.23	0.26	0.26	0.28
四川	0.24	0.26	0.26	0.27	0.27	0.27	0.23	0.24	0.24	0.22
西藏	0.23	0.26	0.28	0.28	0.28	0.25	0.25	0.25	0.25	0.25
新疆	0.43	0.45	0.46	0.44	0.43	0.43	0.45	0.47	0.46	0.44
云南	0.40	0.36	0.34	0.33	0.32	0.31	0.31	0.27	0.25	0.25
浙江	0.21	0.21	0.21	0.21	0.21	0.21	0.21	0.21	0.21	0.20

省份	2008 年	2009 年	2010 年	2011 年	2012 年	2013 年	2014 年	2015 年	2016 年
安徽	0.34	0.33	0.33	0.29	0.28	0.28	0.27	0.27	0.22
福建	0.22	0.21	0.14	0.13	0.13	0.12	0.08	0.07	0.07
甘肃	0.48	0.47	0.45	0.45	0.44	0.40	0.38	0.34	
广东	0.38	0.38	0.35	0.34	0.34	0.34	0.29	0.29	0.29
广西	0.19	0.20	0.19	0.19	0.21	0.23	0.23	0.23	0.23
贵州	0.25	0.24	0.20	0.20	0.19	0.19	0.12	0.11	
海南	0.10	0.11	0.12	0.08	0.08	0.14	0.19	0.19	0.19
河北	0.28	0.28	0.28	0.27	0.27	0.28	0.20	0.20	0.22
河南	0.21	0.21	0.20	0.20	0.20	0.19	0.18	0.17	0.17
黑龙江	0.33	0.31	0.33	0.34	0.33	0.32	0.31	0.26	0.23
湖北	0.27	0.27	0.25	0.26	0.26	0.26	0.23	0.21	
湖南	0.26	0.28	0.28	0.28	0.27	0.28	0.21	0.21	0.20

(续表)

省份	2008 年	2009 年	2010 年	2011 年	2012 年	2013 年	2014 年	2015 年	2016 年
吉林	0.15	0.14	0.14	0.13	0.13	0.12	0.10	0.11	0.12
江苏	0.29	0.27	0.24	0.23	0.22	0.21	0.22	0.21	0.20
江西	0.27	0.27	0.27	0.27	0.26	0.25	0.23	0.23	0.22
辽宁	0.26	0.25	0.23	0.22	0.22	0.22	0.20	0.21	0.23
内蒙古	0.35	0.37	0.35	0.35	0.33	0.33	0.32	0.31	0.26
宁夏	0.32	0.33	0.30	0.28	0.28	0.27	0.26	0.24	0.02
青海	0.40	0.39	0.39	0.39	0.40	0.39	0.34	0.30	0.32
山东	0.27	0.26	0.26	0.25	0.25	0.24	0.25	0.25	0.24
山西	0.19	0.22	0.19	0.18	0.19	0.19	0.17	0.16	0.16
陕西	0.28	0.27	0.28	0.28	0.27	0.25	0.23	0.19	0.19
四川	0.23	0.22	0.21	0.21	0.21	0.20	0.18	0.18	0.18
西藏	0.22	0.20	0.20	0.25	0.27	0.26			
新疆	0.42	0.38	0.39	0.38	0.36	0.35	0.37	0.35	
云南	0.26	0.25	0.25	0.24	0.23	0.23	0.18	0.18	0.19
浙江	0.17	0.17	0.16	0.21	0.22	0.15	0.18	0.19	0.13

3.3 省级居民收入基尼系数的变化趋势

为揭示省级居民收入基尼系数的动态变化特征，本章利用非参数计量分析模型中的核估计方法估计基尼系数的密度函数。简便起见，仅取 2000 年、2005 年、2010 年和 2015 年四个年份进行估计，核密度函数形式为 Epanechikov 核函数。

图 3.1 为全国 27 个省级单位居民收入基尼系数密度函数的估计。从中可知，2000—2015 年，我国居民收入基尼系数密度函数的均值经历了一个从左往右再往左的过程；峰高也经历了一个由小变大再变小再变大的过程；基尼系数分布函数的

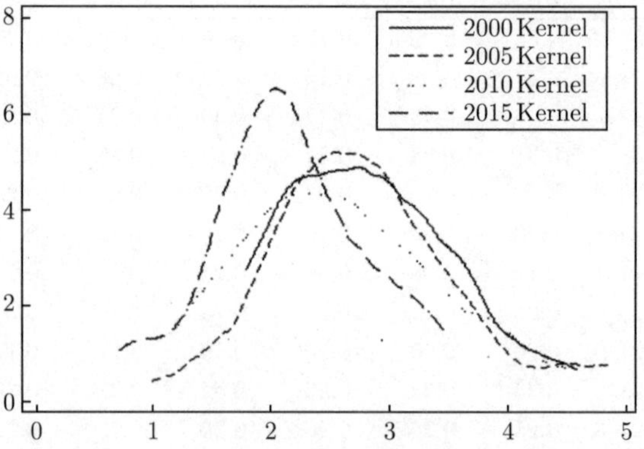

图 3.1 省级居民收入基尼系数密度函数

注：2000 Kernel 表示以 2000 年为核而生成的密度函数曲线，以此类推。

变动区间由大到小，然后略微增大再继续变小的过程。这说明 1998—2016 年我国基尼系数大致经历了一个由小变大再变小的过程，这与我们对我国居民收入分配走势的判断基本一致。

2000 年居民基尼系数密度函数具有明显的高峰厚尾特征，与 2000 年相比，2005 年、2010 年城镇居民基尼系数密度函数的峰高呈稍微上升然后不断下降的趋势。基尼系数分布函数的变动区间经历了先大后小再变大的过程，密度函数的均值先向右移再向左移，这意味着 2000—2010 年我国各主要省份的基尼系数总体上经历了一个逐渐变大再变小的过程。同时，基尼系数分布函数的变动区间由大到小再变大，这说明我国省级居民收入基尼系数的极值也经历了一个由大到小再变大的过程。

相较于 2000 年，在经过五年经济快速发展的大背景下，我国各省内居民收入基尼系数呈不断扩大趋势，而省际收入分配差距并没有明显的改善，双重因素共同促使 2005 年我国各省份的总体收入分配形势恶化。

2010 年，虽然我国省级居民收入基尼系数总体均值较 2000 年和 2005 年有所变小，但各省份情况的变化不一，总体的极值范围较 2000 年和 2005 年有所扩大。居民收入分配的不公在各省省内有所好转，但是省际收入分配差距在不断拉大，这也促使我国各省份总体居民收入基尼系数仍然处于较高的水平。

相较于 2000 年、2005 年和 2010 年，2015 年的居民收入基尼系数核密度的均值明显缩小，且尾部也明显收敛。这意味着在 2010 年以后，我国省级居民收入基尼系数一改以往不断上升的趋势而开始下降，居民收入基尼系数值显著变小。同时，居民收入基尼系数极值的不断缩小也意味着我国省际居民收入差距状况有所改善，省际居民收入分配差距有所缩小。

总体而言，我们认为：1998—2016 年，我国省级居民收入基尼系数密度函数的均值经历了一个先变大再变小的过程；省际收入分配差距也经历了一个不断增大再变小的过程。我国居民收入分配状况在经历十几年的恶化之后，现阶段收入分配差距无论是在省内还是在省际均有所好转，这表明我国社会总体社会收入差距恶化的趋势有所扭转，居民收入分配状况有所改善。

3.4　省域居民收入基尼系数的区域特征

我们分析和对比不同年份的数据 (见表 3.1)，得出我国省级区域居民收入基尼系数的相关特征及其发展趋势。

从 2000 年我国省级区域居民收入基尼系数的分布可以看出，我国居民收入基尼系数呈现明显的聚集性、区域性特点，居民收入基尼系数呈聚集状态，并由沿海向内陆呈由高到低再转高的态势。

在一线沿海省份和地区，广东的居民收入分配形势最为严峻，辽宁、山东、江苏和福建四个省份的居民收入分配也处于较高区间，形势也不容乐观。相较之下，广大中部地区以及陕西、四川、贵州等西部部份省份的居民收入基尼系数基本处于比较合理的区间，显示出当地比较良好的居民收入分配状况。当我们再把目光往西看，会发现西部省份 (如甘肃、青海、新疆) 的居民收入基尼系数处于数值较高的区间中，显示出相较于广大中部地区，西部边疆地区的收入分配形势也处于应引起充分关注的状态。同时，我国西南地区云南的居民收入基尼系数也处于较高区间。总体而言，2000 年，除部分省份之外，我国各主要省份的居民收入基尼系数处于一个可以接受的区间之内，大部分位于小于 0.4 的国际警戒线的范围内。

从 2008 年我国省级区域居民收入基尼系数的分布可以看出，我国省级区域居民收入基尼系数呈明显的聚集性、区域性特点；同时，居民收入基尼系数呈聚集和梯次过度的趋势，并且总体呈现由沿海向内地、由东部向西部逐步升高的态势。

相较于 2000 年，我国东部地区省份的居民收入基尼系数呈下降趋势，包括辽宁、山东、江苏三个省份的居民收入基尼系数下降明显，广东的居民收入基尼系数也有所改善，这显示出这些省份不断改善的居民收入分配状况。同时，在广大的中部地区，较有代表性的安徽、河南的居民收入基尼系数上升明显，这与当时中央实施“中部崛起”战略、促进当地经济迅速发展有关。2000—2008 年，我国西北边疆地区省份的居民收入基尼系数则呈不断上升趋势，如黑龙江、内蒙古、甘肃、宁夏等省份，黑龙江与内蒙古的居民收入基尼系数的升高与当地在 2000—2008 年的迅速发展有关联。2000—2008 年，借助“振兴东北老工业基地”和“西部大开发”等战略的实施，黑龙江和内蒙的经济都有了快速发展，居民收入状况也有所下降，但仍处于可容忍的区间。相较之下，在我国西部极具战略地位的新疆自 2000 年以来居民收入基尼系数持续处于最高区间，持续高水平的居民收入基尼系数显示的严重恶化的居民收入分配状况将对当地的经济发展与稳定产生不利影响。总体而言，相较于 2000 年，2008 年我国各主要省份的居民收入分配状况有所恶化，尤其西部边疆各省份长期恶化的居民收入分配形势应该受到足够的关注。

2015 年，我国省级区域居民收入基尼系数的分布显示，我国省级区域居民收入基尼系数呈明显的聚集性、区域性特点，但是总体不再呈现由沿海向内地、由东部向西部逐步升高的态势，全国总体居民收入基尼系数以及各主要省份居民收入基尼系数均有所改善。

相较于 2008 年，我国东部地区省份的居民收入基尼系数继续呈下降趋势，尤其河北、福建两省份的居民收入基尼系数下降明显，显示出当地日益改善的居民收入分配状况。与此同时，在广大中部地区以及西部地区一些省份，如安徽、河南、山西、陕西、四川、贵州、云南、宁夏等省份的居民收入基尼系数下降明显，中西部广大地区的居民收入基尼系数的下降为全国居民收入基尼系数的总体下降贡献显著。同时，2000—2008 年居民收入基尼系数呈不断上升甚至处于最高区间的西部各省份 (如内蒙古、甘肃、新疆、四川等) 的居民收入基尼系数也略有下降，显示出在政府相关政策的大力支持下，在经济迅速发展的同时，当地的居民收入分配状况有所改善。总体而言，相较于 2008 年，2015 年无论是在东部、中部还是在西部，我国各主要省份的居民收入基尼系数均有所下降，这显示出各省份主要日益改善的居民收入分配状况，也为居民收入基尼系数的全国性下降以及我国居民收入的整体性改善奠定了基础。

3.5　小　　结

本章根据 1998—2016 年我国 27 个主要省份地级市的居民人均 GDP 数据，采用经典的基尼系数计算方法测算居民收入基尼系数，并在此基础上利用非参数计量经济模型中的分布密度函数估计方法分析 1998—2016 年全国各省级区域的居民收入基尼系数的变化特征。我们分析后发现：1998—2016 年，我国省级居民收入基尼系数密度函数的均值经历了一个先变大再变小的过程；省际收入分配差距也经历了一个不断增大再变小的过程；我国省级区域居民收入基尼系数呈明显的聚集性、区域性特点，并且呈现先升高后降低的总体趋势。这表明我国居民收入分配状况在经历十几年的恶化之后，现阶段收入分配差距无论是在各省内还是在省际均有所好转。

上述，是对我国收入分配研究的深化，由分析全国居民收入基尼系数转为分析各地区居民收入基尼系数，并得出最新的我国省级区域居民收入基尼系数数据，进一步分析各个基尼系数的动态变化特征。虽然对各地区的居民收入基尼系数进行了研究，但仍存在不足。由于数据的限制，未能计算出全国 31 个省份地区的居民收入基尼系数，而且仅仅分析了各地区三种基尼系数的动态变化特征，但没有从理论上和经验上给出解释，以及它们同经济发展有何关系等。在收入水平与收入分配公平程度相结合的研究中，判断依据仅仅以平均水平为标准，而没有确定一个公认的标准，以及由该标准所确定的地区模型来判定各地区应采取什么样的对策等，这也是以后研究的方向。

参 考 文 献

[1] 李实, 罗楚亮. 中国收入差距究竟有多大? 对修正样本结构偏差的尝试. 经济研究, 2011(4): 68—79.

[2] 钱敏泽. 中国现行统计方法基尼系数的推算及结果. 经济理论与经济管理, 2002, 5(11): 5—10.

[3] 邵红, 伟靳涛. 收入分配的库兹涅茨倒 U 曲线——跨国横截面和面板数据的再实证. 经济研究, 2016(4): 59—73.

[4] 田卫民. 省域居民收入基尼系数测算及其变动趋势分析. 经济科学, 2012, 34(2): 48—59.

[5] 王健, 张焕明, 李超. 收入差距对居民幸福指数的影响研究——基于 2013 年 CGSS 数据的实证分析. 宁夏大学学报, 2017(6): 134—143.

[6] 吴晓琪. 基于行业工资的居民收入差距研究. 工业技术经济, 2018(3): 137—146.

[7] 杨耀武, 杨澄宇. 中国基尼系数是否真地下降了？基于微观数据的基尼系数区间估计. 经济研究, 2015(3): 75—86.

[8] 张力, 孙鹏. 城乡差距、社会分层与农民工流动问题. 财贸研究, 2013(6): 36—45.

[9] Deaton, A. *The Analysis of Household Surveys: A Microeconomic Approach to Development Policy* Johns Hopkins University Press, 1997.

[10] Thomas, V., Y. Wang and X. Fan *Measuring Education Inequality: Gini Coefficients of Education* World Bank Publications 2001.

第 4 章　行业收入差距

自 20 世纪 70 年代末改革开放以来，我国经济整体高速发展，与此同时行业间收入差距同步扩大。根据各年度中国统计年鉴数据计算，1990 年我国行业收入极值比为 1.76，而在 2015 年这一数值翻了一番，升至 3.59。不同于城乡差距和地区差距，行业垄断等不合理因素导致的行业收入差距更容易引发社会矛盾，危害社会稳定 (黄艳东和姚先国，2012)。因此，厘清我国行业收入差距的形势及其影响因素至关重要。描述性统计结果表明，1990 年以来，我国行业收入差距逐步拉大，并在 2008 年达到峰值，近几年小幅回落。从各行业平均工资发展趋势看，智力密集型行业和垄断性行业的平均工资水平一直较高，如金融业，信息传输、计算机服务和软件行业，科学研究、技术服务和地质勘查业，电力、燃气及水的生产和供应业等。在考察产业内部及产业间行业收入差距后，我们发现我国行业收入差距大部分来自产业内部的收入差距，产业间的收入差距对行业收入不平等的贡献率较少。通过对已有文献的梳理，我们发现人力资本、行业特征、产业结构和垄断等是影响我国行业收入差距的重要因素。由于中国经济所具有的转型特征，行业收入差距的各影响因素呈现较为复杂的作用机制。在本章中，我们只是简要地对此进行论述。

4.1　中国行业分类标准

在讨论行业收入差距之前，我们先介绍中国行业分类标准。自 1984 年首次发布实施《国民经济行业分类》国家标准以来，我国先后进行了三次修订：1994 年第一次修订后形成《国民经济行业分类》(GB/T4754-1994)；2002 年第二次修订后形成《国民经济行业分类》(GB/T4754-2002)；2011 年第三次修订后形成目前正在实施的《国民经济行业分类》(GB/T4754-2011)。

与国际标准产业分类 (ISIC/Rev3) 相同，我国国民经济行业层次依然采用四级划分法，分别为门类、大类、中类和小类。《国民经济行业分类》(GB/T4754-1994) 共有 16 个门类、92 个大类、368 个中类和 846 个小类。在 2002 年修订后，《国民经济行业分类》(GB/T4754-2002) 扩充为 20 个门类、95 个大类、396 个中类和 913 个小类。2003 年，中国统计年鉴对行业分类标准进行了相应的调整，从 16 个门类扩展到 19 个门类。[1]需要注意的是，中国统计年鉴中的行业分类不包括《国民经济行业分类》(GB/T4754-2002) 中的“国际组织”门类。2011 年的第三次修订主要参照 2008 年联合国《国际标准行业分类》第四次修订版 (ISIC4) 以及我国经济发展状况，对各层次分类做了调整与修改。在本章中，我们主要在门类层次上进行讨论，并从中国统计年鉴中收集 1990—2015 年各行业平均工资水平、就业人数等数据。为了数据的可比性，我们利用 CPI (居民消费价格指数) 将各年的工资收入水平调整至 1990 年的价格水平。

4.2 我国行业收入差距的统计分析

4.2.1 我国各行业平均工资发展趋势

随着我国经济高速发展，各行业平均工资收入也稳步上升。近十几年来，我国平均工资保持 7%以上的增长率。本节讨论我国各行业平均工资的发展趋势。由于 2003 年统计年鉴对行业分类标准进行了修改，因此在对各行业平均工资进行描述性分析时，我们将时间段分为 1990—2002 年和 2003—2015 年。

图 4.1、图 4.2 分别展示了 1990—2002 年和 2003—2015 年各行业平均工资的变化趋势，表 4.1、表 4.2 分别列示了 1990—2002 年和 2003—2015 年各行业平均工资的增长率。从图 4.1 可以看到，1990—2002 年，平均工资最高的行业为金融、保险业，科学研究和综合技术服务业以及电力、煤气及水的生产和供应业；平均工资最低的行业包括农、林、牧、渔业，批发零售贸易和餐饮业，建筑业等。而从各行业工资的增长率来看，自 1998 年开始，各行业工资收入都有了较快的增长，大多数行业的工资收入每年能保持 10%以上的增长率，其中金融、保险业，科学研究和综合技术服务业以及国家机关、政党机关和社会团体在 2000 年后的增长率甚至超过 17%；建筑业以及农、林、牧、渔业的工资增长率则相对缓慢，大多数年份不足 10%。2003—2015 年，平均工资最高的行业包括金融、保险业，信息传输、计算机服务和软件业以及科学研究、技术服务和地质勘查业；平均工资最低的行业包括农、林、牧、渔业，住宿和餐饮业以及水利、环境和公共设施管理业。从平均工资增长率来看，虽然农、林、牧、渔业平均工资较低，但是由于国家惠农政策的实施，农、林、牧、渔业的平均工资增长率还是保持在较高水平。值得注意的是，自 2008 年之后，绝大部分行业的工资增长放缓。单就 2015 年的数据来看，全国平均年工资为 2 1821 元，收入最高的行业为金融、保险业，平均年工资为 40 376 元，其次是

① 这 19 个门类分别为：农、林、牧、渔业，采矿业；制造业，电力、燃气及水的生产和供应业，建筑业，交通运输、仓储和邮政业，信息传输、计算机服务和软件业，批发和零售业，住宿和餐饮业，金融业，房地产业，租赁和商务服务业，科学研究、技术服务和地质勘查业，水利、环境和公共设施管理业，居民服务和其他服务业，教育，卫生、社会保障和社会福利业，文化、体育和娱乐业，公共管理和社会组织。

信息传输、计算机服务和软件业，平均年工资为 39 414 元；收入最低的行业为农、林、牧、渔业和建造业，平均年工资分别为 11 238 元和 19 462 元。不难看出，智力密集型行业和竞争性行业的平均工资一般较高，如金融业，信息传输、计算机服务和软件业，科学研究、技术服务和地质勘查业，电力、燃气及水的生产和供应业。

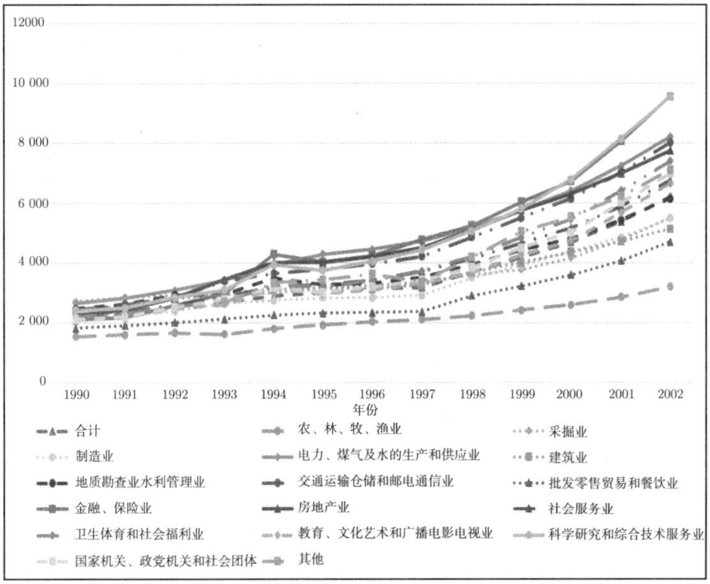

图 4.1　1990—2002 年我国各行业平均工资

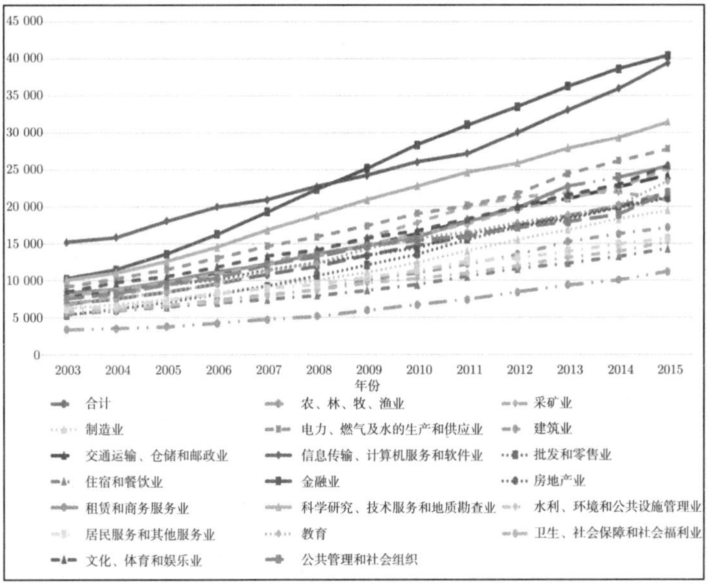

图 4.2　2003—2015 年我国各行业平均工资

表 4.1 1990—2002 年我国各行业平均工资增长率 单位 %

行业门类	1991 年	1992 年	1993 年	1994 年	1995 年	1996 年
合计	5.75	8.89	8.41	8.48	3.50	4.26
农、林、牧、渔业	3.68	4.00	−2.61	11.24	6.69	6.18
采掘业	4.68	2.51	0.82	1.60	5.07	3.96
制造业	6.79	8.19	10.77	3.08	3.06	0.79
电力、煤气及水的生产和供应业	6.40	9.10	11.01	14.83	8.82	3.79
建筑业	7.46	8.78	7.46	4.36	0.94	−0.26
地质勘查业水利管理业	6.21	11.87	0.58	18.15	−6.58	1.92
交通运输仓储和邮电通信业	7.08	8.96	19.63	7.30	4.28	4.59
批发零售贸易和餐饮业	5.38	4.56	5.97	6.39	2.56	1.31
金融、保险业	4.00	17.91	15.26	44.61	−6.15	5.23
房地产业	8.09	16.44	21.26	17.29	−0.45	5.02
社会服务业	8.34	9.95	9.99	12.88	1.64	4.62
卫生体育和社会福利业	3.76	11.51	5.82	21.02	−2.37	6.99
教育、文化艺术和广播电影电视业	2.47	13.76	5.26	21.02	−5.72	4.38
科学研究和综合技术服务业	3.55	13.78	9.27	27.19	−5.12	8.55
国家机关、政党机关和社会团体	4.13	14.35	10.40	14.08	−4.90	5.94
其他				24.61	3.12	5.38
行业门类	1997 年	1998 年	1999 年	2000 年	2001 年	2002 年
合计	1.35	16.53	13.18	11.83	15.19	15.20
农、林、牧、渔业	3.55	5.88	8.23	6.86	9.97	12.34
采掘业	2.54	6.84	5.33	10.45	14.14	15.85
制造业	2.29	20.02	11.90	11.82	10.93	13.46
电力、煤气及水的生产和供应业	6.47	9.47	11.44	11.00	12.93	13.59
建筑业	3.60	12.94	8.57	9.00	7.82	9.26
地质勘查业水利管理业	5.83	11.94	12.52	8.65	13.08	13.19
交通运输仓储和邮电通信业	6.30	14.97	13.65	11.64	14.20	14.16
批发零售贸易和餐饮业	1.12	22.03	10.97	11.60	13.14	15.65
金融、保险业	12.64	10.12	14.90	11.44	19.93	18.51
房地产业	7.23	13.00	13.26	9.22	10.95	10.85
社会服务业	8.40	11.22	12.74	11.17	14.00	14.65
卫生体育和社会福利业	8.87	12.67	15.40	12.65	17.50	15.32
教育、文化艺术和广播电影电视业	7.01	11.47	15.48	10.98	19.94	16.99
科学研究和综合技术服务业	9.38	14.09	14.89	16.94	19.84	17.22
国家机关、政党机关和社会团体	7.11	12.24	17.14	11.42	20.06	16.02
其他	−7.41	25.03	20.40	9.79	12.66	13.82

表 4.2　2003—2015 年我国各行业平均工资增长率　　单位 %

行业门类	2004 年	2005 年	2006 年	2007 年	2008 年	2009 年
合计	9.69	12.30	12.90	13.10	10.38	12.37
农、林、牧、渔业	4.82	7.53	11.27	11.66	9.34	15.11
采矿业	18.47	19.75	16.23	11.48	14.69	11.90
制造业	8.25	9.83	12.69	10.70	8.99	10.63
电力、燃气及水的生产和供应业	11.63	12.86	13.15	12.36	8.66	9.47
建筑业	6.87	10.21	12.85	9.10	8.43	14.65
交通运输、仓储和邮政业	10.41	13.67	13.60	10.43	8.43	11.00
信息传输、计算机服务和软件业	4.20	13.94	10.29	4.79	8.69	6.66
批发和零售业	14.96	15.17	14.93	13.00	15.69	13.66
住宿和餐饮业	8.45	8.03	8.18	6.76	7.03	8.73
金融业	12.55	18.16	19.64	18.31	15.64	12.85
房地产业	4.03	7.73	8.18	11.93	9.03	7.81
租赁和商务服务业	5.88	11.40	13.73	8.26	11.77	8.60
科学研究、技术服务和地质勘查业	9.94	14.23	14.81	15.89	11.82	10.95
水利、环境和公共设施管理业	5.32	9.20	7.52	12.23	8.40	10.52
居民服务和其他服务业	3.96	13.07	12.81	7.80	5.96	10.90
教育	9.11	11.51	12.87	18.18	8.73	16.61
卫生、社会保障和社会福利业	9.33	11.17	11.69	12.82	8.96	11.58
文化、体育和娱乐业	15.52	8.51	12.33	12.34	6.00	11.31
公共管理和社会组织	8.89	14.42	9.78	17.36	9.97	10.15
行业门类	2010 年	2011 年	2012 年	2013 年	2014 年	2015 年
合计	9.70	8.53	9.05	7.29	7.33	8.54
农、林、牧、渔业	12.73	10.50	13.58	10.93	7.67	11.11
采矿业	12.48	12.12	6.27	2.93	0.55	−5.02
制造业	11.63	12.52	10.72	8.65	8.47	6.21
电力、燃气及水的生产和供应业	9.38	5.73	7.59	12.34	7.18	6.08
建筑业	10.30	10.64	10.76	12.40	6.74	5.26
交通运输、仓储和邮政业	10.93	10.38	10.54	5.87	7.21	7.03
信息传输、计算机服务和软件业	7.26	4.42	10.65	10.06	8.75	9.57
批发和零售业	11.74	14.68	11.10	5.81	8.82	6.55
住宿和餐饮业	8.51	11.53	10.87	6.12	7.31	7.99
金融业	12.43	9.70	7.84	8.23	6.52	4.54
房地产业	7.70	13.30	6.40	6.39	6.72	6.92
租赁和商务服务业	7.91	12.65	10.30	14.66	5.24	6.49
科学研究、技术服务和地质勘查业	8.84	8.13	5.05	7.81	5.28	7.19
水利、环境和公共设施管理业	6.77	7.22	9.20	8.86	6.38	9.51
居民服务和其他服务业	8.47	11.57	3.24	6.60	6.85	5.50
教育	9.21	5.17	7.71	6.07	6.78	16.07
卫生、社会保障和社会福利业	9.21	8.96	10.88	7.51	6.98	11.65
文化、体育和娱乐业	6.22	9.65	9.03	7.98	6.37	11.47
公共管理和社会组织	4.80	4.35	6.76	4.20	5.70	15.73

4.2.2 行业收入差距

从图 4.1 和图 4.2 可以看出，我国行业收入的极值差 (最高行业职工平均工资减去最低行业职工平均工资) 在不断扩大。为了更规范更全面地讨论我国行业收入差距，本节分别使用绝对指标和相对指标来度量我国行业收入差距。表 4.3 为自 1990 年以来我国最高行业平均工资与最低行业平均工资变化，以及极值差、极值比发展趋势。其中，极值比为最高行业职工平均工资与最低行业职工平均工资之比。

表 4.3 行业收入差距绝对指标

年份	最高工资	最低工资	极值差	极值比	年份	最高工资	最低工资	极值差	极值比
1990	2 718	1 541	1 177	1.76	2003	15 244	3 396	11 847	4.49
1991	2 845	1 598	1 248	1.78	2004	15 884	3 560	12 324	4.46
1992	3 083	1 662	1 422	1.86	2005	18 098	3 828	14 270	4.73
1993	3 423	1 618	1 805	2.12	2006	19 961	4 260	15 702	4.69
1994	4 286	1 800	2 486	2.38	2007	20 917	4 757	16 161	4.40
1995	4 277	1 921	2 356	2.23	2008	22 736	5 201	17 535	4.37
1996	4 439	2 039	2 400	2.18	2009	25 186	5 987	19 200	4.21
1997	4 768	2 112	2 656	2.26	2010	28 317	6 748	21 569	4.20
1998	5 250	2 236	3 014	2.35	2011	31 065	7 457	23 608	4.17
1999	6 032	2 420	3 613	2.49	2012	33 501	8 469	25 032	3.96
2000	6 793	2 586	4 208	2.63	2013	36 258	9 394	26 863	3.86
2001	8 141	2 844	5 298	2.86	2014	38 621	10 115	28 507	3.82
2002	9 554	3 195	6 360	2.99	2015	40 376	11 238	29 138	3.59

表 4.3 的结果显示，1990 年我国最高行业平均工资为 2 718 元，最低工资为 1 541 元，相差仅为 1 177 元；而 2015 年最高行业平均工资为 40 376 元，较 1990 年增长 1 386%，最低行业平均工资为 11 238 元，较 1990 年仅增长 629%。可以看到，两者的差值已扩大到 29 138 元。就极值比的趋势来看，1990—2015 年，行业收入的极值比经历了先上升后下降的过程，从 1990 年的 1.76 稳步增长，在 2005 年达到峰值，随后又缓慢下降，2015 年行业收入的极值比为 3.59。

需要注意的是，极值差与极值比都只考虑了收入最高和最低的行业，而对中间收入的行业并未考虑。另外，行业收入的绝对指标可能会随行业平均收入的增长而增大，但是在考虑就业人口权重等因素后的相对指标可能反而会下降。比如，若一国只存在两个行业，即农业与非农业。在第一年，农业就业人员的平均收入为 1 000 元，就业人口为 6 000 人；非农业就业人员的平均收入为 2 000 元，就业人口为 9 000 人。在第二年，农业就业人员的平均收入增至 1 800 元，就业人口反而减至 5 500 人；而非农业就业人员的平均收入增至 3 650 元，就业人口也增至 9 500 人。无论是使用极值差还是使用极值比来度量行业收入差距，都显示行业收入差距扩大。若使用加权基尼系数作为收入差距的度量指标，则第二年行业收入差距缩小，基尼系数从 0.15 降至 0.14。因此，使用收入差距的绝对指标可能无法正确表示行业收入差距。接下来，我们考虑使用变异系数、基尼系数、泰尔指数等相对指标，进一步讨论我国行业收入差距。

从表 4.4 可以看到，1990 年，我国行业收入的变异系数、基尼系数和泰尔指数分别为 0.1290、0.0648 和 0.0078；2015 年，我国行业收入的变异系数、基尼系数和泰尔指数分别升至 0.2584、0.1223 和 0.0285。

表 4.4　行业收入差距相对指标变化趋势

年份	变异系数	基尼系数	泰尔指数	年份	变异系数	基尼系数	泰尔指数
1990	0.1290	0.0648	0.0078	2003	0.2427	0.1184	0.0265
1991	0.1311	0.0659	0.0081	2004	0.2436	0.1201	0.0270
1992	0.1340	0.0689	0.0087	2005	0.2741	0.1333	0.0334
1993	0.1491	0.0739	0.0109	2006	0.2522	0.1222	0.0286
1994	0.1750	0.0907	0.0145	2007	0.2746	0.1357	0.0341
1995	0.1641	0.0828	0.0126	2008	0.2872	0.1418	0.0368
1996	0.1746	0.0898	0.0141	2009	0.2838	0.1394	0.0358
1997	0.1970	0.1021	0.0177	2010	0.2841	0.1380	0.0354
1998	0.1803	0.0899	0.0151	2011	0.2749	0.1315	0.0327
1999	0.1923	0.0989	0.0173	2012	0.2652	0.1256	0.0303
2000	0.1965	0.1005	0.0182	2013	0.2583	0.1181	0.0282
2001	0.2125	0.1113	0.0213	2014	0.2570	0.1161	0.0278
2002	0.2190	0.1148	0.0226	2015	0.2584	0.1223	0.0285

为了更直观地说明二十多年来我国行业收入差距变化趋势，我们将表 4.4 中各收入差距指标的趋势绘制成曲线图 (见图 4.3)。

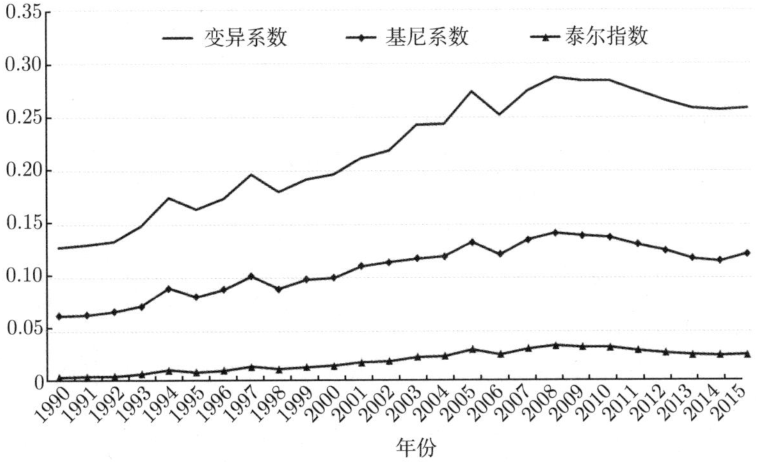

图 4.3　行业收入差距的产业差异

从图 4.3 可以清楚地看到，变异系数、基尼系数和泰尔指数的变化趋势基本相同，从 1990 年开始我国行业收入差距逐渐扩大，2008 年达到峰值，变异系数、基尼系数和泰尔指数分别达到 0.2872、0.1418 和 0.0368，随后收入差距逐渐缩小；但相较于 2014 年，2015 年我国行业收入差距再次扩大。我国政府在经济发展的同时愈发强调收入分配的公平性，2003 年之后收入差距增长趋于平缓, 行业收入差距的变化趋势也与我国居民收入基尼系数的变化趋势大致相符。

4.2.3 不同产业的行业收入差距

我们进一步根据国家统计局的标准，将所有行业划分至三大产业，深入分析我国行业收入差距在不同产业之间的差异。①由于数据的限制，我们无法区分农、林、牧、渔业中的农、林、牧、渔服务业，采矿业中的开采辅助活动，制造业中的金属制品、机械和设备修理业等细分行业的平均收入，但这些行业的就业人口一般较少，对我们的估计影响较小。利用泰尔指数的可分解性，我们将我国行业收入差距分解为产业内部收入差距与产业间收入差距，具体结果如表 4.5 所示。

由于产业分类中的第一产业只包含农、林、牧、渔业，因此其泰尔指数为 0。根据泰尔指数的性质，总泰尔指数等于组间泰尔指数和组内泰尔指数之和。组间泰尔指数表示我国产业间收入差距，从 1990 年开始，我国产业间收入差距逐步扩大，与行业间收入差距的趋势保持一致，在 2008 年达到峰值，随后逐渐下降。我们利用组间差距贡献率②解释我国行业收入差距中有多大的比例是由产业间收入差距造成的。结果表明，大多数年份组间差距贡献率为 30%—50%，2002 年最高为 50%；随后不断下跌，2015 年组间差距贡献率为 35%左右。也就是说，我国行业收入差距大部分来自产业内收入差距。从表 4.5 的结果来看，第二产业内泰尔指数逐年上升，只是在最近几年才开始下降。第二产业内泰尔指数的扩大，可能是因为第二产业内部行业的技术差异较大，而部分行业还存在垄断性，所以产业内部行业工资差异较大。而第三产业内部收入差距指数也在不断上升，第三产业包括诸多行业，既有行业平均收入最高的金融业，信息传输、软件和信息技术服务业，科学研究和技术服务业等，也有行业平均收入较低的批发和零售业，住宿和餐饮业等，因此行业内收入差距较大也就可以理解。

① 其中，第一产业是指农、林、牧、渔业 (不含农、林、牧、渔服务业)；第二产业是指采矿业 (不含开采辅助活动)，制造业 (不含金属制品、机械和设备修理业)，电力、热力、燃气及水的生产和供应业，建筑业；第三产业即服务业，是指除第一产业、第二产业以外的其他行业。第三产业包括批发和零售业，交通运输、仓储和邮政业，住宿和餐饮业，信息传输、计算机服务和软件业，金融业，房地产业，租赁和商务服务业，科学研究和技术服务业，水利、环境和公共设施管理业，居民服务和其他服务业，教育，卫生、社会保障和社会服务业，文化、体育和娱乐业，公共管理和社会组织，国际组织，以及农、林、牧、渔业中的农、林、牧、渔服务业，采矿业中的开采辅助活动，制造业中的金属制品、机械和设备修理业。

② 组间差距贡献率 = 组间泰尔指数/总泰尔指数。

表 4.5 行业收入差距的产业差异

年份	泰尔指数	组间泰尔指数	组内泰尔指数	第二产业内泰尔指数	第三产业内泰尔指数
1990	0.0078	0.0027	0.0051	0.0053	0.0053
1991	0.0081	0.0031	0.0050	0.0048	0.0057
1992	0.0087	0.0033	0.0054	0.0037	0.0080
1993	0.0109	0.0046	0.0063	0.0021	0.0121
1994	0.0145	0.0045	0.0099	0.0034	0.0177
1995	0.0126	0.0032	0.0094	0.0043	0.0158
1996	0.0141	0.0030	0.0111	0.0053	0.0179
1997	0.0177	0.0037	0.0141	0.0066	0.0221
1998	0.0151	0.0049	0.0102	0.0046	0.0155
1999	0.0173	0.0064	0.0109	0.0051	0.0159
2000	0.0182	0.0072	0.0109	0.0053	0.0155
2001	0.0213	0.0098	0.0115	0.0062	0.0154
2002	0.0226	0.0113	0.0113	0.0068	0.0146
年份	泰尔指数	组间泰尔指数	组内泰尔指数	第二产业内泰尔指数	第三产业内泰尔指数
2003	0.0265	0.0110	0.0155	0.0072	0.0215
2004	0.0270	0.0114	0.0156	0.0094	0.0203
2005	0.0334	0.0134	0.0200	0.0117	0.0278
2006	0.0286	0.0105	0.0181	0.0124	0.0218
2007	0.0341	0.0143	0.0198	0.0134	0.0247
2008	0.0368	0.0145	0.0223	0.0153	0.0274
2009	0.0358	0.0141	0.0217	0.0142	0.0270
2010	0.0354	0.0125	0.0229	0.0141	0.0292
2011	0.0327	0.0103	0.0224	0.0127	0.0302
2012	0.0303	0.0090	0.0213	0.0105	0.0300
2013	0.0282	0.0076	0.0207	0.0079	0.0322
2014	0.0278	0.0074	0.0204	0.0067	0.0323
2015	0.0285	0.0101	0.0184	0.0060	0.0281

综上所述，利用变异系数、基尼系数和泰尔指数度量我国行业收入差距不平等，可以发现三个指标的基本走势相同，即我国行业收入差距逐步拉大，在 2008 年达到峰值后又小幅回落。为了分析不同产业组间和产业组内差距对我国行业收入差距的贡献，我们对行业收入差距的总体泰尔指数进行分解。结果显示，组内差距的贡献率为 60%—70%，也就是我国行业收入差距主要是由不同产业内部的组内收入差距造成的。另外，第二产业内收入差距先上升后下降，第三产业内收入差距

则呈现震荡扩大的趋势，而且第三产业内收入差距远高于第二产业内收入差距。我们认为，虽然第三产业平均工资依靠信息技术得以大幅上涨，但是未来工业 4.0 的到来可能会有助于缩小行业收入差距。另外，从描述性统计中可以发现，在 2008 年金融危机后，我国行业收入差距缩小，但这是否意味着金融危机对行业收入差距有着抑制性作用，有待进一步分析。那么，影响我国行业收入差距的因素到底是什么？

4.3 行业收入差距的影响因素初探

理论上，很多经济学家对行业收入差距产生的原因都做了解释，但都没有形成系统的理论框架。其中，经典的理论解释主要从人力资本差异、行业工种差异及效率工资等方面进行分析。人力资本差异主要是指劳动者的先天禀赋、受教育程度不同，人力资本结构不同，生产率也不同以及一定程度上的不可替代性由此产生工资差异，而高收入的行业会吸引高质量的劳动者，最终形成行业收入差距。行业工种差异则主要基于不同行业的非货币特征不同，比如工作的安全性、工作强度等，为了弥补这些特征给劳动者带来的负效用，雇主必须支付更高的工资。因此，行业工种不同也可能导致行业收入差距，就是所谓的补偿性差异说。效率工资理论是指企业给劳动者支付更高的工资，一方面会增强劳动者的工作热情，另一方面会增加劳动者流动的机会成本。而效率工资影响行业收入差距主要基于以下两点原因：一是不同行业的监督成本不同，监督成本高的行业更倾向于支付更高的工资来激励员工；二是一些行业技能要求较高，需要对员工进行各种培训，培养一个专业的员工需要投入的成本较高，因此会支付给员工更高的工资以提高其流动成本。

基于上述理论，也有很多实证研究讨论了行业收入差距的影响因素。宋晶等 (2013) 综合探讨了行业收入差距的影响因素，指出行业人力资本水平、行业劳动生产率和行业垄断程度是影响我国行业收入差距的主要因素，而且都是正向的。张原和陈建奇 (2008) 发现相比人力资本，行业特征对行业间收入差距的影响更为显著。邱兆林 (2015) 实证检验了异质性人力资本对行业收入差距的影响，认为垄断性行业中低质量人力资本的回报率过高，进而拉大行业收入差距，但是高质量人力资本的回报率趋于市场回报率，因而有助于缩小垄断性行业与竞争性行业之间的收入差距。张龙和葛晶 (2015) 的研究结果则相反，认为我国行业收入差距主要体现在高收入群体中，而低收入群体的工资差异主要体现在特征差异中。

除了从人力资本、行业特征等因素讨论我国行业收入差距的影响因素，还有诸多研究讨论我国垄断性行业与竞争性行业的收入差距。在下一节中，我们主要讨论我国竞争性行业与垄断性行业收入差距的差异。

4.4　垄断性行业与竞争性行业收入差距分析

4.4.1　垄断性行业与竞争性行业收入分配差距的演变过程

我们利用《中国统计年鉴》的数据对我国垄断性行业与竞争性行业收入差距进行基础的描述性统计分析。由于何为垄断性行业没有精确的定义，不同文献对垄断性行业的划分标准也有所不同。岳希明等 (2010) 将垄断行业的收入分为合理收入部分和不合理收入部分，发现垄断性行业和非垄断性行业收入差距的一半以上是不合理的。由于目前的统计指标没有反映垄断性行业的隐性收入，因此该结果是被低估的。也就是说，垄断性行业和非垄断性行业的收入差距应该有超过一半的部分是不合理的。岳希明等 (2010) 综合考虑了行业中企业个数、是否有进入和退出的限制以及商品价格是否存在管制等因素，将石油和天然气开采业，烟草制品业，石油加工、炼焦及核燃料加工业，电力、燃气及水的生产和供应业，铁路运输业，水上运输业，航空运输业，邮政业，电信和其他信息传输服务业，金融业作为垄断性行业。

武鹏 (2011) 在研究行业垄断对我国行业收入差距的影响时，通过两条途径来界定垄断性行业：一是技术造成的成本可加性导致某些行业只存在一个或几个厂商，从而形成垄断性行业，如石油和天然气开采业；二是因发放“行政许可证”而形成的垄断性行业，如烟草制品业。最终，武鹏 (2011) 在 97 个细分行业中选取了 15 个垄断性行业，包括开采和洗选业，石油和天然气开采业，烟草制品业，石油加工、炼焦及核燃料加工业，电力、热力的生产和供应业，燃气生产和供应业，水的生产和供应业，铁路运输业，航空运输业，管道运输业，邮政业，电信和其他信息传输服务业，银行业，证券业和保险业等。结果显示，垄断性行业的组内差距对我国行业总体收入差距贡献较大。

上述研究都是在 97 个细分行业中划定垄断性与竞争性行业，由于数据限制，我们很难找到近十年细分行业的平均收入及就业人口数，为了分析垄断性行业与竞争性行业收入差距的时间趋势，我们依然采用《中国统计年鉴》中的数据，在行业门类的基础上划分行业垄断性。

我们借鉴任重 (2009) 的方法，将所有行业划分为三类：垄断性行业、部分垄断性行业和竞争性行业。①受数据可得性的限制，我们着重讨论 2003—2015 年的情

① 垄断性行业有电力、燃气及水的生产与供应业，信息传输、计算机服务和软件业，金融业，公共管理和社会组织；部分垄断性行业有采矿业，交通运输、仓储和邮政业，房地产业，科学研究、技术服务和地质勘查业，教育，卫生、社会保障和社会福利业；其他的属于竞争性行业。需要说明的是，大行业往往包含若干小行业，其中有些小行业属于垄断性行业，有些小行业属于竞争性行业。以“交通运输、仓储和邮政业”为例，铁路、航空、邮政业属于垄断性行业，公路运输、水运、仓储业属于竞争性行业。因此，我们将这类大行业都划分为部分垄断性行业。

况，计算各行业内及行业间的泰尔指数 (见表 4.6)。

表 4.6 2003—2015 年三类行业的泰尔指数

年份	泰尔指数	组间泰尔指数	组内泰尔指数	垄断性行业泰尔指数	部分垄断性行业泰尔指数	竞争性行业泰尔指数
2003	0.0265	0.0136	0.0129	0.0219	0.0059	0.0153
2004	0.0270	0.0134	0.0136	0.0212	0.0052	0.0159
2005	0.0334	0.0115	0.0220	0.0128	0.0057	0.0156
2006	0.0286	0.0164	0.0122	0.0273	0.0064	0.0158
2007	0.0341	0.0139	0.0202	0.0235	0.0055	0.0153
2008	0.0368	0.0155	0.0358	0.0271	0.0068	0.0158
2009	0.0358	0.0146	0.0212	0.0286	0.0057	0.0135
2010	0.0354	0.0160	0.0194	0.0358	0.0060	0.0126
2011	0.0327	0.0169	0.0158	0.0413	0.0068	0.0120
2012	0.0303	0.0166	0.0137	0.0434	0.0062	0.0110
2013	0.0282	0.0163	0.0119	0.0480	0.0065	0.0092
2014	0.0278	0.0167	0.0111	0.0504	0.0061	0.0093
2015	0.0285	0.0147	0.0138	0.0392	0.0057	0.0094

从表 4.6 的结果可以看到，即使在 2008 年后我国行业收入差距缩小的时期里，垄断性行业、部分垄断性行业与竞争性行业之间的收入差距依然在逐步扩大，也就是说垄断性行业、部分垄断性行业与竞争性行业之间的收入差距对行业收入差距的贡献率逐步扩大。从组内的收入差距来看，垄断性行业的收入差距震荡扩大，竞争性行业内部收入差距逐步降低，而部分垄断性行业内部的收入差距则没有显著变化。当然，估计结果与我们划分行业垄断性的标准密切相关。

4.4.2 行业垄断性对居民收入分配差距的影响

在实证中，也有很多关于行业垄断性对收入差距影响的研究。陈钊等 (2010) 通过回归方程的分解分析行业收入差距对我国城乡收入差距的影响，结果发现 1995—2002 年我国行业收入差距拉大主要是由一些国有的、具垄断性质的行业所引起的。也就是说，在我国市场化改革过程中，部分行业并没有受到劳动力市场竞争加剧的影响，仍然保留着垄断租金。其研究结果与武鹏 (2011) 的相同。张原 (2011) 构建了新的垄断—竞争两部门利润分享模型，从理论和实证上揭示了行业垄断性影响收入分配的内在机制，再一次证明了行业垄断性将扩大收入差距。余东华和陈晓丹 (2013) 的研究结果显示，行政性垄断是造成行业收入差距的重要因素，并且大部分的收入差距是不可解释的。除了单纯考虑工资收入，部分研究还考虑了隐性收入对行业收入差距的影响。惠宁和郭淑娟 (2012) 利用 2003—2009 年相关数据同样得出，我国行业垄断性是造成行业得收入差距的重要原因，在考虑隐性收入后，行业收入差距从 32.74%升至 47.65%。其中，隐性收入是指除工资外的货币收入和非货币收入。多数研究都是基于平均值讨论垄断性行业的高收入问题，傅娟 (2008) 则从整体分布研究垄断性行业与非垄断性行业的收入差距，结果发现行业间的收入差距不仅存在于平均水平，还存在于整体分布。

另外一些研究将行业垄断性与技术进步、所有制等因素相联系。孔庆祥和黄济生 (2012) 基于工业二位数行业的分析，研究了行业垄断性、技术进步与行业收入差距之间的关系。结果表明，总体上我国工业行业取得了明显的技术进步，其中垄断性行业通过资本深化实现了技术改进，而竞争性行业则通过提高技术效率提高了收入，但也加剧了我国行业间收入不平等。邱兆林 (2015) 同样基于技术进步的视角考察了行业垄断性如何影响行业收入差距。他的结论与孔庆祥和黄济生 (2012) 的结论相似，认为垄断性行业凭借“行业垄断—资本深化—技术改进”的发展路径提高了工资收入。邱兆林 (2015) 定义行业垄断程度为行业规模和行业国有化程度的均值，其中行业规模为国有企业从业人数在规模以上工业企业从业人数中的占比，行业国有化程度为国有企业资产总额与规模以上工业企业资产总额之比，当行业垄断程度不小于 0.6 时即为垄断性行业。除此之外，曾小春和王金龙 (2012) 的研究结果也表明，技术进步会影响垄断性行业与非垄断性行业的收入差距。叶林祥等 (2011) 结合行业垄断性与所有制两因素，利用第一次全国经济普查数据考察我国企业工资收入差距，发现虽然行业垄断性和所有制因素都是影响我国企业收入差距的重要因素，但是所有制对行业收入差距的影响更大。他们认为行业垄断性是企业工资收入差距的前提，而所有制差异则是必备条件，两者结合造成我国企业收入差距日益扩大。

4.5　小　　结

在本章，我们简要介绍了我国行业收入差距的发展趋势，概述了关于行业收入差距影响因素的相关研究。描述性统计结果表明，我国行业收入差距逐步拉大，在 2008 年达到峰值后又小幅回落。智力密集型行业和垄断性行业 (如金融业，信息传输、计算机服务和软件行业，科学研究、技术服务和地质勘查业，电力、燃气及水的生产和供应业等) 的平均收入一般较高。从产业分组的角度来看，我国行业收入差距大部分来自产业内收入差距，产业间收入差距对行业收入不平等的贡献率较小。通过对以往文献的梳理，我们发现行业人力资本结构和行业垄断性被认为是影响行业收入差距的重要因素。就行业垄断性来看，描述性统计结果显示，行业间垄断性差异造成的收入差距对行业收入差距的贡献率逐渐增大。

参考文献

[1] 陈弋, Sylvie, DéMurger. 中国企业的工资差异和所有制结构. 世界经济文汇, 2005(6): 11—31.

[2] 陈钊, 万广华, 陆铭. 行业间不平等：日益重要的城镇收入差距成因——基于回归方程的分解. 中国社会科学, 2010(3): 65—76.

[3] 伏帅, 龚志民. 中国行业收入差距的成因及其经济增长效应. 山西财经大学学报, 2008, 30(12): 22—27.

[4] 傅娟. 中国垄断行业的高收入及其原因: 基于整个收入分布的经验研究. 世界经济, 2008, 31(7): 67—77.

[5] 顾严, 冯银虎. 我国行业收入分配发生两极分化了吗？来自非参数 Kernel 密度估计的证据. 经济评论, 2008(4): 5—13.

[6] 郭娜, 祁怀锦. 中国行业收入差距的度量及其对经济增长的效应分析. 中央财经大学学报, 2010(3): 66—71.

[7] 黄燕东, 姚先国. 中国行业收入不平等问题的解析. 当代财经, 2012(2): 24—32.

[8] 惠宁, 郭淑娟. 行业垄断与行业收入差距研究. 山西财经大学学报, 2012(8): 21—30.

[9] 孔庆洋, 黄济生. 行业垄断、技术进步与行业收入差距——基于工业二位数行业的分析. 华东师范大学学报 (哲学社会科学版), 2012, 44(2): 102—110.

[10] 邱兆林. 行业收入差距及垄断行业高收入的实现路径——基于技术进步的视角. 当代经济管理, 2015, 37(3): 38—44.

[11] 邱兆林. 行业收入差距扩大的原因分析——基于人力资本异质性的视角. 经济体制改革, 2015(2): 21—25.

[12] 邱兆林. 行政垄断、技术进步与行业收入差距——基于工业行业面板数据的实证分析. 贵州财经大学学报, 2014, 32(6): 1—9.

[13] 任重, 周云波. 垄断对我国行业收入差距的影响到底有多大. 经济理论与经济管理, 2009(4): 25—30.

[14] 宋晶, 彭琴燕, 国肖娜, 李会敏. 基于制造业和金融业面板数据的行业收入差距影响因素实证分析. 宏观经济研究, 2013(2): 49—55.

[15] 魏军. 中国行业收入差距研究综述. 武陵学刊, 2006, 31(2): 113—116.

[16] 武鹏. 行业垄断对中国行业收入差距的影响. 中国工业经济, 2011(10): 76—86.

[17] 武鹏. 中国行业收入差距研究述评. 上海经济研究, 2010(8): 60—70.

[18] 徐淑娟. 我国经济发展中的行业收入差距问题研究. 武汉大学, 2013.

[19] 叶林祥, 李实, 罗楚亮. 行业垄断、所有制与企业工资收入差距——基于第一次全国经济普查企业数据的实证研究. 管理世界, 2011(4): 26—36.

[20] 于良春, 菅敏杰. 行业垄断与居民收入分配差距的影响因素分析. 产业经济研究, 2013(2): 31—39.

[21] 余东华, 陈晓丹. 行政性垄断对行业收入差距的影响研究. 经济社会体制比较, 2013(5): 54—61.

[22] 岳希明, 李实, 史泰丽. 垄断行业高收入问题探讨. 中国社会科学, 2010(3): 77—93.

[23] 曾小春, 王金龙. 技术进步对垄断行业与非垄断行业收入差距的影响. 产业经济研究, 2012(4): 47—53.

[24] 张龙, 葛晶. 人力资本、行业特征与行业收入差距——基于中国家庭追踪调查数据的研究. 山西财经大学学报, 2015, 37(11): 65—76.

[25] 张余文. 中国行业收入差距的实证分析. 经济理论与经济管理, 2010, 5(8): 20—24.

[26] 张原, 陈建奇. 人力资本还是行业特征: 中国行业间工资回报差异的成因分析. 世界经济, 2008, 31(5): 68—80.

[27] 张原. 中国行业垄断的收入分配效应. 经济评论, 2011(4): 54—62.

第二部分

中国收入分配原因分析

影响居民收入分配差距的因素多种多样。第二部分总结了四个对我国居民收入分配差距影响最大的因素：人口流动、区域发展战略、税收制度和国际贸易。这些因素的共同点是，它们在我国的经济增长中均发挥了重大作用。

经济学理论指出，人口流动有助于缩小部门间的收入差距，推动居民收入平等化。但是在我国，大规模的人口流动却是伴随着居民收入分配差距的扩大而出现的。在第 5 章中，我们讨论了经典理论与我国现实冲突的原因，指出人口迁移的自选择性和户籍制度等劳动力市场不完备因素限制了劳动力流动的收入平等化效应。在这两种因素的共同作用下，具有较高人力资本、在农村收入也较高的农村居民更倾向于在城镇定居，随着这部分人口从农村流向城镇，城乡间收入分配差距势必不断扩大。

区域发展战略曾为我国的经济增长做出巨大贡献。在改革开放初期，我国放弃了区域平等化战略，率先发展东部沿海地区，使得以长三角和珠三角为中心的东部地区的经济得以腾飞，一些城市如今已赶上发达国家水平。21 世纪开始，中央政府决定“以先富带后富”，战略重心又转回到区域的均衡、协调发展上，并先后推出“西部大开发”“中部崛起”和“振兴东北老工业基地”等区域发展战略。从发展经济学的视角来看，如果区域发展战略的制定符合当地的产业结构，就会有利于地区经济的发展，进而推动区域内部和地区间收入的趋同；反之，则会拉大不同区域的收入差距。在第 6 章中，我们对东部、中部和西部三大经济区域的发展战略进行了定量评价，发现东部地区的产业结构转型和中部地区的优先发展工业战略较好地契合了本地区的特点，区域内部和地区间的收入呈现收敛的趋势；然而，西部地区的工业赶超战略不符合当地的产业结构，导致其内部的收入分配差距日益扩大，与其他地区的差距也不断增大。

财政政策常常被政府用来解决经济结构失衡的问题。税收作为政府最主要的财政收入来源，同样会对居民收入结构产生较大影响。第 7 章评价了税收制度改革在居民收入分配差距的演变中所扮演的角色。我们指出，在我国的税收制度设计中，累退税占比较大，而缩小收入不平等效果最明显的个人所得税占比过小，因而这种税制结构不利于缩小贫富差距。进一步地，我们用反事实分析的方式考察了个人所得税的三次税制改革对收入分配的影响，发现三次提高个人所得税起征点无一例外都削弱了个人所得税的纵向公平效应，但 2011 年对税收等级的调整则增强了个人所得税的横向公平效应。因此，目前我国个人所得税尽管缓解了收入不平等状况，但作用非常有限。

2000 年以来作为中国经济增长两大“引擎”之一的国际贸易同样会影响居民收入结构。根据著名的赫克歇尔-俄林定理，由于发展中国家的比较优势是价格低廉的劳动力，它在国际贸易中会向发达国家出口劳动密集型产品，因而出口行业的发展会拉动国内的就业需求，在提高工人工资的同时缩小收入分配差距。但也有学者指出，行业异质性和劳动力市场黏性等因素会导致出口行业工人的工资较高，从而扩大收入不平等程度。在第 9 章中，我们把 2001 年中国加入世界贸易组织当作一次结构性冲击，检验贸易自由化对我国收入分配差距的影响。结果显示，贸易自由化确实会加剧我国的收入不平等，并且城镇地区受到的影响大于农村地区。

第 5 章　人口流动对收入分配差距的影响

改革开放以来，我国城乡收入差距不断拉大 (即基尼系数不断增大)，尽管近几年基尼系数有所下降，但降幅十分微小。伴随着基尼系数的上升，我国流动人口数也不断增加。国家统计局数据显示，我国流动人口数从 2000 年 1.21 亿增至 2014 年的 2.53 亿，2015 年略微降至 2.47 亿。而就农民工规模来看，《2016 年农民工监测调查报告》表明，2016 年我国外出农民工 1.69 亿人，其中进城农民工 1.36 亿人。一方面，城乡收入差距的拉大是促进人口流动的重要原因之一；另一方面，毫无疑问，人口流动也会对收入分配产生影响，这也是本章将着重讨论的问题。事实上，选择流动的行为本身可能存在自选择性，比如受教育程度越高、能力越强的个体越容易迁移，并且会越好地融入到城镇中，不再返回农村。那么，人口流动会扩大城乡收入差距吗? 在本章，我们试图采用 DFL① 分解法，构造流动人口若不选择流动的反事实收入分布，讨论人口流动对城乡收入分配差距的影响。从结果来看，由于城乡技能价格的差异，农村居民从农村流动到城镇时个人平均收入将上升。如果将这些流动人口归为农村居民，可以推断人口流动有助于缩小城乡收入差距。但是，由于定居在城镇的永久移民并不是随机从农村居民中抽取而来的，反而是有着很强的正向自选择性，即使不选择移民，他们在农村居民中一般也处于中高收入群体。因此，随着他们流向城镇，城乡收入差距势必将扩大。

5.1　文献综述

近年来，已有很多学者就人口流动与城乡收入差距的问题展开研究。传统经济理论认为，在不存在任何流动壁垒限制的情况下，由于劳动力从边际生产率较低的农业部门转移至边际生产率较高的非农业部门，人口流动将有助于缩小收入差距。部分关于中国人口流动与城乡收入差距的研究结果也符合这一理论预期。李实 (1999) 利用抽样数据估算我国农村劳动力流动的数量规模，认为在当时农村存在大量剩余劳动力的情况下，农村劳动力的流动可以直接或间接地提高农村外出打工家庭的人均收入，抑制农村家庭收入差距的扩大，进一步缓解城乡收入差距。马忠东等 (2004) 分析中国 2000 年人口普查数据以及分县的时间序列数据，发现农

① DFL 分解法是指由 DiNordo、Forth 和 Lemienx 三位学者提出的刻画收入分布的方法。

村劳动力的流出对农村粮食产量并没有显著的影响，而迁移率每提高 1%，农村地区人均收入将提高 4.6%，从而改善地区收入不平等状况。Qu and Zhao(2008) 则利用 2002 年中国家庭收入调查 (CHIP) 数据，分别估计了将农村迁移人口家庭仍然视作农村家庭、将农村迁移人口家庭视作城镇家庭两种情况下反事实的城乡差距"分位数"曲线，并与实际曲线相比，结果显示农村劳动力转移有助于缩小城乡收入差距。蔡昉和王美艳 (2009) 针对 2005 年 1%人口抽样调查数据，采用相似的方法估计，也得出农村劳动力转移缩小城乡收入差距的结论。还有大量学者构建不同的城镇化水平指标反映人口流动，利用各省份宏观数据检验城镇化水平对收入分配的影响。陆铭和陈钊 (2004) 发现，非农业人口占总人口比重的上升将缩小城乡收入差距。程开明 (2008) 的研究结果显示，城镇从业人员占全部从业人员的比重上升也有助于缩小城乡收入差距。

但是，人口流动有助于缩小城乡收入差距的观点似乎与我国基尼系数与流动人口规模同时上升的现象相矛盾。在理论方面，钟笑寒 (2008) 结合中国现实，假设农民工进城后形成独立的阶层，分析移民对以基尼系数衡量的收入不平等的影响，发现农民工进城并不一定会缩小城乡收入差距，特别是在移民早期，还可能会扩大城乡收入差距。蔡昉 (2005) 通过理论分析和世界各国的经验归纳出人口流动有助于缩小地区差异的四个条件：第一，劳动力的转移必须反映从农业向非农业转移的结构性变化，同质性的人口流动不会改善地区收入差距；第二，劳动力的流入地必须创造出足够的就业岗位，以保证流动的劳动力能较为平稳地实现从边际生产率较低的农业部门向非农业部门的就业转换；第三，劳动力的迁移只有在改变城乡产出分配格局的条件下，才能长期地改变城乡收入差距；第四，劳动力的转移必须不受制度约束，可以自由流动。而以户籍制度为典型的制度障碍，一方面使得劳动力流动无法改变国民产出的分配格局，另一方面引发一系列城乡劳动力歧视问题，从而进一步限制劳动力流动对缩小城乡收入差距的作用。此外，很多经济学家在实证研究中也从制度政策、劳动力异质性、统计误差等方面解释了这一问题，如袁志刚和李娜 (2012)。

在制度政策方面，多数经济学者主要从包含户籍制度在内的城镇偏向政策方面讨论其如何削弱人口流动对城乡收入差距的影响。万海远和李实 (2013) 结合倾向匹配得分与双重差分的方法构造反事实，结果显示若剔除户籍歧视因素，我国的基尼系数将从 0.499 降至 0.488，也就是说户籍歧视对我国城乡收入差距有显著影响。Whalley and Zhang(2007) 的研究结果甚至表明，在取消户籍限制之后，现有的收入差距将最终消失。

邢春冰 (2010) 从劳动力转移的异质性角度出发，分析不同类型移民劳动力转移的自选择性及其对城乡收入差距和农村内部收入差距的影响。其研究结果表明，永久移民 (即转移至城镇后取得城镇户口的移民) 具有显著的正向选择性，说明受教育程度越高、能力越强的个体越容易永久地移民、扩大城乡收入比并降低农村内部收入差距。而农民工迁移对城乡收入差距以及农村内部收入差距都没有显著影响。傅鸿源等 (2008) 则分析劳动力流动对城镇产业梯度的影响，发现中国农村低成本劳动力涌入城镇，使得城镇中低梯度产业仍可以通过雇用低成本的劳动力而继续发展，阻碍了产业梯度的自发转移，从而扩大城乡收入差距。朱长存和马敬芝 (2009) 从农村人力资本的外溢性方面解释了劳动力迁移规模和城乡收入差距同时扩大这一现象，认为由于城镇偏向政策，劳动力转移中新增的价值大部分被城镇获得，也就是农村人力资本外流存在极大的外溢性，从而导致城乡收入差距扩大。

另外，还有一些研究 (蔡昉和王美艳，2009；高文书，2013；费舒澜和郭继强，2014) 指出，由于统计制度及调查方法的限制，对流动人口家庭收入的统计存在缺陷，影响了人口流动对城乡收入差距的相关分析。

总结上述观点后我们指出，虽然理论上人口流动有利于缩小城乡收入差距，但由于城乡分割的管理体制、财政支出、经济政策等方面的差异，使得我国劳动力流动以及劳动力正常就业受到限制，削弱了人口流动缓解城乡收入差距的作用。各种因素的综合作用，也就使得我国城乡收入差距扩大和人口规模上升的现象并存。

需要注意的是，选择流动的行为本身可能存在自选择性，也就是选择流动的人口与留守人口之间可能存在异质性。如果流动人口是在农村居民中随机抽取产生的，那么人口流动可能会缩小城乡差距。但是，如果迁移存在自选择性，比如受教育程度越高、能力越强的个体越容易迁移，并且能够很好地融入到城镇中，不再返回农村，那么人口流动反而会扩大城乡收入差距。由于流动人口在城镇与在农村面临不同的技能价格，如果仅仅将流动人口的收入重新归并到农村样本中来讨论人口流动对城乡收入差距的影响，那么这样的做法是不严谨的。基于此，本章试图回答“如果流动人口不选择流动，那么他们在农村中将获得怎样的收入”这一问题，利用 DFL(Dinardo，Fortin and Lemieux) 方法分解构造反事实的收入分布，更直观解释人口流动对收入分配的影响。另外，为了更好地分析人口流动的“自选择性”问题，我们将永久移民 (从农村流动到城镇并获得城镇户口的人口) 与农民工区分，分别进行讨论。

5.2　模型构建

如前文所述，首先我们需要明确的是城镇居民、农村居民以及农民工面临不同的技能价格，这可以简单、粗略地通过 OLS(普通最小二乘法) 估计予以反映。在控制基本的个人特征 (如性别、年龄、自评健康状况、受教育程度、婚姻状况、是否为党员、民族和地区等) 后，工资方程 OLS 估计结果如表 5.1 所示。从中可以看到，以教育回报率为例，城镇居民本地人与永久移民的教育回报率并没有较大差异，均显著高于农村居民与农民工的教育回报率：对于城镇居民本地人和永久移民而言，受教育年限每提高一年，个人收入将提高约 9%；而对于农村居民和农民工而言，受教育年限每提高一年，个人收入将提高 3%—4%。而年龄、政治地位 (如是否为党员)、民族等个人特征的回报率在不同群体之间也有所差异。因此，在研究人口流动对收入分配的影响时，我们不能简单地将迁移人口的个人收入加回至农村来计算收入不平等指标。

表 5.1 工资方程 OLS 估计结果

	城镇居民 (不包含永久移民)	永久移民	农村居民	农民工
男性	0.2495***	0.3646***	0.2069***	0.2462***
	(0.0165)	(0.0314)	(0.0087)	(0.0206)
年龄	0.1376***	0.1068***	0.0362***	0.0574***
	(0.0077)	(0.0146)	(0.0031)	(0.0094)
年龄平方/100	−0.1393***	−0.1146***	-0.0451***	−0.0775***
	(0.0091)	(0.0170)	(0.0039)	(0.0122)
受教育年限	0.0968***	0.0885***	0.0337***	0.0399***
	(0.0030)	(0.0048)	(0.0017)	(0.0040)
在婚	0.0775*	0.1786**	−0.0502**	0.1161**
	(0.0342)	(0.0675)	(0.0155)	(0.0417)
党员	0.2242***	0.2589***	0.1932***	0.0561
	(0.0207)	(0.0351)	(0.0161)	(0.0563)
汉族	−0.0177	−0.2635**	0.0737***	−0.0401
	(0.0417)	(0.0848)	(0.0167)	(0.0378)
健康较差	−0.1742***	−0.2110**	−0.0471	−0.2786**
	(0.0386)	(0.0699)	(0.0254)	(0.0859)
十分健康	0.0597**	0.0243	0.0664***	0.0122
	(0.0183)	(0.0346)	(0.0140)	(0.0393)
省份	控制	控制	控制	控制
常数项	4.2861***	5.3745***	7.0349***	7.4022***
	(0.1549)	(0.3076)	(0.0597)	(0.1693)
样本量	10193.3049	22536.3278		
adj.R^2	0.282	0.303	0.245	0.189

注：括号内数值为标准误；* 、** 和 *** 分别表示系数在 5%、1%和 0.1%的统计水平下显著。

为了构造反事实收入分布，本章采用 DFL 分解的办法。相比于 Oaxaca-Blinder (Oaxaca，1973) 分解基于平均水平构造反事实，DFL 分解的优势在于通过半参估计，对重新设置已知分布特征样本的权重，直接构造整个分布的反事实估计，同时也避免对工资方程的线性假定 (如 JMP1993 分解 (郭继强等，2011))。构造反事实收入分布的具体方法如下：

我们假设 w 表示个人收入，$f^i(w|x)$ 表示在给定一系列个人特征为 x 时 i 群

体的个人收入分布。其中，i 表示永久移民 (urban)、农民工 (migrant) 和农村居民 (rural)。因此，$f^{\text{rural}}(w|x)$ 与 $f^{\text{migrant}}(w|x)$、$f^{\text{urban}}(w|x)$ 之间的差异即农村居民与农民工、永久移民的技能价格之间的差异。令 $g(w|i=\text{rural})$、$g(w|i=\text{migrant})$ 和 $g(w|i=\text{urban})$ 分别表示农村居民、农民工和永久移民的个人特征分布，它们之间的差异也就反映了不同群体之间的特征差异。那么，农村居民的个人收入分布为：

$$\Phi(w|i=\text{rural})=\int f^{\text{rural}}(w|x)g(x|i=\text{rural})\mathrm{d}x \tag{5.1}$$

同理，农民工和永久移民的个人收入分布分别为：

$$\Phi(w|i=\text{migrant})=\int f^{\text{migrant}}(w|x)g(x|i=\text{migrant})\mathrm{d}x \tag{5.2}$$

$$\Phi(w|i=\text{urban})=\int f^{\text{urban}}(w|x)g(x|i=\text{urban})\mathrm{d}x \tag{5.3}$$

在假定人口迁移不改变不同群体的技能价格的前提下，如果永久移民的个体不选择迁移而是继续留在农村，那么他们的个人收入分布将变为：

$$\Phi^{\text{rural}}(w|i=\text{urban})=\int f^{\text{rural}}(w|x)g(x|i=\text{urban})\mathrm{d}x \tag{5.4}$$

需要指出的是，上述分布是我们不能真实观测到的，也是我们需要估计的反事实分布。(5.4) 式可以改写为：

$$\begin{aligned}\Phi^{\text{rural}}(w|i=\text{urban})&=\int f^{\text{rural}}(w|x)g(x|i=\text{urban})\frac{g(x|i=\text{rural})}{g(x|i=\text{rural})}\mathrm{d}x\\&=\int f^{\text{rural}}(w|x)g(x|i=\text{rural})\frac{g(x|i=\text{urban})}{g(x|i=\text{rural})}\mathrm{d}x\end{aligned} \tag{5.5}$$

由 (5.5) 式可知，为了估计永久移民的反事实收入，我们只需引入可观测的样本 (农村居民个人收入分布)，并重新设置权重 $g(x|i=\text{urban})/g(x|i=\text{rural})$。这个权重反映了永久移民与农村居民之间个人特征分布之间的差异。利用贝叶斯法则，我们有：

$$g(x|i=\text{urban})=\frac{g(x)\Pr(i=\text{urban}|x)}{\Pr(i=\text{urban})} \tag{5.6}$$

$$g(x|i=\text{rural})=\frac{g(x)\Pr(i=\text{rural}|x)}{\Pr(i=\text{rural})} \tag{5.7}$$

因此，权重可改写为：

$$\frac{g(x|i=\text{urban})}{g(x|i=\text{rural})}=\frac{\Pr(i=\text{rural})}{\Pr(i=\text{urban})}\times\frac{\Pr(i=\text{urban}|x)}{\Pr(i=\text{rural}|x)} \tag{5.8}$$

其中，(5.8) 式中第一项 $\Pr(i=\text{rural})/\Pr(i=\text{urban})$ 等于样本中农村居民与永久移民样本数之比，是固定值，对我们估计反事实收入没有影响。利用永久移民和农村居民组成的数据集，我们可以通过 Logit 模型或 Probit 模型估计农村居民的预测概率 $\Pr(i=\text{rural}|x)$。也就是说，最终的权重可以改写为：

$$\theta^{\text{urban}}=\frac{1-\Pr(i=\text{rural}|x)}{\Pr(i=\text{rural}|x)} \tag{5.9}$$

同理，农民工的反事实收入分布可以表示为：

$$\Phi^{\text{rural}}(w|i=\text{migrant})=\int f^{\text{rural}}(w|x)g(x|i=\text{rural})\frac{g(x|i=\text{migrant})}{g(x|i=\text{rural})}\mathrm{d}x \tag{5.10}$$

相应的权重为：

$$\theta^{\text{migrant}}=\frac{1-\Pr(i=\text{rural}|x)}{\Pr(i=\text{rural}|x)} \tag{5.11}$$

需要注意的是，此时的 $\Pr(i=\text{rural}|x)$ 是由农民工和农村居民组成的数据集所估计的预测概率。

最后，我们只需利用所估计的权重并利用核密度估计方法，测算出永久移民或者农民工的反事实收入。本章中核估计所选择的核函数均为 Epanechnikov 核函数。

5.3　数据介绍和描述性统计

本章使用的数据来自 2002 年中国家庭收入调查。虽然流动人口数据集中涵盖了与城镇住户调查相同辖区的部分迁移家庭，但是这些迁移家庭并没有包括已经取得城镇户口的永久迁移家庭。因此，我们借鉴邢春冰 (2010) 的方法，在城镇住户数据集中筛选出永久迁移家庭。在对城镇住户进行调查时，受访者将被询问“如果原来不是城镇户口，请问取得城镇户口的时间”，通过此问题，我们识别出共计 4 184 名永久移民的受访者。虽然，在农村居民的数据集中仍存在曾外出打工的样本，但是由于在计算个人收入时，无法分离出这部分居民所获得的家庭经营收入的份额，因此我们并没有把这部分流动人口归于农民工样本。

最终，所有数据的描述性统计如表 5.2 所示。从中可以发现，城镇居民与永久移民具有很强的相似性，而农村居民和农民工的相似性也很高；但是，城镇居民、永久移民与农村居民、农民工之间存在较高的异质性。比如，城镇居民和永久移民的受教育年限与党员的比例均显著高于农村居民和农民工，但是城镇居民、永久移民的健康状况反而略差于农村居民和农名工。由此，我们可以猜测移民决策存在自我选择性。也就是说，永久移民个体并不是随机从农村样本中抽取而来，受教育程度较高、是党员的个体可能更容易移民。那么，他们如果继续留在农村，其收入也将处于农村收入分布中的高收入，因此针对他们的移民决策将影响城乡收入差距、农村内部收入差距。但是，这样的猜测是否成立，还要利用实证数据进行检验。

表 5.2　描述性统计

	城镇居民 (不包含永久移民)			永久移民		
	样本量	均值	标准差	样本量	均值	标准差
男性	10 650	0.4824	0.4997	3 185	0.5099	0.5000
年龄	10 650	41.7188	9.9367	3 185	41.8732	9.9029
在婚	10 599	0.8638	0.3431	3 184	0.9240	0.2650
党员	10 478	0.2352	0.4241	3 136	0.3463	0.4759
汉族	10 609	0.9572	0.2024	3 185	0.9639	0.1866
受教育年限	10 610	10.8693	3.0535	3 185	10.8911	3.5354
健康状况	10 608	2.5788	0.5903	3 185	2.6264	0.5860
	农村居民			农民工		
	样本量	均值	样本量	均值	样本量	均值
男性	23 253	0.5460	23 253	0.5460	23 253	0.5460
年龄	23 253	37.0084	23 253	37.0084	23 253	37.0084
在婚	23 186	0.7593	23 186	0.7593	23 186	0.7593
党员	23 188	0.0769	23 188	0.0769	23 188	0.0769
汉族	23 248	0.8627	23 248	0.8627	23 248	0.8627
受教育年限	22 676	7.3839	22 676	7.3839	22 676	7.3839
健康状况	23 237	2.8194	23 237	2.8194	23 237	2.8194

如前文所述，本章关注的问题是“假设流动人口选择不流动，那么他们在农村中将获得怎样的收入”，以此研究人口流动对收入分配的影响。区别于邢春冰 (2010) 采用家庭人均收入的收入核算口径来研究收入不平等，我们所采用的收入为更为精确的个人收入。因此，我们将样本限制在 18—60 岁的非在校学生。对于收入的核算，由于不同数据集询问的收入类型有所差别，因此针对不同数据集的特点采用不同的收入核算方式，以求获得更准确的收入数据。①

图 5.1 为利用核密度分别估计城镇居民、农村居民、农民工和永久移民个人收

① 需要注意的是，本章的收入口径包含人均自有房屋租金的估计值。对于城镇住户而言，由于每个有工作的人都被问到“2002 年的总收入是多少”，因此收入核算较为简单，即为个人收入加上人均自有房屋租金估计值。对于流动人口住户而言，虽然问卷中询问了家庭经营性收入、财产性收入等，但由于经营性收入为毛收入，没有扣除经营成本，因此我们利用“2002 年从工作单位或就业岗位得到的各种 (净) 收入的月平均额”和“从其他各种途径获得的其他 (净) 收入的月平均额”的数据，再加上人均自有房屋租金估计值作为流动人口的个人收入。农村住户个人收入的核算较为复杂，包含从事工资性就业和个体非农经营的收入、家庭农业经营与非农经营的个人平均收入、家庭其他收入的平均收入和自有房屋租金的估计值。特别需要指出的是，在家庭农业经营收入中，我们考虑了自家消费的情况，查询 2002 年农产品价格，将自家消费的部分重新加回至家庭农业经营收入中。

入的对数分布。横轴为个人收入的对数，纵轴为个人收入对数的核密度估计。结果显示，城镇居民和永久移民的收入分布大致相同，且都在农村居民和农民工收入分布的右侧。也就是说从分布来看，城镇居民和永久移民的个人收入一般要高于农村居民和农民工。农村居民的个人收入分布则在最左侧。

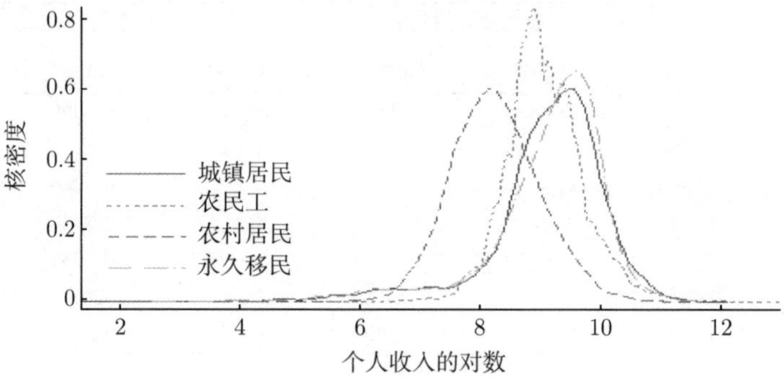

图 5.1　居民个人收入对数的核密度估计结果

表 5.3 中第 (1)—(4) 列分别显示城镇居民 (不包含永久移民)、永久移民、农村居民及农民工个人收入的情况。从中可以看出，永久移民与城镇居民的平均个人收入分别为 11 063.94 元和 10 956.02 元，两者之间并没有显著的差别；农民工的平均个人收入为 9 755.13 元，略低于城镇居民与永久移民；农村居民的平均个人收入为 4 679.06 元，直接计算城乡收入比为 2.36:1，远低于使用人均收入核算口

表 5.3　不同居民人均收入及不平等指标测算结果

	城镇居民(不包含永久移民) (1)	永久移民 (2)	农村居民 (3)	农民工 (4)
平均个人收入	11 063.94	10 956.02	4 679.06	9 755.13
不平等指标				
相对平均偏差	0.2778	0.2646	0.2899	0.2679
变异系数	0.8091	0.7386	0.9405	1.1927
对数标准差	0.9875	0.9779	0.7113	0.6280
基尼系数	0.3948	0.3767	0.4010	0.3791
Mehran 测度	0.5419	0.5291	0.5224	0.3791
Piesch 测度	0.3213	0.3005	0.3404	0.4882
Kakwani 测度	0.1393	0.1303	0.1395	0.3245
泰尔指数 (GE(a), a = 1)	0.2603	0.2324	0.2902	0.3244
平均对数偏差(GE(a), a = 0)	0.3362	0.3181	0.2698	0.2338
熵指数 (GE(a), a = -1)	1.6169	1.2356	0.3341	0.2691
$\frac{1}{2}$×(变异系数) (GE(a), a = 2)	0.3273	0.2727	0.4422	0.7111

径得出的城乡收入比。① 另外，从基尼系数来看，农村居民个人收入的不平等程度最高，为 0.4010；其次是城镇居民，基尼系数为 0.3948；永久移民和农民工的不平等程度相似，基尼系数均为 0.37 左右。

如果没有迁移，那么城乡收入分配是怎样的情况呢？一个自然的想法是将迁移人口的个人收入重新归回农村居民的个人收入中，再重新计算其收入不平等指数。但是，由于城镇居民、农村居民及农民工所面临的技能价格不同，即如果将迁移的人口没有迁移，那么在面对农村技能价格时，他们的个人收入也将随之发生变化。因此，我们必须构造反事实以讨论人口流动对城乡收入分配的影响。

5.4 实证结果分析

5.4.1 永久移民的反事实收入估计

为了估计永久移民的反事实收入，我们首先对永久移民和农村居民的合并样本进行 Logit 估计，计算出农村居民的预测概率。控制变量包括性别、年龄、年龄平方/100、党员、婚姻状况、健康状况、民族、受教育状况等。由于永久移民和农村居民的调查省份不一致，因此我们只控制了样本是在东部、中部还是在西部地区。表 5.4 中第 (1) 列为永久移民和农村居民合并样本中 Logit 的估计结果，系数均为边际效应。估计结果表明，男性为农村居民的概率比女性低 5.18%；党员为农村居民的概率比非党员低 4.9%；受教育程度越高，越可能成为永久移民。估计出各样本为农村居民的预测概率后，我们计算出 DFL 分解的权重，并用核密度估计方法测算了永久移民的反事实个人收入，结果如图 5.2 和图 5.3 所示。

图 5.2 中实线表示永久移民真实的个人收入的核密度估计，虚线表示永久移民反事实的个人收入的核密度估计。从中可以看到，永久移民的真实个人收入分布在反事实个人收入分布的右侧，也就是如果永久移民的个体选择继续留在农村，那么他们的收入将普遍降低，这也与农村技能价格较低的现实相符。图 5.3 中实线表示农村居民真实的个人收入的核密度估计，虚线表示永久移民反事实的个人收入的核密度估计。② 事实上，农村居民真实个人收入分布与永久移民反事实个人收入分布之间的差异就是农村居民与永久移民之间个人特征的差异。图 5.3 的结果显示，在个人收入密度到达峰值之前，农村居民个人收入的密度曲线低于永久移民反事实个人收入的密度曲线；而到达峰值之后，永久移民反事实个人收入的密度曲线则显著高于农村居民个人收入的密度曲线。由此，我们可以判断，即使在面临相同的技能价格时，永久移民的个人收入也将更集中地处于农村居民个人收入分布的中

① 邢春冰 (2010) 同样使用 2002 年中国家庭收入调查数据，利用人均收入直接计算城乡收入比为 3.01:1。

② 图 5.2 中永久移民反事实个人收入的分布与图 5.3 中永久移民反事实个人收入的分布相同。

上部分。这符合我们的预期，因为永久移民并不是随机从农村样本中抽取的，而是存在正向的自选择性，能力越强的人越可能做出永久移民的决策。农村居民内部中高收入部分群体会转变为永久移民，从而永久移民不仅会扩大城乡收入差距，还有助于缩小农村内部收入差距。

表 5.4　永久移民 Logit 估计结果

	总体样本 (1)	男性 (2)	女性 (3)
男性	0.0518***		
	(0.0031)		
年龄	−0.0068***	−0.0059***	−0.0068***
	(0.0010)	(0.0014)	(0.0017)
年龄平方/100	0.0055***	0.0052***	0.0043*
	(0.0012)	(0.0016)	(0.0020)
在婚	−0.0321***	−0.0319***	−0.0349***
	(0.0040)	(0.0054)	(0.0064)
党员	−0.0490***	−0.0388***	−0.0804***
	(0.0056)	(0.0057)	(0.0144)
汉族	−0.0352***	−0.0297***	−0.0438***
	(0.0029)	(0.0038)	(−0.0045)
小学	0.0600***	0.0350***	0.0955***
	(0.0029)	(0.0038)	(0.0056)
高中	−0.1083***	−0.0938***	−0.1352***
	(0.0065)	(0.0079)	(0.0117)
大学及以上	−0.6372***	−0.6567***	−0.5854***
	(0.0179)	(0.0221)	(0.0311)
健康较差	0.0141***	0.0154***	0.0137
	(0.0043)	(0.0054)	(0.0071)
非常健康	0.0833***	0.0834***	0.0877***
	(0.0063)	(0.0089)	(0.0092)
东部	0.0391***	0.0355***	0.0464***
	(0.0027)	(0.0035)	(0.0044)
西部	−0.0238***	−0.0206***	−0.0290***
	(0.0045)	(0.0058)	(0.0074)
Pseudo R^2	0.3689	0.3961	0.3449
样本量	22 472	12 180	10 292

注：括号内数值为标准误；* 、** 和 *** 分别表示系数在 5%、1%和 0.1%的统计水平下显著。

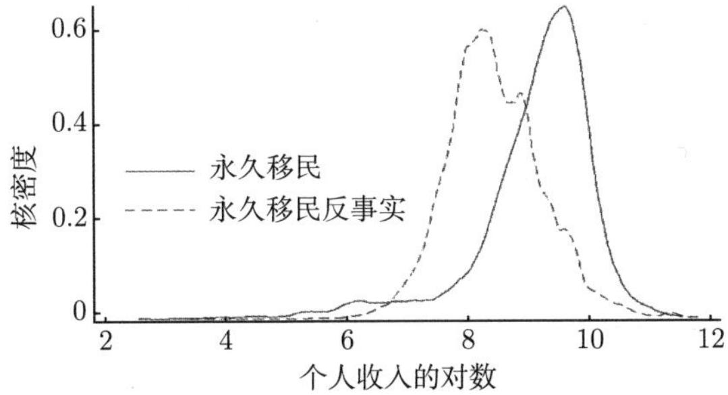

图 5.2 永久移民与永久移民反事实估计结果对比

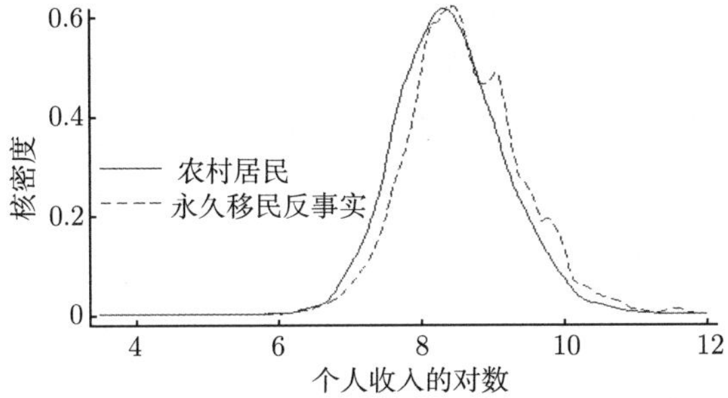

图 5.3 农村居民与永久移民反事实估计结果对比

由于农村居民家庭经营收入中个别家庭存在亏损的情况，而如果直接对个人收入取对数将忽略收入为负的样本，因此我们对永久移民个人收入的原始数据也进行反事实估计，结果如图 5.4 和图 5.5 所示。其中，横轴为个人收入，纵轴为个人收入的核密度估计。从中可以看出，利用个人收入的原始数据进行反事实估计所得到的推论与利用收入的对数进行估计的结果相似，在此不再赘述。

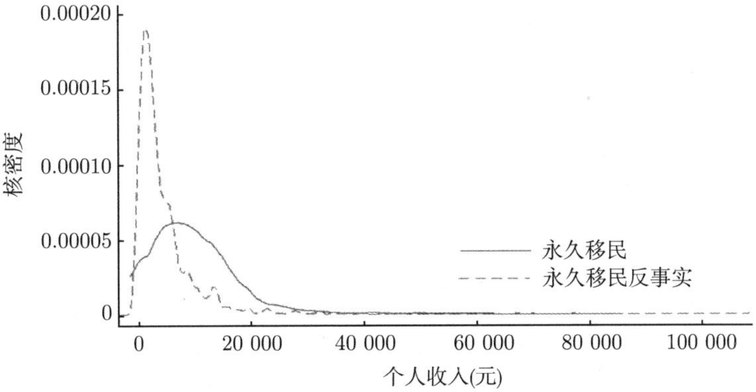

图 5.4 永久移民与永久移民反事实估计对比

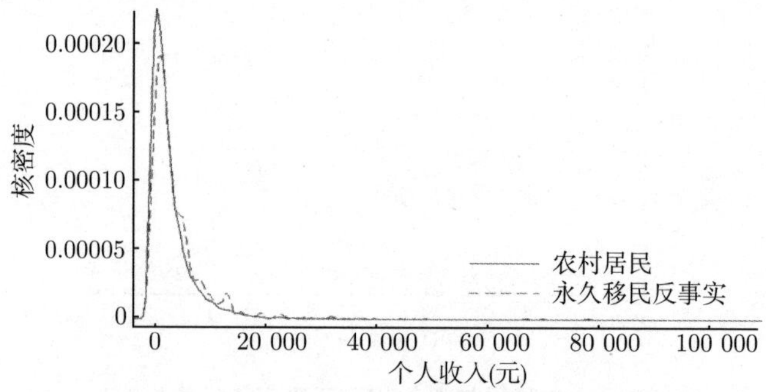

图 5.5　农村居民与永久移民反事实估计对比

接下来，我们将样本分为男性样本、女性样本，再分别进行 Logit 估计，结果如表 5.4 第 (2)、(3) 列所示。从系数来看，男性和女性样本之间并没有显著的差异，即个人特征对男性、女性是否选择移民的影响大致相同。FDL 反事实分解结果如图 5.6—5.9 所示，其中图 5.6—5.7 为男性样本的 DFL 分解，图 5.8—5.9 为女性

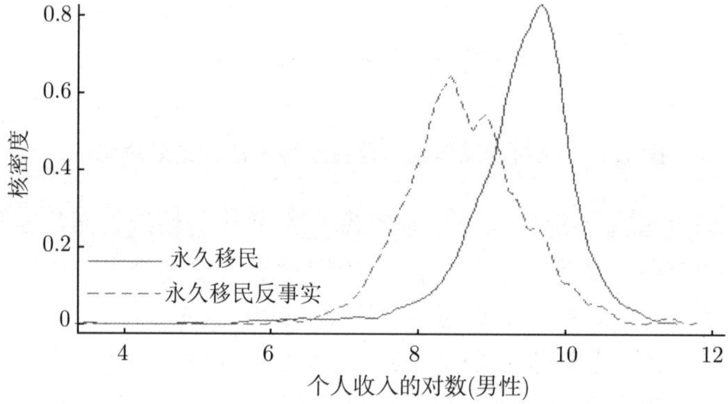

图 5.6　男性永久移民与永久移民反事实估计结果对比

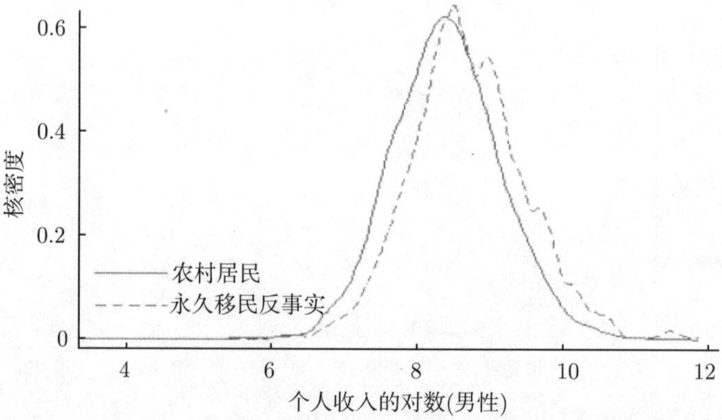

图 5.7　男性农村居民与永久移民反事实估计结果对比

样本的 DFL 分解。从中可以看出，不管是男性样本还是女性样本，永久移民反事实个人收入大部分将落入永久移民真实个人收入分布的中下区间，但是相比于农村居民真实收入，永久移民反事实个人收入将落入农村居民收入分布的中上区间。

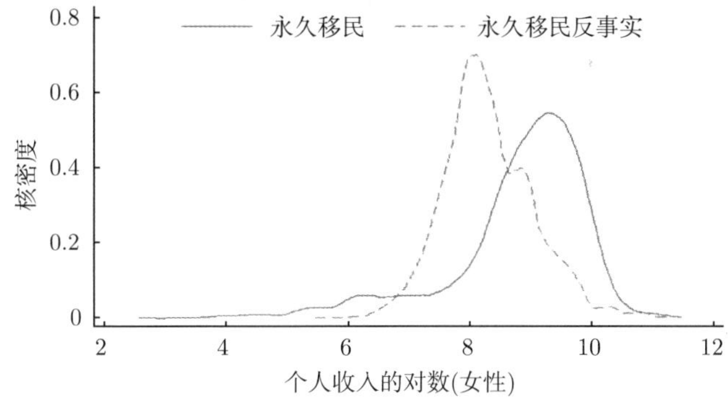

图 5.8　女性永久移民与永久移民反事实估计结果对比

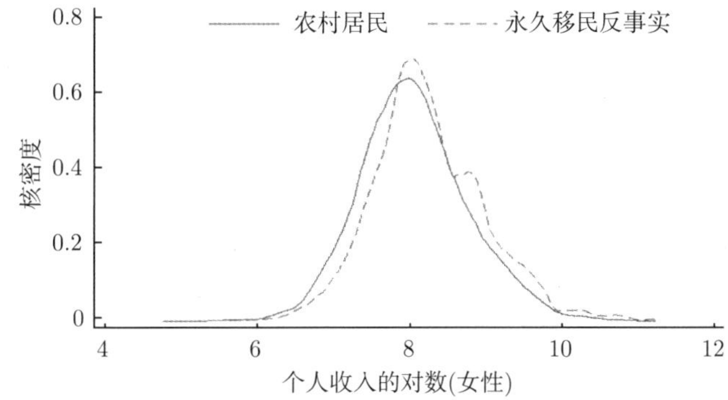

图 5.9　女性农村居民与永久移民反事实估计结果对比

为了更好地比较人口流动对男性、女性样本收入影响的大小，我们将农村居民真实个人收入分布与永久移民反事实个人收入分布的差异也表示出来，如图 5.10 和图 5.11 所示，其中图 5.10 为男性样本的结果，图 5.11 为女性样本的结果。当纵坐标大于 0 时表示农村居民个人收入的密度曲线高于城镇居民反事实收入的密度曲线。通过比较，我们发现相比于女性，男性的密度差异曲线波动更大，这也表明男性永久移民与男性农村居民的个人技能特征差异更大。在不考虑权重的情况下，从结果来看，男性永久移民对收入分配的影响更大。

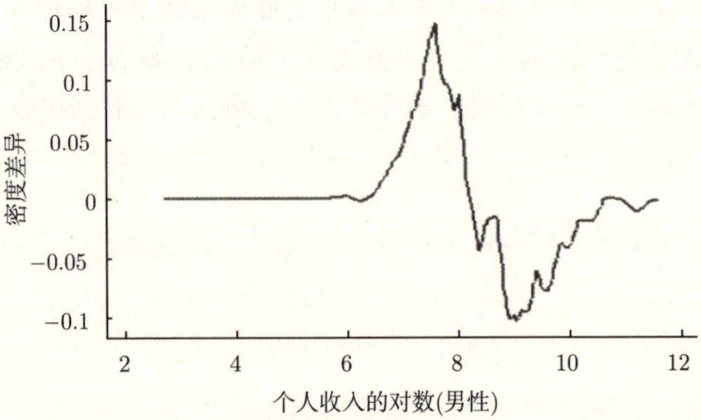

图 5.10　农村居民真实个人收入分布与永久移民反事实个人收入分布的差异 (男性)

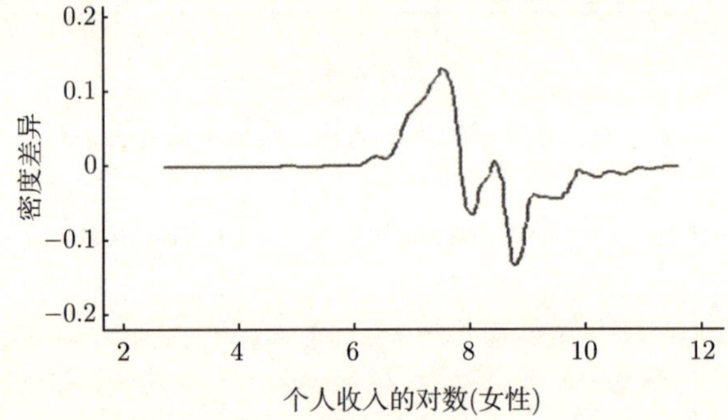

图 5.11　农村居民真实个人收入分布与永久移民反事实个人收入分布的差异 (女性)

5.4.2　临时移民的反事实收入估计

首先，我们依然估计农民工和农村居民合并样本的 Logit 模型。结果如表 5.5 所示，第 (1) 列为总体样本估计结果，第 (2)、(3) 列分别为男性样本、女性样本估计结果。从系数来看，除了党员的系数符号相反，大多数系数的符号与永久移民和农村居民合并样本的符号一致。这也与我们的直觉相符，部分农村居民如果是党员，就可能会留在农村担任村干部等工作，而不会选择外出打工。

图 5.12—5.16 是基于农村居民与农民工合并样本的 DFL 分解。其中，图 5.12 和 5.13 分别为农民工、农村居民与农民工反事实估计的对比；图 5.14—5.16 分别为总体样本、男性样本和女性样本农村居民真实个人收入分布与农民工反事实个人收入分布的差异。DFL 分解结果表明，如同永久移民与农村居民合并样本的结果，由于农民工与农村居民面临的技能价格不同，如果农民工选择留在农村，那么他们的个人收入分布将整体左移，收入降低；但是，他们的反事实个人收入分布几乎与农村居民真实收入分布重合，即他们与农村居民个人特征差异很小。从密度曲

线的差异可以看到，相比于农村居民与永久移民反事实个人收入之间的差异，农村居民与农民工反事实个人收入密度曲线差异的振幅更小。而男性、女性分样本的估计也表明了相似的结果。

表 5.5　临时移民 Logit 估计结果

	总体样本 (1)	男性 (2)	女性 (3)
男性	0.0091*		
	(0.0042)		
年龄	−0.0192***	−0.0201***	−0.0196***
	(0.0018)	(0.0023)	(0.0028)
年龄平方/100	0.0322***	0.0323***	0.0340***
	(0.0024)	(0.0030)	(0.0038)
在婚	−0.1031***	−0.0955***	−0.1096***
	(0.0052)	(0.0069)	(0.0078)
党员	0.0700***	0.0697***	0.0673***
	(0.0057)	(0.0063)	(0.0143)
汉族	−0.0311***	−0.0279***	−0.0353***
	(0.0059)	(0.0078)	(0.0090)
小学	0.0275***	0.0094	0.0417***
	(0.0047)	(0.0069)	(0.0070)
高中	−0.0198***	−0.0201***	−0.0199
	(0.0061)	(0.0073)	(0.0105)
大学及以上	−0.0627***	−0.0786***	−0.0398
	(0.0191)	(0.0248)	(0.0293)
健康较差	0.0145	0.0077	0.0196
	(0.0142)	(0.0211)	(0.0199)
非常健康	−0.0242***	−0.0291***	−0.0190
	(0.0066)	(0.0089)	(0.0098)
东部	0.0325***	0.0256***	0.0407***
	(0.0044)	(0.0057)	(0.0067)
西部	−0.0209***	−0.0262***	−0.0141
	(0.0063)	(0.0086)	(0.0094)
Pseudo R^2	0.0852	0.0867	0.0846
样本量	23 038	12 465	10 573

注：括号内数值为标准误；* 、** 和 *** 分别代表系数在 5%、1%和 0.1%的统计水平下显著。

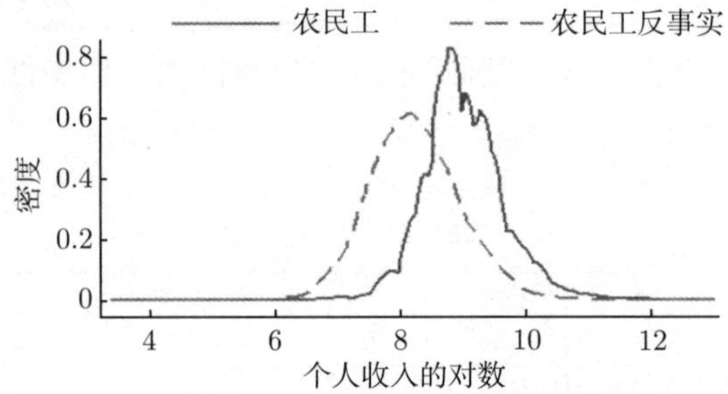

图 5.12　农民工与农民工反事实估计结果对比

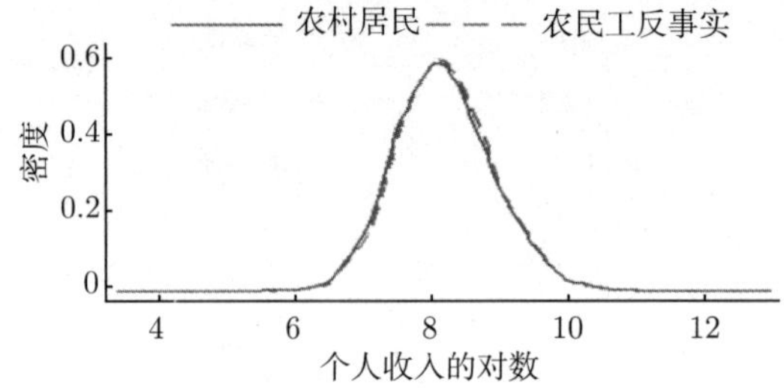

图 5.13　农村居民与农民工反事实估计结果对比

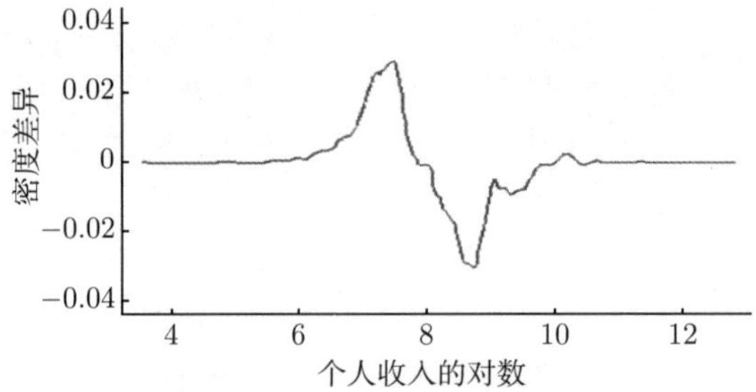

图 5.14　农村居民真实个人收入分布与农民工反事实个人收入分布的差异

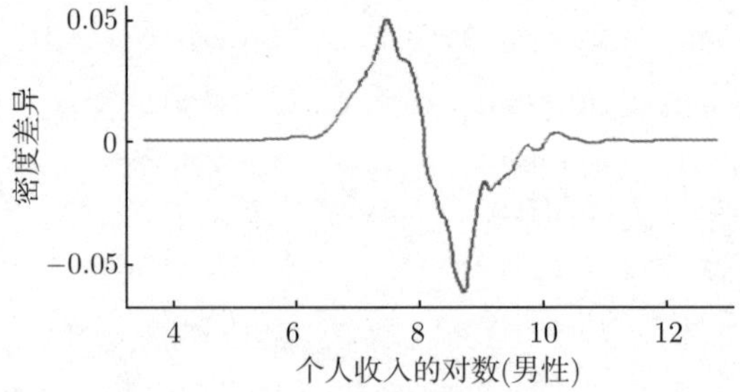

图 5.15　农村居民真实个人收入分布与农民工反事实个人收入分布的差异 (男性)

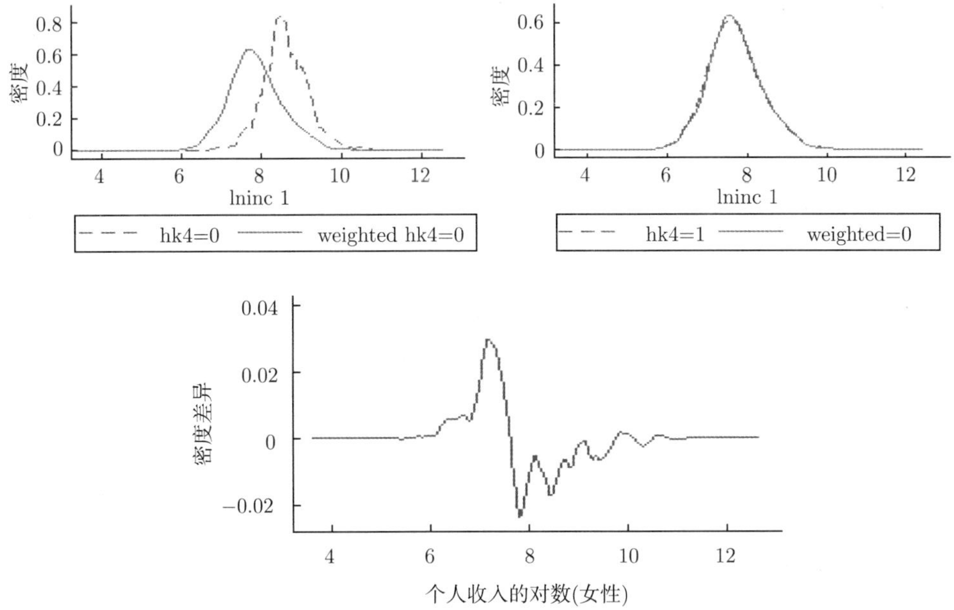

图 5.16　农村居民真实个人收入分布与农民工反事实个人收入分布的差异 (女性)

由此，我们可以推测，虽然农民工平均个人收入高于农村居民，但是由于两者个人特征差异很小，如果农民工不选择迁移，他们的收入分布与农村居民的收入分布就没有太大差异。农民工与农村居民个人收入之间的差异，仅仅是因为他们面临的技能价格不同。因此，对于农民工群体的人口流动，如果在计算城乡收入差距时归为农村居民，他们就会提高农村居民的平均收入，有助于缩小城乡收入差距。

5.5　小　　结

随着我国人口流动规模的不断扩大，流动人口对我国收入分配格局也有着重要的影响。从本章的结果来看，由于城乡技能价格的差异，农村居民从农村流动到城镇，个人平均收入将上升。如果将这些流动人口归为农村居民，可以推断人口流动有助于缩小城乡收入差距。但是，对于永久移民而言，他们并不是随机从农村居民中抽取而来，而是有着很强的正向自选择性：能力越高的农村居民，选择永久移民的概率越大，而他们原来在农村居民中一般也处于中高收入群体。随着他们流向城镇，城乡收入差距势必会扩大。

对于政策制定者而言，必须关注农村人才流失的情况。由于迁移的自选择性，能力较低、个人收入较低的群体将继续留在农村。因此，我们不能一味地鼓励人口流动，而应当实施多维的发展战略，提高农村居民的个人收入与生活水平。这也不应当只是利用政府的财政转移支付等再分配功能，还应当不断推动农村基础教育、技能培训等，提高农村居民人力资本水平，缩小农村居民与城镇居民个人能力的差异，进而提高农村居民收入。

当然，本章还有一些不足。比如忽视了农民工的信息溢出效应，外出打工者在提高自身收入的同时也激励更多农村劳动力外出，致使对城乡收入差距的缩小作用可能被低估。另外，由于数据限制，我们估计的个人收入并不十分精确，也忽略了城镇居民可能会获得的隐性补贴以及各地区消费指数的差异。现有研究未能区分城镇间人口流动、城乡人口流动分别对城镇内部收入差距、农村内部收入差距和城乡间收入差距的影响。例如，伴随农村人口入城的还有人口由县城向城镇、由三线城镇向一、二线城市的迁移，而且这部分人口将随着我国高等教育事业的发展越发重要，这是否与农民工进城对收入分配有着相同的影响机制有待研究。

参 考 文 献

[1] 蔡昉. 为什么劳动力流动没有缩小城乡收入差距. 理论前沿, 2005(20): 4—10.

[2] 蔡昉. 农村剩余劳动力流动的制度性障碍分析——解释流动与差距同时扩大的悖论. 经济学动态, 2005(1): 35—39.

[3] 蔡昉, 王美艳. 为什么劳动力流动没有缩小城乡收入差距. 经济学动态,2009(08): 4—10.

[4] 程开明. 从城市偏向到城乡统筹发展——城市偏向政策影响城乡差距的 Panel Data 证据. 经济学家, 2008, 3(3): 28—36.

[5] 程开明, 李金昌. 城市偏向、城镇化与城乡收入差距的作用机制及动态分析. 数量经济技术经济研究, 2007, 24(7): 116—125.

[6] 费舒澜, 郭继强. 农民工收入统计归属对城乡收入差距的影响. 统计研究, 2014, 31(6): 17—24.

[7] 傅鸿源, 陈煜红, 叶贵. 中国农村劳动力流动对产业梯度转移的影响探析. 经济经纬, 2008(5): 104—107.

[8] 高文书. 农村劳动力流动与中国城乡收入差距统计问题研究. 中国社会科学院研究生院学报, 2013(3): 47-52.

[9] 郎永清. 农村劳动力转移与城乡收入差距. 山西财经大学学报, 2007, 29(9): 11—15.

[10] 廖显浪. 我国农村劳动力流动与城乡收入差距研究. 人口与经济, 2012(6): 46—52.

[11] 李子叶, 韩先锋, 冯根福. 中国城镇化进程扩大了城乡收入差距吗——基于中国省级面板数据的经验分析. 经济学家, 2016(2): 69—74.

[12] 李实. 中国个人收入分配研究回顾与展望. 经济学, 2003, 2(2): 379—404.

[13] 李实. 中国农村劳动力流动与收入增长和分配. 中国社会科学, 1999(2): 16—33.

[14] 陆铭, 陈钊. 城镇化、城市倾向的经济政策与城乡收入差距. 经济研究, 2004(6): 50—58.

[15] 马忠东, 张为民, 梁在. 劳动力流动: 中国农村收入增长的新因素. 人口研究, 2004, 28(3): 2—10.

[16] 沈坤荣, 余吉祥. 农村劳动力流动对中国城镇居民收入的影响——基于市场化进程中城乡劳动力分工视角的研究. *管理世界*, 2011(3): 58-65.

[17] 万海远, 李实. 户籍歧视对城乡收入差距的影响. *经济研究*, 2013(9): 43—55.

[18] 邢春冰. 迁移、自选择与收入分配——来自中国城乡的证据. *经济学 (季刊)*, 2010, 9(1): 247—274.

[19] 袁志刚, 李娜. 中国农村劳动力转移对城乡收入差距影响的研究述评. *云南财经大学学报*, 2012(4): 73—81.

[20] 朱长存, 马敬芝. 农村人力资本的广义外溢性与城乡收入差距. *中国农村观察*, 2009(4): 37—46.

[21] 钟笑寒. 城乡移民与收入不平等: 基于基尼系数的理论分析. *数量经济技术经济研究*, 2008, 25(8): 110—122.

[22] Dinardo, J., N. M. Fortin and T. Lemieux Labor market institutions and the distribution of wages(1973-1992): A semiparametric approach. *Econometrica* 1996, 64(5): 1001-1044.

[23] Lin, Y., G. Wang and Y. Zhao Regional inequality and labor transfers in China. *Economic Development & Cultural Change* 2004, 52(3): 587-603.

第 6 章　区域发展战略与地区间收入分配差距

在经济持续快速增长的背景下，区域发展差距和收入分配不平等的问题愈加凸显，是政策制定者和学者广泛关注的热点问题。中国地区间存在较大的收入差距。李实等 (2013) 基于 2002 年和 2007 年价格调整后的 CHIP 数据研究发现，中国不同地区间 (直辖市、东部地区、中部地区和西部地区) 存在较大的收入差异。他们考察不同群组 (城镇居民、农民工、农村居民) 间的收入差异，得出中国地区间收入差距主要是由不同地区城镇居民间收入差距扩大所导致，以及由直辖市与其他地区的人均收入间差距扩大所导致。1979—2007 年，中国经济实现了实际 GDP 年均 9.8%的高速增长，同时，比较 1981 年和 2006 年的人均 GDP 增长率，西藏与上海的差距都在 1%左右，但 2006 年的西藏人均 GDP 仅为 1 524.58 元[①]，比上海 1981 年的人均 GDP 2 596.24 元还低。上海 2006 年的人均 GDP 为 10 036.50 元，相当于西藏的 6.6 倍。由此可见，尽管从国家宏观角度来看，中国经济的确实现了高速增长，极大地提高了国民生活水平，但地区间经济增长差距依然显著，由此带来的地区间人均收入差距、区域发展不平衡等问题依然存在。面对这种发展现状，以及由此导致的地区间不平衡问题，地方政府应选择怎样的发展战略以实现地方经济的高效发展呢？本章从我国各地区的发展战略出发，评价区域发展战略对收入分配的影响。

6.1　区域发展战略与收入分配的理论探究

所谓收敛就是对于初始经济发展水平不同的地区而言，随着经济的发展，落后地区增长速度高于发达地区，从而经济一体化会自动促进各区域经济发展路径趋向一致。经济收敛性理论可以追溯到 20 世纪 60 年代的新古典经济增长理论。Swan(1956) 和 Solow(1956) 的新古典增长模型认为，在外生储蓄率和技术进步为基础的假设前提下，由于资本的边际收益递减规律，经济落后地区 (较低的人均资本) 具有较高的资本收益，从而导致较高的资本累积速度并吸引资本流入，最终可以提高经济增长速度，使得经济发展会趋于稳定。因为新古典增长理论中各个国家 (地区间) 均衡增长状态的人均收入水平依赖于外生的储蓄率等，所以在收敛

① 为了便于比较，以 1978 年为基准年，以下涉及人均 GDP 做相同处理。

性检验中经常要考虑政府政策、市场化程度等因素，即考虑条件收敛性问题。而 Romer(1986) 的内生经济增长模型则提出，由于存在规模效应等因素，生产要素在较为发达地区集中，从而形成的经济一体化会加剧不同地区的发展差距，因此将不存在区域经济的条件收敛性。

从 20 世纪 80 年代起，许多经济学家对收敛理论进行了拓展性研究，并初步形成了四种收敛理论。

一是绝对 β 收敛。这种观点由 Barro and Sala-i-Martin(1991) 提出，认为在资本边际报酬递减规律的条件下，经济增长率与初始收入水平存在负相关关系，所有国家或地区随着时间的推移都将收敛于相同的人均收入水平。

二是条件 β 收敛。Barro et al.(1991) 引入条件收敛的概念，在适当控制人力资本等外生变量的基础上探讨经济增长率和初始收入水平的相关性。Barro and Sala-i-Martin(1992) 和 Mankiw et al.(1992) 等进一步拓展条件收敛的概念，认为传统新古典增长模型并不意味着不同经济体人均收入水平最终都趋向相同，不同经济体可能具有各自的均衡增长路径。他们的进一步研究还表明，各区域人均收入的增长除受到初期人均收入水平的影响外，还可能受到诸如地区虚拟变量、人力资本、知识水平等因素的影响。

三是俱乐部收敛。这种观点认为，许多区域经济系统之间既不存在绝对 β 收敛也不存在条件 β 收敛，而是在区域内部存在收敛现象，区域之间则不存在收敛趋势。

四是 σ 收敛。它是指不同经济单元之间人均收入的离差随着时间的推移而最终趋于下降。

对于中国地区经济增长收敛性而言，其研究内容主要集中在两个方面。一是检验中国各省份以及东部、中部和西部三大经济带的经济增长是否存在绝对 β 收敛、条件 β 收敛和俱乐部收敛。张胜和郭军 (2001) 利用中国 1952—1998 年的省际截面数据进行研究，认为我国在改革开放前存在绝对 β 收敛，而在改革开放后不存在绝对 β 收敛。沈坤荣和马俊 (2002) 认为中国地区间的经济增长，不仅存在显著的俱乐部收敛特征，还存在条件 β 收敛特征。此外，林毅夫和刘明兴 (2003)、彭国华 (2005)、石磊和高帆 (2006) 和潘文卿 (2010) 等分别从城乡之间、部门之间、劳动力流动、人力资本等不同角度，实证验证了中国区域经济增长存在条件 β 收敛和俱乐部收敛现象。二是探求造成我国地区间发展差异现象的原因。国内许多学者的研究重点大都集中在基于新古典收敛理论分析中国地区经济增长的条件 β 收敛或俱乐部收敛情况，研究大多通过条件 β 收敛模型中控制变量对地区经济增长率的影响来寻找我国地区经济增长差距扩大的原因。蔡昉和都阳 (2000) 的研究表明，人力资本的差异是造成地区差距的主要原因。林毅夫和刘培林 (2003) 认为，重工业优先发展的赶超战略，是造成当前中国各省份之间发展水平差距的重要原因。

刘夏明等 (2004) 认为，经济地理、历史等多种因素使得沿海地区处在比较高的发展起点上，同时区域发展战略、经济全球化、经济自由化、要素市场的扭曲对地区差距的形成产生重要的影响。彭国华 (2005) 分析全要素生产率的收敛性，认为全要素生产率的收敛导致收入的收敛。此外，李晶和汤琼峰 (2006)、沈坤荣和唐文健 (2006) 还从劳动力跨区域流动和劳动力转移规模等角度探究经济收敛情况等。

由上述文献综述可见，对于我国经济收敛情况学界基本能够达成的共识有两点：一是中国经济表现出 U 形收敛的特性，即在 1990 年以前中国各地区的经济增长呈收敛趋势，1990 年以后则迅速发散；二是中国经济增长呈现出较强的地域特性，俱乐部收敛现象显著。但是，对于这些现象背后的原因，学界尚未形成统一定论。

基于此，本章拟针对东中西三个区域并从政府行为与经济增长相关性的视角，探究我国地方政府采取的经济发展战略，特别是制造业优先发展战略对地方经济增长的影响，并最终根据地区内收入分配的收敛情况，判断政府发展战略的政策效果，同时深入探究其背后的产业驱动机制。

6.2 分税制、制造业优先发展战略与地区收入的作用机制

为了加强国防军工建设，自“一五”计划以来，我国就参照苏联模式，迅速进行工业化建设，确立重工业优先发展的基本战略，以期迅速“追英赶美”，摆脱贫穷落后的局面。这就是著名的“赶超战略”。赶超战略建立了我国第二产业雏形，在当时的时代背景下具有一定的客观合理性。然而，被赶超战略“寄予厚望”的重工业属于资本密集型产业，这与当时我国资本稀缺、劳动力丰富的禀赋结构不相适应。在正常的市场竞争下，重工业企业自身能力不具备，必然面临发展瓶颈。为了帮扶重化工业企业，我国长期以来实行计划经济，人为扭曲价格机制，压低利率、汇率等变量，增加补贴，降低重工业的发展成本。在政府的干预下，以重工业为代表的第二产业在我国迅速发展起来。

自改革开放以来，我国建立社会主义市场经济体制，以市场调节为主、政府调控为辅，从而激发禀赋潜能，经济连续三十多年高歌猛进。然而，受财政分权和地方官员晋升机制的影响，赶超战略并未完全退出历史舞台，反而成为拉动地方经济增长、财税收入的利器 (王立国，2012)。地方政府追求 GDP 高增长，绕过中央规制，与企业“合谋”，力推重工业和落后产能，造成过度投资、重复建设和产能过剩的局面。可以说，中央层面已经逐渐认识到赶超战略的危害，但地方层面却仍然坚持优先发展重工业的战略。例如 2008 年以来，中央曾出台多项政策措施积极应对产能过剩问题，国务院出台了《关于发布实施〈促进产业结构调整暂行规定〉的决定》《关于加快推进产能过剩行业结构调整的通知》和《关于抑制部分行业产能过剩和重复建设引导产业健康发展若干意见的通知》等，但产能过剩并未因此缓解反

而有越演越烈之势。究其根源，这与我国分税制的财政政策密切相关。在分税制大背景下，地方政府“事多钱少”，为了扩大税收来源，地方政府自然会偏好于纳税多的传统制造业，而非因地制宜地发展经济。由此，我们提出假说 1：

假说1：分税制条件下的地方政府出于扩大政府税收的目的，有意愿采取对于政府来说税收边际报酬更高的生产部门优先发展的战略。

美国经济学家霍利斯 • 钱纳里 (Hollis B. Chenery) 在对 34 个准工业国的经济发展进行实证研究后提出，任何国家和地区的经济发展都会规律性地经过六个阶段，这六个发展阶段由低到高依次是传统社会、工业化初期、工业化中期、工业化后期、后工业化社会、现代化社会；同时，从任何一个发展阶段向更高一个发展阶段的跃迁都是通过产业结构转化来推动的。因此，产业结构的变动和升级是划分区域经济发展阶段的基本依据。根据钱纳里的观点，经济增长就是生产要素从效率低的部门向效率高的部门转移。那么地方政府应采取适应于当地经济发展阶段的、能够将有效的生产要素资源集中到高效率的、能够起带动作用的部门的经济政策，以实现地方经济增长的目标。如果地方政府的发展战略违背经济发展阶段——比如在制造业的发展达到一定高度时仍采取制造业赶超战略，就会造成产业结构与经济发展阶段不匹配、产业结构扭曲、产品供过于求，从而造成产能过剩。关于产能过剩的危害，理论界探讨很多。林毅夫 (2010) 认为，微观上产能过剩会导致企业利润低下、企业倒闭或开工不足，引发员工下岗失业；宏观上会导致行业因缺少研发资金而创新缺乏、资源浪费和环境污染，最终将阻碍经济的发展。

中华人民共和国成立后，区域发展战略作为国家经济发展整体战略中的重要组成部分，先后经历了改革开放之前的区域均衡发展战略，以及改革开放之后的区域非均衡发展战略、区域非均衡协调发展战略与统筹区域协调发展战略。1978 年改革开放之后，我们开始进行经济体制改革和实行对外开放政策，把效率作为经济发展的首要目标。由于东部沿海地区过去工业基础较好，集中了绝大部分工业，特别是 1978 年后经过多年的经济恢复，东部沿海地区在一定程度上具备了丰富的劳动力资源、原材料和销售市场。正因为如此，邓小平提出向沿海地区倾斜，利用东部沿海地区的工业基础，加快沿海地区的发展，以带动中西部地区发展的发展模式。在东部优先发展战略下，国家生产力布局和投资中心大规模东移，先后成立了 5 个经济特区、14 个沿海港口城市、5 个经济开放区，形成了沿海开放地带，实现了东部地区的高速增长。在过去的三十多年中，东部沿海地区经济发展迅速，工业化和城镇化程度均高于中西部地区。然而，随着东部地区经济的高速增长，东部与中西部区域发展不平衡、贫富差距加剧，不利于社会公平和社会稳定。基于此，2001 年 3 月第九届人大四次会议通过的“十五”计划确立了实施西部大开发战略。随着国家针对西部地区的政策和资金支持力度的不断加大，西部地区的生产、生活条件不断改善，基础设施建设、生态环境保护与建设显著加强，实现了西部地区经济的平稳较快增长。随着东部地区优先发展战略、西部大开发战略以及振兴东北老工业基地战略的先后实施，中部地区与周边地区的发展差距明显，中部地区发展边缘化倾向甚至中部塌陷已成事实。为此，2006 年 3 月，第十届全国人大四次会议通过的“十一五”规划正式将中部崛起战略确立为国家战略。自此，中部地区经济增长开启了稳中加速的发展态势。

在东部优先发展战略、西部大开发战略及中部崛起战略先后提出的国家政策背景下，不可避免地造成了东部地区相较于中西部地区经济发展的先发优势。同时，为了加强国防军工建设，自“一五”计划以来，我国就参照苏联模式，迅速进行工业化建设，确立重工业优先发展的基本战略，以期迅速“追英赶美”，摆脱贫穷落后的局面。在政府干预下，以重化工业为代表的第二产业在我国迅速发展起来。在重工业优先发展战略和区域不协调发展战略的推动下，相较于中西部地区，东部地区工业部门劳动生产率水平较高，工业化程度较高，第二产业发展处于相对高位。因此，东部地区经济发展水平更接近于钱纳里发展六阶段的工业化后期阶段，即第二产业在经历了迅速发展后，随着经济水平的进一步提高，第二产业所创造财富的占比开始下降，而第三产业逐渐成为经济发展的主体。相应地，中西部地区更接近于钱纳里发展六阶段的工业化中期阶段，即产业结构不断向以现代工业为主的工业化结构转变，第二产业占比显著增大，并且在制造业内部也将由轻型工业的迅速增长转向重型工业的迅速增长。在这个阶段，制造业的大规模发展促进并支撑了区域经济以较高速度增长，从而实现了地区经济的高速发展。因此，东部地区的地方政府应采取制造业高效发展以及大力发展服务业的战略，引导生产要素逐步向第三产业流动，以适应东部地区面临的产业结构由第二产业主导向第二、三产业协调发展以及第二产业内部结构优化的现状。而中西部地区的地方政府则应继续采取优先发展制造业战略，以进一步释放第二产业发展潜力，实现区域经济的高效增长。具体来说：三大经济区域内部各省份处在相近的经济发展阶段，产业结构趋同明显；东中西三大经济区域之间处在不同的经济发展阶段，具有不同产业结构。东部地区经济发展水平高于中西部地区，第二产业发展相对成熟，在经济发展阶段上处于工业化后期；而中西部地区的第二产业潜力有待进一步释放，尚处于工业化中期，相比东部地区更有理由大力推进制造业优先发展战略。

基于钱纳里经济发展六阶段论以及历史上我国采取的经济发展战略，我们提出假说 2。

假说2：地方政府应依据各自所处的经济发展阶段，针对所具有的产业结构，采取适应于当地经济发展水平的经济发展战略。

库兹涅茨 (Kuznets) 在“经济增长与收入不平等”(Economic growth and income

inequality) 一文中，在对英国、美国、德国的个人收入分配的长期变动趋势进行观察后指出:“在由前工业社会向工业社会急速转变的早期，伴随经济增长的是收入分配不平等程度的急速扩大；此后，收入不平等程度渐趋稳定，并在后期开始缩小。” 这说明在经济发展的过程中，特别是在工业化阶段，收入分配差距将先扩大并在经过一段时间的稳定后逐步缩小，经济增长将收敛于平衡增长路径。

如果地方政府采取的发展战略适应当地经济发展阶段，那么将引导生产要素流向生产效率更高的生产部门，从而实现产业结构优化、促进经济增长，在经过收入分配差距随经济增长扩大的过程后，最终将实现收入收敛。如果地方政府采取的发展战略违背当地经济发展阶段，那么将导致生产要素留在生产效率较低的生产部门，无法实现生产要素的最优配置，造成产业结构扭曲，阻碍经济增长，最终导致经济增长无法收敛于平衡增长路径。具体来说，东部地区经济发展阶段处于工业化后期，面临第二产业内部优化及第二产业向第三产业转型的状况，同时随着经济的进一步增长，区域内各省份收入分配差距将逐步缩小并向均衡点收敛。因此，东部地区采取的制造业高效发展以及大力发展服务业的战略将实现产业结构升级，促进经济增长，并加速区域内部的收入收敛速度。而中西部地区经济发展处于工业化中期，第二产业仍对经济增长起主要带动作用，同时随着经济的继续增长，区域内各省份收入分配差距将继续扩大。因此，中西部地区应继续采取制造业优先发展战略，从而促进第二产业高效发展，推动经济迅速发展，并将在区域内各省份收入分配继续扩大一段时间后逐步转向收入差距缩小，并最终实现收入收敛。

基于库兹涅茨经济增长与收入分配的表述，我们提出假说 3。

假说3：在地方政府依据当地经济发展水平确定发展战略的条件下 (假说 2)，尽管两者会对当地经济增长起到促进作用，但区域内部收入分配差距将因所处经济发展阶段的不同而表现为扩大或缩小。

6.3　制造业优先发展战略、区域收入及其主要控制变量

考虑到财政分税制改革，本章所选取数据的期间为 1994—2012 年，纳入样本的省份为 28 个。①我们所使用的主要经济指标包括人均实际 GDP、第二产业增加值、地区 GDP、第二产业就业人数、各产业就业人数等, 原始数据来自中经网统计数据库、国家统计局等。按照全国人大六届四次会议通过的“七五”规划公告，在剔除西藏、海南并合并重庆后，我们将中国分成东中西三个经济区域。②

① 西藏和海南各经济变量的异常值比较多，其统计数据的真实性与可靠性受到学界质疑，按照研究惯例，我们将其剔除；同时，将 1996 年以后重庆的相关数据并入四川；考虑到数据的可比性，依照惯例，港、澳、台不包括在本章的样本中。

② 东部地区包括北京、天津、河北、辽宁、上海、江苏、浙江、福建、山东、广东等 10 个省级单位；中部地区包括黑龙江、吉林、山西、安徽、江西、河南、湖北、湖南等 8 个省级单位；西部地区包括内蒙古、广

Lin and Lin(2004) 构造了一个技术选择指数 TCI 来度量制造业发展战略，其基本思想是：一国的禀赋结构决定了该国的比较优势，进而决定了该国的最优产业结构。忽视禀赋结构，一味强调制造业优先发展是对最优产业结构的扭曲，因此产业结构的扭曲程度可以作为发展战略一个合适的代理变量。按照惯例，技术选择指数 TCI 定义如下：

$$\mathrm{TCI}_{it} = \frac{\mathrm{AVM}_{it}/\mathrm{GDP}_{it}}{\mathrm{LM}_{it}/L_{it}} \tag{6.1}$$

其中，AVM_{it} 表示第 i 个经济体在时期 t 的制造业增加值，GDP_{it} 表示三大产业增加值总和，LM_{it} 表示制造业就业人数，L_{it} 表示三大产业从业人数总和。

根据 TCI 的表达式可知，分子是制造业对 GDP 的贡献比，分母是制造业吸纳劳动力占劳动力总数的比重，二者相除表示该经济体的制造业产值密度。一个经济体制造业优先发展的程度越高，说明该经济体制造业产值密度越大，TCI 会越高。这是因为：第一，相比于农业和服务业，制造业是资本密集型产业，资本替代劳动的现象明显，优先发展制造业，会导致制造业就业占比下降，TCI 分母减小，在其他条件不变的情况下，TCI 比值上升；第二，如果采取制造业优先发展战略，为了解决制造业部门企业的自生能力 (林毅夫，2002)，政府会采取税收减免、信贷扶持等政策增加制造业产值，导致 TCI 分子增大，在其他条件不变的情况下，TCI 比值上升。

按照 Lin and Lin(2004) 和林毅夫 (2009) 的定义，在其他条件不变的情况下，实际 TCI 对最优的制造业产值密度 TCI^* 的偏离可以衡量某一经济体的赶超程度，用 DS 表示。

$$\mathrm{DS}_{it} = |\mathrm{TCI}_{it} - \mathrm{TCI}^*_{it}| \tag{6.2}$$

由上式可知，$\mathrm{DS}_{it} = 0$ 表示实际 TCI 等于最优 TCI^*，该经济体是按照资源禀赋选择发展战略；$\mathrm{DS}_{it} > 0$ 表示该经济体实行制造业优先发展战略，战略选择偏离资源禀赋。我们采用林毅夫 (2009) 的方法，假设 TCI^* 为常数，则 TCI^* 在回归方程中可以并入常数项。

本章考察的重点是区域发展战略对收入收敛的影响。我们用人均真实 GDP 作为各区域收入的衡量。我们认为人均真实 GDP 是衡量区域收入较好的指标，它反映了各区域居民真实的购买力水平。参照已有文献，本章的控制变量及其含义如表 6.1 所示：

西、四川、贵州、云南、陕西、甘肃、青海、宁夏、新疆等 10 个省级单位。

表 6.1　主要控制变量

控制变量	表达式
城乡消费差距 (RUCI)	城乡消费差距 = 城镇居民人均全年生活性消费支出/农村居民家庭平均年生活性消费支出
市场化程度 (MKT)	市场化程度 = 1− 国有企业产值/地区 GDP
人口密度 (DEN)	人口密度 = 人口数/国土面积
政府干预程度 (GOVO)	政府干预程度 = 财政支出/地区 GDP
财政收入占比 (GOV)	财政收入占比 = 财政收入/地区 GDP
区域虚拟变量 (V1、V2)	V1=1 表示中部地区；V2=1 表示西部地区

6.4　理论假说的验证与实证结果

按照假说 1：分税制导致地方政府“事多钱少”，地方政府为了扩大税源，满足当地公共品的供给，具有大力发展制造业的内在动力。为了验证假说 1，我们建立以下模型：

$$\ln \mathrm{GOV}_{it} = a + (b_1 + V_1 b_2 + V_2 b_3) \times \ln \mathrm{TCI}_{it} + u_{it} \tag{6.3}$$

其中，TCI_{it} 表示政府实际采用的发展战略；GOV_{it} 表示财政收入占比；V_1 和 V_2 表示区域虚拟变量，V_1 取 1 表示中部地区，V_2 取 1 表示西部地区，b_1、b_2 和 b_3 表示战略收入弹性。政府作为一个理性人，如果发展制造业会导致财政收入增加，政府就会大力发展重工业；反之，政府就不会大力发展重工业。因此，如果 $\ln \mathrm{TCI}_{it}$ 前面的符号为正，就表明政府会采取“制造业优先发展战略”；反之，就表明政府不会采取“制造业优先发展战略”。

对 $\ln \mathrm{TCI}_{it}$ 和 $\ln \mathrm{GOV}_{it}$ 做平稳性检验，发现原序列都存在单位根，不平稳，但一阶差分后的序列都是平稳的，故 $\ln \mathrm{TCI}_{it}$ 和 $\ln \mathrm{GOV}_{it}$ 是一阶单整序列。对其进一步做协整检验，发现 KaoADF 统计量为 −2.77，故应拒绝变量不协整的原假设，即 $\ln \mathrm{TCI}_{it}$ 和 $\ln \mathrm{GOV}_{it}$ 之间具有协整关系。

用 Eviews 做面板数据回归，在固定效应和随机效应模型间选择。Hausman 检验的 P 值趋于 0，应当拒绝“选择随机效应模型”的原假设，回归结果如表 6.2 所示。

表 6.2　假说 1 的回归结果

变量	系数	标准误	t 统计量	P 值
常数项 a	−2.7772	0.0462	−60.1005	0.0000
$b1$	−0.6587	0.1420	−4.6400	0.0000
$b2$	1.2351	0.1962	6.2945	0.0000
$b3$	0.9416	0.1672	5.6310	0.0000

由表 6.2 可知，东部、中部和西部的区域发展战略对地方财政收入具有非常显著的影响。但各地发展战略对财政收入的影响方向和大小是不同的。对东部地区而言，战略收入弹性 $b_1 < 0$，说明如果东部地区优先发展制造业，会导致地方财政收入下降。因此，对于东部地区而言，“制造业优先发展战略”不利于增加财政收入，不是地区地方政府的最优选择。对于西部地区而言，战略收入弹性 $b_1 + b_3 > 0$，说明“制造业优先发展战略”符合西部地区的利益，地方政府会大力推动。中部地区的战略收入弹性最大，$b_1 + b_2 > 0$，说明中部地区的地方政府最有动力发展“制造业优先发展战略”。

据此，假说 1 基本得到证明，但考虑到区域之间的差异性，我们对假说 1 进行修正：分税制条件下的地方政府有意愿采取对政府税收边际报酬更高的生产部门优先发展战略。具体来说，为了增加地方财政收入，东部地区的地方政府没有激励优先发展制造业，但中部和西部地区的地方政府主观上更有动力优先发展制造业。

我们基于经验事实对假说 2 进行验证。本章重点探讨产业结构与经济发展水平指标的相关性。其中，以真实人均 GDP 的对数值衡量经济发展水平指标，以第一、二、三产业增加值占总增加值的比重衡量产业结构。最终，我们分别从三大经济区域之间和区域内部，画图对比分析得到两大经验事实，从而验证假说 2，即地方政府各自处于不同的经济发展阶段，具有不同的产业结构，从而应采取不同的经济发展战略。

经验事实 1：*东部、中部和西部三大经济区域经济发展水平差别较大，具有不同的产业结构。*

图 6.1—6.3 分别表示东部、中部和西部地区之间第一、二、三产业占比随经济增长的变化情况，由此我们可以得出以下结论：

一方面，从经济发展水平的角度，东部、中部和西部地区经济发展水平存在分层现象，各自所处经济发展阶段存在差异。其中，东部地区经济发展水平最高，表现在东部地区的真实人均 GDP 对数值基本处于 8.0—9.6 范围内，均值约为 8.6。相比之下，中部和西部经济发展水平近似度较高，且处于相对低位，其真实人均 GDP 对数值基本处于 6.6—8.6，均值仅约为 7.8。东部地区经济发展水平显著高于中部和西部地区，这是由于在我国长期以来的东部优先发展战略下，东部地区积累了更多的资本、劳动力等资源，先发优势明显。

另一方面，东部地区与中西部地区产业结构差异明显，且产业结构变动趋势不同。由于东部、中部和西部地区采取的经济发展政策的差异性，在经历了早期制造业起步以及迅速发展阶段之后，东部地区制造业水平达到了较高的水准，在优先发展制造业带来环境污染等弊端不断显现的过程中，东部地区开始逐步向发展服务业转型。图 6.1—6.3 显示，东部地区第一产业占比急剧下降，第三产业占比迅速上升，第二产业占比则基本高位持稳，占比保持在 40%以上，其中以北京地区升降变化最为剧烈。相比之下，中部和西部地区仍处在大力发展制造业阶段，表现为虽然中部和西部地区第二产业占比相对较小，但增长迅速，第一产业占比在逐步下降，第三产业占比则相对稳定在 30%—40%。

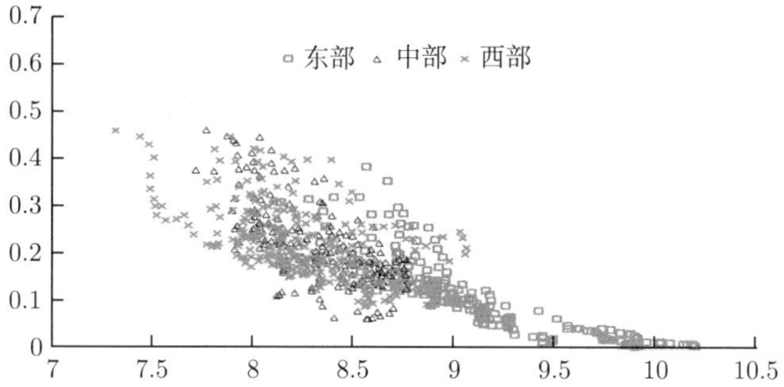

图 6.1　第一产业占比情况

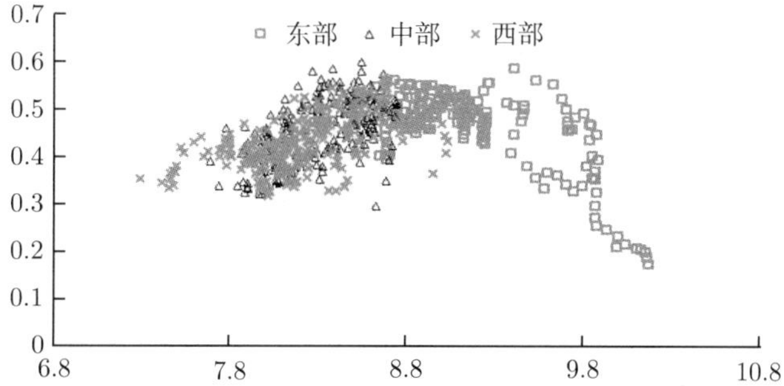

图 6.2　第二产业占比情况

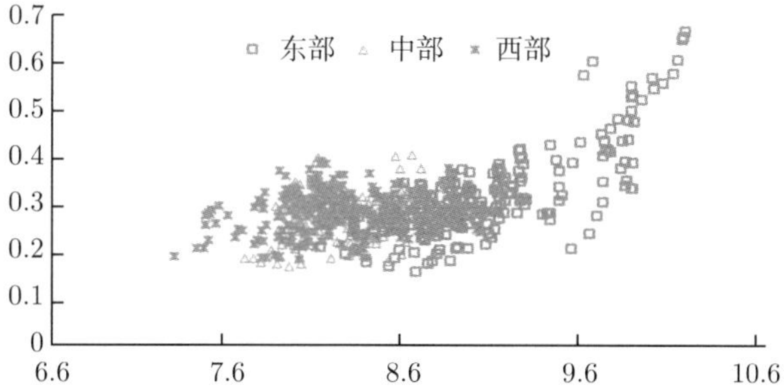

图 6.3　第三产业占比情况

经验事实 2：东部、中部和西部三大经济区域内部，各省份经济发展水平差别较小，产业结构趋同明显。

图 6.4—6.12 分别表示东部、中部和西部地区内部第一、二、三产业占比随经

济增长的变化情况，由此我们可以得出以下结论：一方面，当经济发展水平相对滞后时，区域内各省份产业结构尚存在一定差异，但随着经济增长，区域内产业结构迅速收敛，区域内各省份之间产业结构差异明显缩小。各图显示，在经济发展相对不足的中部和西部地区，随着真实人均 GDP 的增加，区域内各省份三大产业占比差异均由发散逐步收敛，区域内各省份三大产业各自比值变化趋势一致且产业结构差异缩小。另一方面，当经济发展水平处在高位时，区域内产业结构将显著趋同。各图显示，在发展水平较高的东部地区，区域内各省份处于同一经济发展水平，各省份三大产业占比量值极为接近。

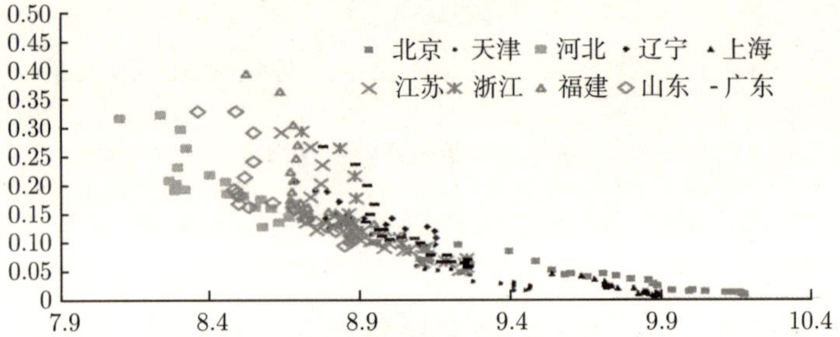

图 6.4　东部地区第一产业占比情况

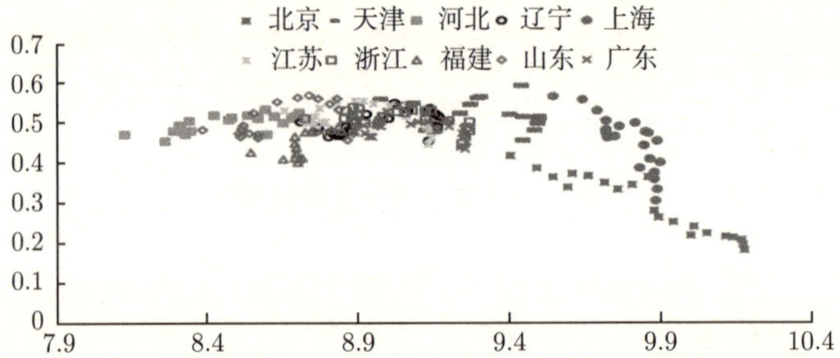

图 6.5　东部地区第二产业占比情况

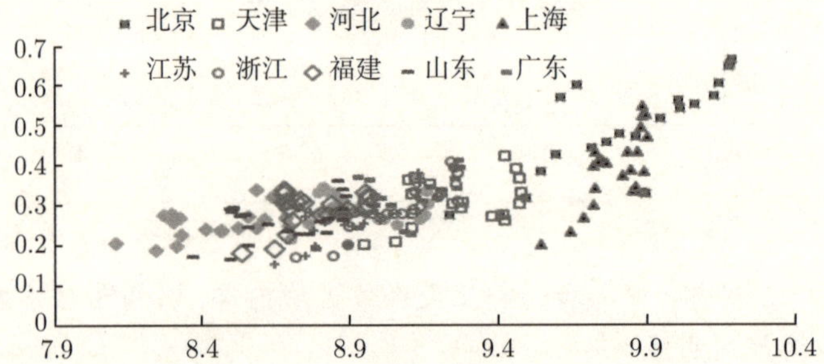

图 6.6　东部地区第三产业占比情况

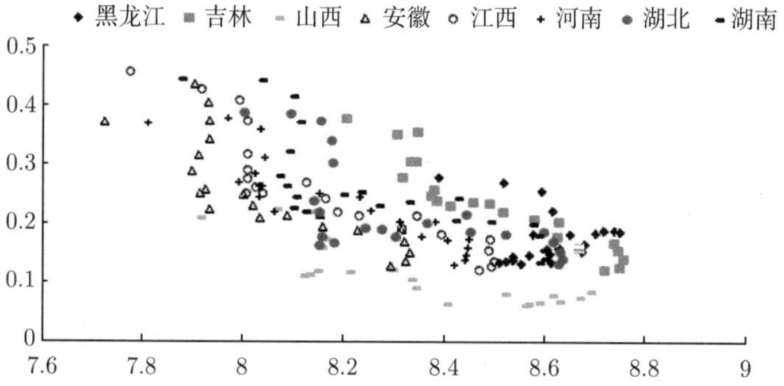

图 6.7　中部地区第一产业占比情况

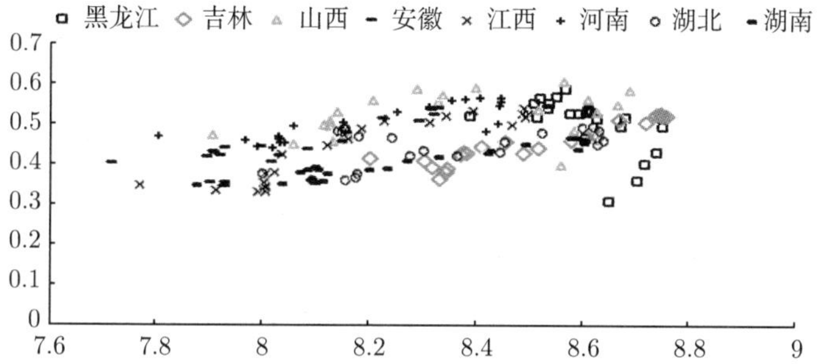

图 6.8　中部地区第二产业占比情况

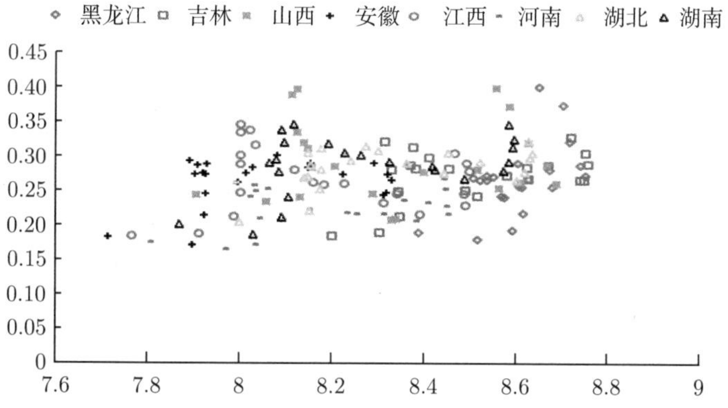

图 6.9　中部地区第三产业占比情况

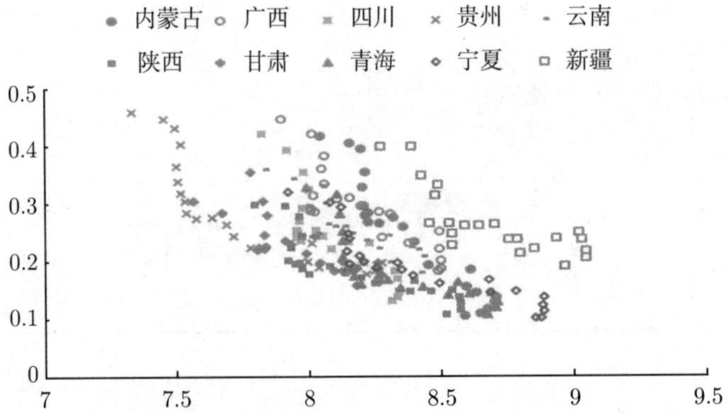

图 6.10　西部地区第一产业占比情况

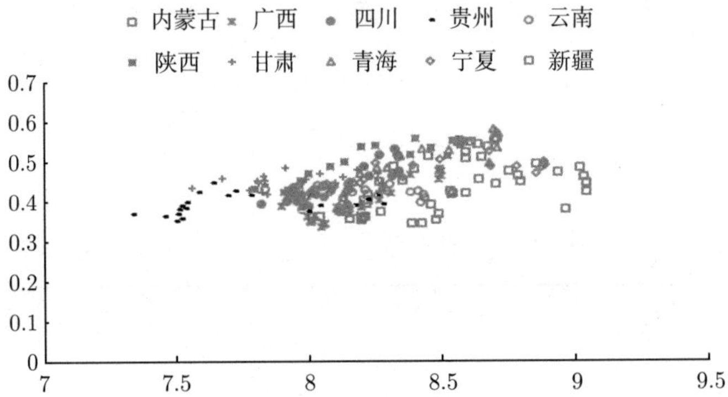

图 6.11　西部地区第二产业占比情况

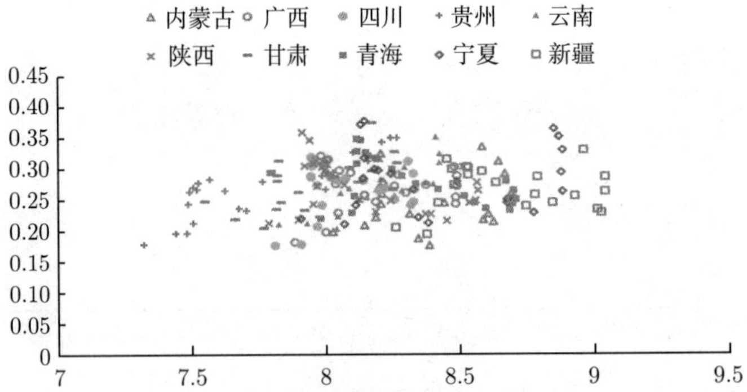

图 6.12　西部地区第三产业占比情况

综合以上分析，本章基于钱纳里发展六阶段论所做出的区域发展阶段及产业结构现状的判断得到了经验事实的证实，假说 2 成立。

为了验证假说 3，我们首先描述地方政府所采取的发展战略，如图 6.13—6.15 所示。

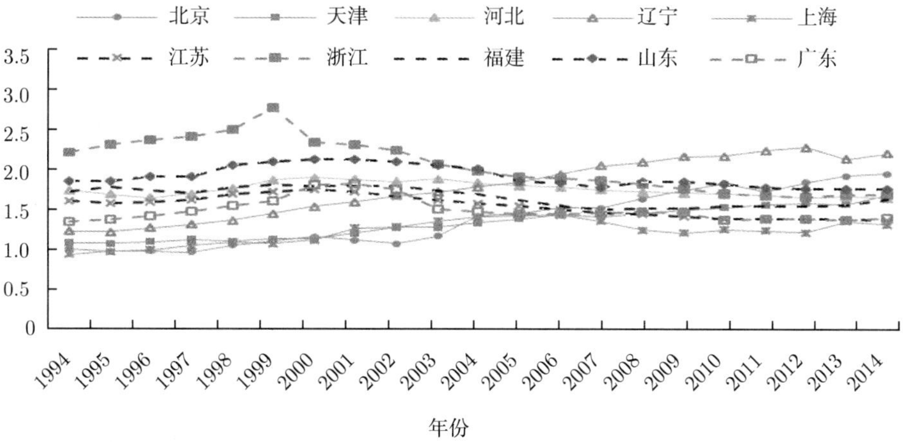

图 6.13　东部地区制造业发展 TCI 概况

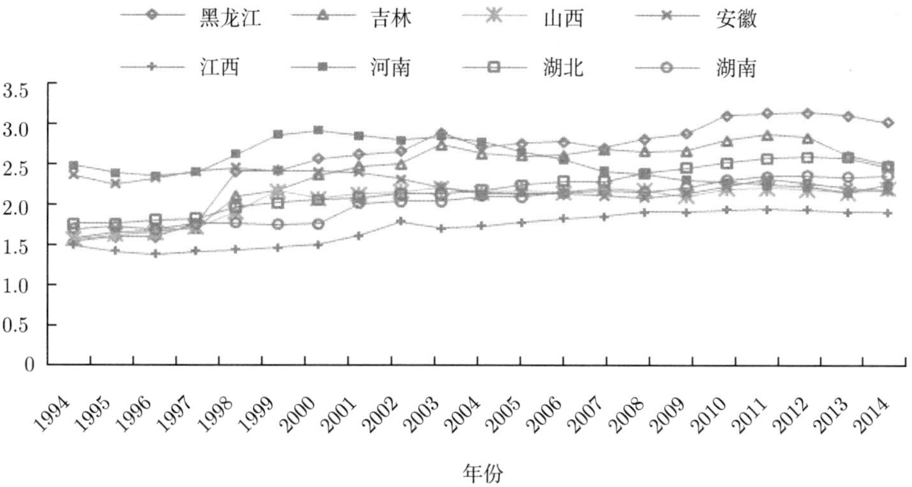

图 6.14　中部地区制造业发展 TCI 概况

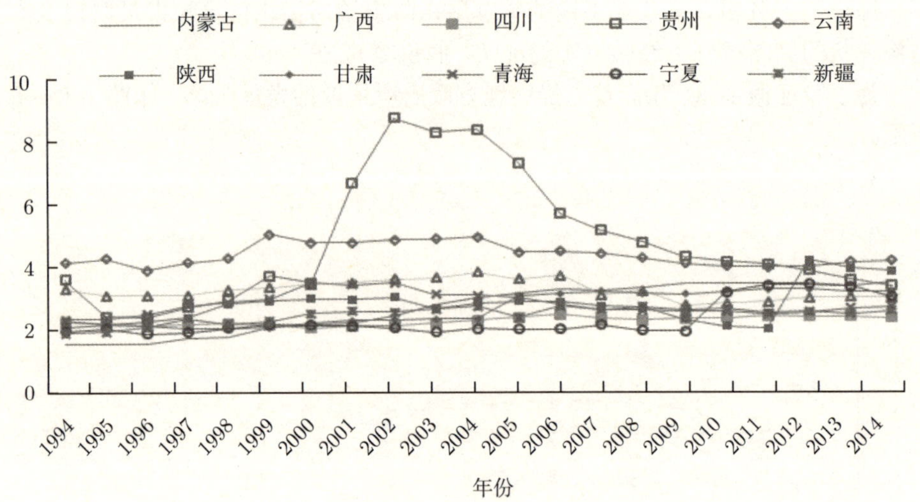

图 6.15　西部地区制造业发展 TCI 概况

从图 6.13—6.15 可知，东部、中部和西部地区的 TCI 出现明显的分层现象。其中，东部地区的 TCI 最小，基本在 1—2 的箱体内波动，均值为 1.5 左右，基本没有大于 2 的省份出现。相比之下，中部和西部地区的 TCI 大体高于东部地区。中部地区的 TCI 主要在 1.5—2.5 变动，且有逐年上升趋势；西部地区的 TCI 均大于 2，均值为 3 左右。其中，2008 年以前，贵州、云南的 TCI 远高于西部其他地区，但 2008 年之后，两省的 TCI 呈下降收窄趋势。这说明对于制造业，东部、中部和西部采取了不同的发展战略。东部地区制造业起步早，又是改革开放最前沿的地区，历史上曾经大量承接全球产业链转移，使我国成为享誉全球的“世界工厂”，对国家经济增长发挥了巨大作用。然而，近年来，东部地区人力、土地、资源等各项成本上升，出现严重的环境污染问题，迫使东部地区逐步放弃了制造业优先发展战略，致使其 TCI 水平较低。中部和西部地区的工业化进程落后于东部地区。中部地区的工业化基础好、自然资源和环境的支撑能力强、人口充足、科技实力雄厚，具有发展制造业的独特优势，其 TCI 水平高于东部且逐年上升。西部地区地广人稀、工业化基础不足、自然资源丰富，但环境承载力相对不足。为了尽快摆脱经济落后地位，西部地区更偏好于发展制造业，以推动地方经济的振兴。因此，西部地区 TCI 水平最高。

综上可知，当前经济时期，东部地区实际并没有采取制造业优先发展战略，中部和西部地区则大力推动制造业的发展，以期在短时间内实现经济赶超。

在假说 3 中，我们猜想东部地区的地方政府会放弃“制造业优先发展战略”，中部和西部地区的地方政府会坚持“制造业优先发展战略”，为了验证假说 3，我们建立以下模型：

$$\frac{\ln y_{i(t+T)}-\ln y_{it}}{T}=a+(b_1+V_1b_2+V_2b_3)\ln y_{it}+\varepsilon_{it}+ (b_4+V_1b_5+V_2b_6)\times(\ln \mathrm{TCI}_{it}-\ln \mathrm{TCI}^*_{it})^2\ln y_{it} \tag{6.4}$$

其中，$\ln y_{it}$ 和 $\ln y_{i(t+T)}$ 分别表示 i 地区在 t 时期和 $t+T$ 时期的人均真实 GDP，用来衡量经济发展水平；$(\ln \mathrm{TCI}_{it}-\ln \mathrm{TCI}^*_{it})^2$ 表示实际 TCI 相对于最优 TCI 的偏离程度；其他变量与之前定义相同。

按照经济收敛的一般理论，初始人均 GDP 水平低的经济体比初始人均 GDP 水平高的经济体有更高的人均 GDP 增长率，即经济增长率与初始的经济发展水平呈负相关关系。按照该理论，模型两边对 $\ln y_{it}$ 求偏导，可以得到各区域收入增长的加速度。

以东部地区为例，东部地区收入增长的加速度为：

$$\frac{\partial\Delta\ln y_{it}}{\partial\ln y_{it}}=b_1+b_4(\ln \mathrm{TCI}_{it}-\ln \mathrm{TCI}^*_{it})^2 \tag{6.5}$$

其中，$\Delta\ln y_{it}=(\ln y_{i(t+T)}-\ln y_{it})/T$ 表示 T 时期人均 GDP 的平均增长率。收入收敛有以下几种情况：

(1) 若 $b_1<0$ 且 $b_4<0$，则表示东部地区收入收敛，且发展制造业对收入收敛起促进作用。

(2) 若 $b_1<0$ 且 $b_4>0$，则表示东部地区收入收敛，且发展制造业对收入收敛起抑制作用。

(3) 若 $b_1>0$ 且 $b_4<0$，则表示东部地区收入发散，且发展制造业对收入收敛起促进作用。

(4) 若 $b_1>0$ 且 $b_4>0$，则表示东部地区收入发散，且发展制造业对收入收敛起抑制作用。

由以上分析可知，对东部地区而言，b_1 反映收入收敛的情况，b_4 反映制造业发展对收入收敛的影响方向，因此我们称 b_1 为收敛系数、b_4 为战略系数。同理，对于中部地区而言，其收敛系数为 b_1+b_2、战略系数为 b_4+b_5；对于西部地区而言，其收敛系数为 b_1+b_3、战略系数为 b_4+b_6。

为了增加数据样本，我们对模型进行变形，被解释变量取 $T=1$，即用当期增长率代替多期平均增长率；将 $(\ln \mathrm{TCI}_{it}-\ln \mathrm{TCI}^*_{it})^2$ 展开且 $\ln \mathrm{TCI}^*_{it}$ 取常数，与常数项合并。变形后的模型为：

$$\Delta\ln y_{it}=a+(b_1+V_1b_2+V_2b_3)\times\ln y_{it}+(b_4+V_1b_5+V_2b_6)\times\ln y_{it}\times (\ln \mathrm{TCI}_{it})^2+(d_1+V_1d_2+V_2d_3)\times\ln y_{it}\times\ln \mathrm{TCI}_{it}+\mathrm{CX}+\varepsilon_{it} \tag{6.6}$$

我们对 $\Delta \ln y_{it}$、$\ln y_{it}$、$\ln y_{it} \times (\ln \text{TCI}_{it})^2$、$\ln y_{it} \times \ln \text{TCI}_{it}$ 做平稳性检验，发现原序列是非平稳的，但一阶差分后的序列都是平稳的，故四个序列都是一阶单整序列。进一步做协整检验，我们发现 KaoADF 检验 P 值趋于 0，故应拒绝“变量不协整”的原假设，即这些变量之间存在协整关系。

在固定效应和随机效应模型间选择，Hausman 检验的 P 值趋于 0，应当拒绝选择随机效应模型的原假设，回归结果如表 6.3 所示。

表 6.3 假说 3 回归结果

区域	收敛系数	系数	战略系数	系数
东部	b_1	-0.0274^{***}	b_4	0.0019^{**}
中部	$b_1 + b_2$	0.01362^{***}	$b_4 + b_5$	-0.6187^{**}
西部	$b_1 + b_3$	0.0509^{***}	$b_4 + b_6$	0.0052^{**}

注：*** 表示在 1%的统计水平下显著，** 表示在 5%的统计水平下显著。

由表 6.3 回归结果可知，东部地区的收敛系数为负、战略系数为正，表明它已经处于收入收敛的阶段，发展制造业对经济收敛反而会产生抑制作用。因此，东部地区放弃“制造业优先发展”战略是正确的选择。中部地区的收敛系数为正、战略系数为负表明中部地区目前仍处于收入发散阶段，但是发展制造业对经济收敛有促进作用。因此，中部地区确实应该优先发展制造业。西部地区的收敛系数为正，说明西部地区同中部地区一样，目前也处于收入发散阶段；但是其战略系数为正，说明与中部地区不同，西部地区发展制造业会抑制经济收敛。因此，现阶段西部地区采取大力发展制造业的战略是不可取的。

6.5 小 结

区域发展战略会影响地区内部和地区之间的收入分配差距。如果政府制定的发展战略符合本地区的禀赋优势和产业结构等特征，那么将有助于促进地区经济的发展，地区内部的收入分配差距会呈现先上升后下降的倒 U 形趋势，而地区之间的收入分配差距也会逐渐趋同；相反，如果区域发展战略与该地区的经济基础相悖，则有可能造成地区内部和地区之间收入不平等程度的扩大。基于此，本文利用 TCI 指数定量刻画我国的区域发展战略，以评价区域发展战略的制定是否得当，并进一步检验区域发展战略对地区内部和地区之间收入分配差距的影响。

在分税制条件下，地方政府会为了扩大财源而大力发展制造业。但实证检验表明：现阶段，只有中部和西部地区的地方政府有动力为了扩大税源而发展制造业，东部地区发展制造业对财政收入有不利影响，东部地区的地方政府主观上无激励发展制造业。

东部、中部和西部现处于不同的经济发展阶段，产业结构差异明显。东部地区的制造业结构已趋于成熟，产业发展重心向服务业转移，如果再强调制造业发展，将资源禀赋锁在制造业，就会对东部地区的经济产生不利影响。因此，东部地区已经逐渐放弃优先发展制造业的战略。相比之下，中部和西部地区的制造业结构落后于东部地区，仍优先发展制造业。

因此，三大区域既定的战略格局已经形成，即东部地区放弃优先发展制造业，而中部和西部地区则坚持发展制造业。然而，通过实证检验，我们发现这样的战略格局并非最优。对于东部和中部地区而言，既定的发展战略都很合意，主要问题出在西部地区。放弃优先发展制造业有利于东部地区的经济收敛，坚持优先发展制造业有利于中部地区的经济收敛，西部地区的制造业产值密度 TCI 已经超过最优 TCI，如果再大力发展制造业就会导致产业结构更加偏离最优水平。因此，西部地区内部各省份的收入不平等，而且它与东部和中部地区的收入差距都有所上升，从而恶化了我国地区间收入分配差距。

参 考 文 献

[1] 蔡昉, 都阳. 论中国西部开发战略的投资导向: 国家扶贫资金使用效果的启示. 世界经济, 2000(11): 14—19.

[2] 李晶, 汤琼峰. 中国劳动力流动与区域经济收敛的实证研究. 经济评论, 2006(3): 65—70.

[3] 林毅夫, 刘明兴. 中国的经济增长收敛与收入分配. 世界经济, 2003(8): 3—14.

[4] 林毅夫, 刘培林. 中国的经济发展战略与地区收入差距. 经济研究, 2003(3): 19—25.

[5] 刘夏明, 魏英琪, 李国平. 收敛还是发散? 中国区域经济发展争论的文献综述. 经济研究, 2004(7): 70—81.

[6] 潘文卿. 中国区域经济差异与收敛. 中国社会科学, 2010(1): 72—84.

[7] 彭国华. 中国地区收入差距、全要素生产率及其收敛分析. 经济研究, 2005(9): 19—29.

[8] 沈坤荣, 马俊. 经济增长的收敛性: 一个理论分析框架. 江苏行政学院学报, 2002(3): 52—59.

[9] 沈坤荣, 唐文健. 大规模劳动力转移条件下的经济收敛性分析. 中国社会科学, 2006(5): 46—57.

[10] 石磊, 高帆. 地区经济差距: 一个基于经济结构转变的实证研究. 管理世界, 2006(5): 35—44.

[11] 张胜, 郭军. 中国省际长期经济增长绝对收敛的经验分析. 世界经济, 2001(6): 67—70.

[12] Barro, R. J. and X. Sala-i-Martin. Regional growth and migration: A Japan-US comparison. National Bureau of Economic Research WP4038, 1992.

[13] Barro, R. J., X. Sala-i-Martin X and O. J. Blanchard. Convergence across states and regions. Brookings Papers on Economic Activity, 1991.

[14] Mankiw, N. G., D. Romer and D. N. Weil. A contribution to the empirics of economic growth. *Quarterly Journal of Economics* 1992, 107(2): 407-437.

[15] Romer, P. M. Increasing returns and long-run growth. *Journal of Political Economy* 1986, 94(5): 1002-1037.

[16] Solow, R. M. A contribution to the theory of economic growth. *Quarterly Journal of Economics*, 1956, 70(1): 65-94.

[17] Swan, T. W. Economic growth and capital accumulation. *Economic Record* 1956, 32(2): 334-361.

第 7 章　税收制度改革对收入分配差距的影响

随着我国经济发展进入新常态，国家发展目标由高速增长转为追求质量、改善民生，其中的重要内容即保障社会公平正义。但由于不同地区、不同行业、不同群体生产效率的差异，初次分配中的收入分配差距不可避免，这便需要政府进行收入的二次分配，在不过度损伤效率的范围内征收税收，为转移支付和公共建设提供资金。

税收是政府为公共支出筹集资金的主要渠道，2015 年税收收入占一般公共预算收入的 82.04%；同时，税收也是国民收入再分配、促进社会公平的重要手段，在征收税收时还要考虑税收的收入分配效应。但是，并非所有税种都有利于实现社会公平，税率随收入的增加而上升的税种为累进税，税率随收入的增加而下降的税种为累退税，只有累进税才可通过对收入高群体多征税来缩小居民间的收入分配差距。一般认为流转税具有累退性的特征，因为其采用统一税率且容易转嫁，个人所得税则因累进税率的特点而具有明显的累进性，这为居民收入二次分配的公平性发挥了重要作用。

自改革开放以来，我国税制结构进行了多次改革，以适应不断变化发展的经济环境。其中，对收入分配影响最直接也是居民最关注的是个人所得税的改革，测度个人所得税改革的收入分配效应可为政策制定提供数据支撑，对改善我国收入分配现状具有重要意义。与此同时，农村推行了费改税并逐步取消农业税的政策，极大地减轻了农村居民的税收负担。这表明我国税制结构不断优化，在促进社会公平、缩小贫富差距的方向上不断探索。

7.1　我国税收制度

7.1.1　我国税收结构

按照税收负担能否转嫁，可以将税收分为直接税和间接税。直接税是由政府直接向个人或企业征收的税收，通常分为个人所得税和企业所得税。在我国，个人所得税在 21 世纪初因居民收入大幅增长但起征点保持不变而不断增加。2005 年以来的三次改革减轻了居民的个人所得税负担，控制了个人所得税的增长，2015 年我国个人所得税为 861 727 亿元，占总税收收入的 6.90%。由于个人所得税采用的分级超额累进税率随收入的增加而逐级上升，其累进性是各税种中最为明显的。企业所得税在税收收入中的占比逐年增大，2015 年达到 21.72%，是我国的第二大税种。目前学界关于企业所得税的税收归属尚未达成统一意见，因为企业可提高产品价格向消费者转嫁税收负担，或压低工人工资向工人转嫁税收负担，企业本身只承担部分甚至未承担企业所得税。由此，企业所得税的累进性会被削弱，对居民收入分配的调节作用有限。

我国目前的税收体制以间接税为主，即对销售商品和提供劳务征收税收，如增值税、营业税、消费税等。2000 年我国仅国内增值税、国内消费税及营业税三项间接税即占总税收收入的 57.86%，尽管近年来间接税的占比在下降，上述三项税收仍接近总税收收入的一半。由于低收入者商品消费支出占比较大，收入越低则平均有效税率越高，税收负担越重，但随收入的增加税收负担会下降，即间接税呈现累退性的特征，低收入者承担了更多的间接税负担。

表 7.1　我国 2000—2015 年主要税种占税收收入百分比　　单位：%

年份	国内增值税	国内消费税	营业税	企业所得税	个人所得税	关税	其他
2000	36.19	6.82	14.85	7.95	5.24	5.96	22.98
2001	35.01	6.08	13.49	17.19	6.50	5.49	16.23
2002	35.03	5.93	13.89	17.48	6.87	3.99	16.80
2003	36.15	5.91	14.21	14.58	7.08	4.61	17.45
2004	37.32	6.22	14.82	16.38	7.19	4.32	13.76
2005	37.50	5.68	14.71	18.57	7.28	3.70	12.56
2006	36.73	5.42	14.74	20.23	7.05	3.28	12.56
2007	33.91	4.84	14.43	19.24	6.98	3.14	17.46
2008	33.19	4.74	14.06	20.61	6.86	3.26	17.27
2009	31.05	8.00	15.14	19.38	6.64	2.49	17.30
2010	28.81	8.29	15.24	17.54	6.61	2.77	20.73
2011	27.04	7.73	15.24	18.69	6.75	2.85	21.70
2012	26.25	7.83	15.65	19.53	5.78	2.77	22.18
2013	26.07	7.45	15.59	20.29	5.91	2.38	22.32
2014	25.89	7.47	14.92	20.68	6.19	2.39	22.46
2015	24.90	8.44	15.46	21.72	6.90	2.05	20.53

注：其他项中包含城市维护建设税、资源税、房产税、印花税、土地增值税、契税等税种。

7.1.2　我国税收制度改革回顾

我国税收制度的建立始于 20 世纪 80 年代国营企业的利改税改革，之后逐步建立起企业所得税、建筑税、工商税等一系列税收制度。1994 年分税制改革开始确立中央与地方的收入分配框架，2003 年开始实施农村税费改革，目前我国现行税制共有 18 个税种，与大多数发展中国家类似，间接税占主导地位。本章主要讨论税收制度改革中对居民收入分配影响最直接的 2 个税种——个人所得税和农业税。

个人所得税的起征始于 1980 年通过的第一部个人所得税法案《中华人民共和国个人所得税法》，设置工资薪金所得起征点为 800 元，采用超额累进税率和比例税率，分七级征收，但当时纳税人数量非常有限，基本为外籍人员。1986 年颁布的《中华人民共和国个人收入调节税暂行条例》规定征收个人收入调节税。1994 年，由于税种过多、征管模式复杂，个人所得税法迎来了第一次修订，将个人所得税、个人收入调节税与个体工商业户所得税统一合并为个人所得税。1999 年个人所得税法经历第二次修订，增加了储蓄存款利息所得税。经过 90 年代的发展，我国分项征管的个人所得税体系已基本建立，在此框架下，此后的改革目标集中于起征点、税率和级距的调整。随着居民收入的增长但个人所得税工薪所得起征点始终保持在 800 元。2006 年人均收入已由 1981 年 500.4 元升至 12 719.2 元，增长达 24 倍之多，城镇居民人均工资性收入已达 8 767 元，这意味着纳税人规模迅速扩大，居民税收负担在不断加重，维持原来的起征点不变显然是不合适的，提高个人所得税起征点的要求日益迫切。工资薪金所得作为大部分人的主要收入，其税收政策备受纳税人关注。2006 年工薪收入起征点由 800 元提高到 1 600 元，2008 年又提高到 2 000 元，2011 年再次调整至 3 500 元，并将九级税率结构减少至七级，同时调整了税率和级距。在这一过程中，个体工商户生产、经营所得的起征点也得到了相应调整。

改革开放以来为促进农村居民减负增收，农村进行了一系列的农业税改革。随着家庭联产承包责任制的推行，农村居民生产积极性得以激发，收入实现快速增长，但同时农村居民负担也逐渐加重，由此引发了严重的社会问题。20 世纪 90 年代国家颁布了一系列文件以减轻农村居民负担，包括税费合并、费改税等措施以简化税费征收程序，使其更加规范透明；但是，农村仍存在税费负担过重的情况，而且税外负担 (如村提留、乡统筹等收费) 甚至高于农业税额，严重降低了农村居民的生活水平。2000 年以来，农村税费制度经历了彻底的改革，取消了除农业税、农业特产税以外的各种乱收费以减轻农村居民的不合理负担，同时逐步降低农业税的占比，直至 2006 年我国全面废止了农业税费。这对提高农村居民生活水平、缩小城乡收入分配差距、实现收入分配公平有着重要意义。在逐步取消农业税的 2003—2006 年，我国城乡收入比一改 1997 年以来大幅增大的势头，维持于 3.2—3.3，为促进农村居民增收、遏制城乡收入分配差距的进一步扩大发挥了关键作用。

7.2　个人所得税改革对收入分配的影响

7.2.1　指标介绍

个人所得税改革究竟在多大程度上缩小了居民收入分配差距？要回答这一问

题，有必要对个人所得税的再分配效应进行量化。衡量个人所得税的收入分配效应的常用指标为 Musgrave and Thin(1949) 提出的 MT 指数——税前收入基尼系数与税后收入基尼系数之差即税收对缩小收入分配差距的贡献，表达式为：

$$\mathrm{MT} = G_X - G_Y \tag{7.1}$$

其中，G_X 为税前收入基尼系数，G_Y 为税后收入基尼系数。如果税后收入基尼系数小于税前收入基尼系数，即 MT 指数为正，则表明税收可以缓解收入不平等。如果税后收入基尼系数大于税前收入基尼系数，即 MT 指数为负，则表明税收会加剧收入不平等。

衡量税收的收入分配效应还应考虑税收的累进性，即收入增加达一定比例时税率的变化，可以通过边际税率与平均税率的相对大小来衡量。边际税率大于平均税率则为累进税，边际税率小于平均税率则为累退税。比例税的边际税率等于平均税率，纳税额与收入同比例变化。衡量税收累进性更为常用的指标是 Kakwani(1977) 首次提出的 P 指数——税收集中率与税前收入基尼系数之差，表达式为：

$$P = C - G_X \tag{7.2}$$

其中，C 为税收集中率，G_X 为税前收入基尼系数，P 指数为税前收入洛伦兹曲线与税收分布集中曲线围成的面积的两倍。税收分布集中曲线反映了不同收入水平个人的税收份额与收入份额的关系。在比例税率下，每个人的税收份额等于收入份额，税收集中指数等于税前收入基尼系数，P 指数为 0；在累进税率下，收入高的人的税率更高，税收负担更重，税收份额大于收入份额，税收集中率大于税前收入基尼系数，P 指数为正。P 指数越大表示累进性越强，而累退税的 P 指数为负。

Kakwani(1984) 提出 MT 指数分解方法并将其与 P 指数联系起来：

$$\mathrm{MT} = (C_Y - G_Y) + \frac{t}{1-t}P \tag{7.3}$$

其中，C_Y 为以税前收入排序的税后收入集中系数，G_Y 为税后收入基尼系数，t 为平均税率，即 (纳税额与税前收入总额之比)，P 为累进性指数。

(7.3) 式右边第一项 $(C_Y - G_Y)$ 为横向公平效应，即收入相同个人的纳税额也应相同。如果税收是横向公平的，则税收不改变个人收入排序，即按税前收入排序与按税后收入排序无差异，以税前收入排序的税后收入集中系数 C_Y 与税后收入基尼系数 G_Y 应相等，即横向效应为 0。如果存在横向不公平，则个人收入在缴纳税收后的排序会发生变化。Kakwani (1984) 证明了此时税后收入集中系数 C_Y 一定小于税后收入基尼系数 G_Y，即横向公平效应为负。因此当存在横向不公平时，MT 指数会减小，税收的再分配效应会减弱。我国实行分项纳税制度，个人收入按工资薪金所得、财产租赁所得、经营性所得等不同分项需缴纳的所得税税率不同，而收入相同个人若收入来源不同，则缴纳的税收也不相同，因此税前收入与税后收入的排序可能发生变化，进而导致横向不公平。徐建炜等 (2013) 指出，在我国税制背景下，个人所得税以个人为单位征收，而集中系数、基尼系数均以家庭为单位计算，因此家庭收入的构成差异也可能导致税收的横向不公平。

(7.3) 式第二项 $\frac{t}{1-t}P$ 为纵向公平效应，衡量不同收入个人的税收负担是否公平。纵向公平效应受到两方面的影响：一是平均税率，平均税率越高，纵向公平效应越显著，税收的再分配功能越强；二是税收累进性，衡量累进性的 P 指数越大，纵向公平效应越显著。P 指数的正负直接决定了纵向公平对收入再分配效应的影响。只有累进税的 P 指数才为正 (具有正的纵向公平效应)，对收入再分配有正向影响；而累退税税收是纵向不公平的，P 指数为负，且平均税率越高，这种不公平程度越大；比例税的 P 指数为 0，不具有纵向公平效应，税收的收入再分配作用仅由横向公平效应决定。

7.2.2　数据介绍

我们利用国家统计局城镇住户抽样调查 2002—2009 年的数据考察我国个人所得税对收入分配的调节作用。尽管调查问卷中直接询问了家户缴纳的个人所得税，但这一数据反映的是我国平均个人所得税缴纳额仅 183.56 元，而根据我国个人所得税税率进行分类核算的平均缴纳额为 485.31 元，两者相差巨大。考虑到我国个人所得税征收方式的特点，家户汇报的个人所得税支出可靠性较差，因此采用核算后的个人所得税缴纳额。核算后的家庭人均缴纳个人所得税税额如表 7.2 最后一列所示，2002—2009 年经历了两次个人所得税税法修订，分别在 2005 年和 2007 年，将工资薪金所得的起征点由 800 元提升至 1 600 元再到 2 000 元，税率和级距没有变化。因此，可以将人均个人所得税缴纳额分为三个阶段：2005 年以前，由于收入的快速增长，越来越多个人的收入超过起征点或需按更高税率缴税，人均缴纳的个人所得税年均增长率高达 41.0%，2005 年已增长 1.74 倍达到 282.09 元；2006 年开始，起征点调整至 1 600 元，人均个人所得税缴税额在当年即出现下降，降至 222.43 元；2008 年开始，起征点再次调整，但由于此次调整幅度较小，人均个人所得税缴税额仍呈上升状态，2009 年个人所得税税额达 627.87 元。

表 7.2 描述了城镇住户抽样调查中相关变量的基本情况。2002—2009 年的 7 年间，家庭人均总收入以年均 14.1%的增长率变化，由 8 496.02 元增至 21 289.07 元，增长了 1.51 倍。工资性收入始终是个人收入的主要来源，但在总收入中的占比逐渐下降，由 66.86%降至 62.8%，下降了 4.06 个百分点；而经营性收入和财产性收入的占比不断提高，表明居民收入结构逐渐多元化，经营性收入、财产性收入的年均增长率分别达到 24.5%和 23.0%，远高于其他类型收入及总收入增长率。2000

年以来的个人所得税改革以提高工资薪金所得的起征点为重点，对经营所得、财产所得的适用税率未作变动，因此在居民收入更多地表现为财产性收入和经营性收入增长的阶段，这一类型的个人所得税改革将不足以降低居民的税收负担。

表 7.2 样本的描述性统计

年份	样本数	家庭人均总收入 (元)	工资性收入占比 (%)	经营性收入占比 (%)	财产性收入占比 (%)	转移性收入占比 (%)	人均缴纳个人所得税 (元)
2002	14 650	8496.02	66.86	3.63	1.18	28.33	102.89
2003	28 872	9080.66	67.10	4.14	1.33	27.43	128.08
2004	18 965	10913.37	65.45	4.32	1.56	28.66	211.55
2005	20 040	12227.10	65.13	5.00	1.47	28.40	282.09
2006	20 018	13999.00	64.62	5.23	1.71	28.44	222.43
2007	20 760	16640.11	64.03	6.16	1.33	28.47	306.86
2008	25 800	19129.73	63.48	6.78	1.78	27.96	424.19
2009	24 657	21289.07	62.80	6.57	1.84	28.78	627.87

7.2.3 个人所得税对收入分配调节作用的实证分析

我们根据调查数据及核算的个人所得税缴税额，计算 2002—2009 年个人所得税的收入分配调节作用 (见表 7.3)。

表 7.3 2002—2009 年个人所得税收入分配调节作用

年份	税前收入基尼系数	税后收入基尼系数	MT 指数	纳税额集中系数	P 指数
2002	0.33391	0.32955	0.00436	0.69650	0.36259
2003	0.33429	0.32893	0.00536	0.71613	0.38185
2004	0.35836	0.35109	0.00727	0.73249	0.37413
2005	0.36233	0.35382	0.00852	0.72962	0.36729
2006	0.35481	0.34908	0.00574	0.72122	0.36640
2007	0.34413	0.33657	0.00756	0.75658	0.41245
2008	0.36261	0.35447	0.00814	0.73531	0.37271
2009	0.34721	0.33896	0.00825	0.71551	0.36830
年份	平均税率	纵向公平	税后收入集中系数	横向公平	
2002	0.01180	0.00433	0.32947	−0.00009	
2003	0.01352	0.00523	0.32883	−0.00010	
2004	0.01913	0.00730	0.35097	−0.00012	
2005	0.02265	0.00851	0.35366	−0.00016	
2006	0.01551	0.00577	0.34890	−0.00018	
2007	0.01834	0.00771	0.33638	−0.00019	
2008	0.02172	0.00827	0.35416	−0.00031	
2009	0.02254	0.00849	0.33862	−0.00035	

注：MT 指数等于税前收入基尼系数减去税后收入基尼系数。

历年来，我国 MT 指数始终为正但绝对值较小，表明个人所得税具有缩小居民间收入分配差距的作用，但起征点效果并不明显。2002 年 MT 指数仅为 0.00436，但在 2006 年税改之前逐年上升，表明尽管收入增长且起征点不变的状况使得越来越多的人进入纳税群体或由低税率群体步入高税率群体，平均税率逐年提升，但个人所得税的收入再分配功能越来越强。2006 年提高起征点后 MT 指数下降了 0.00278，表明此次税改显著降低了个人所得税对收入分配的调节作用。之后 MT 指数再次上升，直至 2009 年达到 0.00825。横向公平效应始终是负的。个人所得税改变了纳税人按税前收入的排序，但横向公平效应绝对值较小，表明我国个人所得税的征收具有轻微的横向不公平的特点。纵向公平在调节居民收入分配公平中起决定性作用，2009 年纵向公平效应为 0.00849，这与个人所得税的累进性特点有关。P 指数始终在 0.36 以上，表明个人所得税呈现明显的累进性特征，即对高收入者征收更多的税收可以调节居民收入的纵向差距。徐建炜等 (2013) 的测算也得出了相同的结论。

2006 年个人所得税起征点提升后 MT 指数表现下降，而 2008 年提升起征点的作用却并不明显，MT 指数相较上年上升 0.00058。考虑到收入分布形态和收入增长也可能导致 MT 指数变化，并不能以此说明 2006 年提高个人所得税起征点恶化了收入分配而 2008 年则产生了相反的效果。为了进一步分离政策变化导致的个人所得税对收入再分配调节作用的影响的单独变化，我们还应比较 2008 年个人所得税收入分配调节作用在新政策和旧政策下的区别。因此，我们进行了反事实模拟，以便分离个人所得税起征点变化的影响 (见表 7.4)。

表 7.4　2006 年提高个人所得税起征点 (800 元到 1600 元) 的影响

项目	新税制	旧税制	税改影响
税前收入基尼系数	0.35481	0.35481	0
税后收入基尼系数	0.34908	0.34469	0.00439
MT 指数	0.00574	0.01012	−0.00439
纳税额集中系数	0.72122	0.72385	−0.00263
P 指数	0.36640	0.36904	−0.00263
平均税率 t	0.01551	0.02671	−0.01119
纵向公平	0.00577	0.01013	−0.00435
税后收入集中系数	0.34890	0.34450	0.00439
横向公平	−0.00018	−0.00019	0.00001
人均缴纳个人所得税	222.43	380.49	−158.06

若 2006 年没有提高个人所得税起征点，则当年人均缴纳的个人所得税为 380.49 元，平均税率将高达 0.02671，较个人所得税起征点提升 1 600 元，高了 0.01119。这表明纳税群体由于处于较高的超出低起征点的等级上，社会整体税收负担较重，但有利于税收发挥纵向收入调节作用。旧税制下 MT 指数将达到 0.01012，而以 2006 年的收入数据按照新税制计算的 MT 指数与在旧税制下的 MT 指数相比下降了 0.00439。这表明个人所得税起征点的提高削弱了个人所得税的收入调节功能，

由于平均税率和 P 指数均有所下降，纵向公平效应被严重减弱，而横向公平效应有略微上升。

虽然从时间序列来看，2008 年 MT 指数相较 2007 年并未下降，但控制居民收入结构不变，MT 指数在新政策下下降了 0.00173，与 2006 年税改对税收的收入再分配调节作用的影响方向相同，与岳希明等 (2012) 的结论一致。这表明历次改革均削弱了税收对收入再分配的调节作用。2008 年个人所得税起征点提升的负向作用小于 2006 年，主要原因是本次起征点提升的幅度较小，平均税率并未如 2006 年出现大幅度下降，人均缴纳个人所得税仅下降了 14.4%，而这一幅度在 2006 年为 41.5%，致使政策效果相对不明显 (见表 7.5)。

表 7.5　2008 年提高个人所得税起征点 (1 600 元到 2 000 元) 的影响

项目	新税制	旧税制	税改影响
税前收入基尼系数	0.36261	0.36261	0
税后收入基尼系数	0.35447	0.35274	0.00173
MT 指数	0.00814	0.00987	−0.00173
纳税额集中系数	0.73531	0.74516	−0.00984
P 指数	0.37271	0.38255	−0.00984
平均税率 t	0.02172	0.02533	−0.00361
纵向公平	0.00827	0.00994	−0.00167
税后收入集中系数	0.35416	0.35243	0.00172
横向公平	−0.00031	−0.00031	−0.00001
人均缴纳个人所得税	424.19	495.57	−71.38

2011 年我国个人所得税法迎来了 21 世纪以来的第三次修订，此次个人所得税改革不仅将起征点由 2 000 元提升至 3 500 元，还将九级税制调整为七级，对工资薪金所得和经营所得的税率与级距均进行了修订。由于缺少 2011 年的入户调查数据，我们采用 2009 年的数据模拟 2011 年税收改革的影响，以评估这一税制改革对收入再分配的作用 (见表 7.6)。

表 7.6　2011 年个人所得税改革的影响

	新税制	其中		旧税制	税改影响
		仅改变起征点	仅改变税率结构		
税前收入基尼系数	0.34721	0.34721	0.34721	0.34721	0
税后收入基尼系数	0.34413	0.34270	0.34197	0.33896	0.00517
MT 指数	0.00308	0.00451	0.00524	0.00825	−0.00517
纳税额集中系数	0.63613	0.64680	0.70321	0.71551	−0.07938
P 指数	0.28892	0.29960	0.35600	0.36830	−0.07938
平均税率 t	0.01110	0.01614	0.01465	0.02254	−0.01144
纵向公平	0.00324	0.00491	0.00529	0.00849	−0.00525
税后收入集中系数	0.34401	0.34235	0.34185	0.33862	0.00539
横向公平	−0.00012	−0.00035	−0.00012	−0.00035	0.00022
人均缴纳个人所得税	233.48	340.11	315.89	627.87	−394.40

在 2011 年新税制下的税后收入基尼系数上升了 0.00517，表明税改后的居民税后收入分配差距相较税改前的居民税后收入分配差距扩大了。衡量税收累进性的 P 指数下降了 0.07938，平均税率也有所下降，居民的平均税负得以减轻；但值得注意的是，个人所得税的横向公平效应提升了 63.9%。将本次税改分解为起征点改变和税率结构改变两项，发现起征点改变对税收发挥收入再分配调节作用的负向影响较大，起征点提升主要使得税收的累进性下降 18.7%，进而纵向公平效应下降 42.1%；而税率结构改变主要影响横向公平且这一作用是有利的，使得横向公平效应提升 64.4%。这是由于之前随着经营性收入的增长但层级设置始终不变，使得经营性收入承担了较重的税负，而工资薪金所得的起征点经历了适时的调整，工资薪金税负有所下降，因此同一收入的个体若经营性收入占比较大，其税后收入的排序会下降，即出现横向不公平。2011 年税改对经营性收入的层级设置进行了调整，改变了层级与收入严重不匹配的状况，减小了因收入来源不同而导致税负不同的横向不公平的可能性。

个人所得税起征点的提高为何会降低税收的收入再分配功能呢？为了探究这一问题，我们在 MT 指数的基础上分解横向公平效应和纵向公平效应。如前所述，横向公平效应最大值为 0，此时相同收入个人的税收负担相同。由于我国实行分项税制而非综合税制，总收入相同个人由于收入来源不同，其纳税额不一定相同，因此存在横向不公平。但由于在早期居民收入来源相对单一，2000 年城镇居民工资性收入占总收入的 71.17%，而经营性收入仅占 3.91%，因此据徐建炜 (2013) 测算在 2000 年以前横向公平效应尽管为负但并不显著异于 0。随着居民收入来源越来越多样化，经营性收入占比逐步提高，居民间收入来源差异增大，横向不公平加剧，但绝对数值仍然较小，2009 年仅为 0.00035。可以预测的是，随着经营性收入和其他收入占比的逐步增大，横向不公平仍会继续加剧。对 2006 年税制改革的反事实模拟显示，个人所得税起征点的提高对横向不公平有缓解作用，但这一观点并未得到 2008 年反事实模拟结果的支撑，提高个人所得税起征点的个人所得税改革对横向不公平的影响效果并不明确。2011 年分解出的个人所得税起征点改变对横向效应的影响也接近于 0，但税率结构改变对横向公平具有较大的正向影响，使其提高了 0.00022。岳希明等 (2012) 将横向公平效应进一步分解为工资薪金所得的横向公平效应和其他所得的横向公平效应，模拟 2011 年个人所得税改革的政策效果，发现 2011 年税改将工资薪金所得税由横向公平的贡献因素变为抑制因素 (工资薪金所得的横向公平效应由正值变为负值)，但由于其他所得的横向公平效应增强得更大，横向公平效应总体是增大的。

横向不公平的绝对值和变化幅度相对较小，影响税收的收入再分配效应的主要是纵向不公平，即平均税率和累进性的大小是税收能够发挥收入再分配调节作用的主要因素。2006 年以前由于收入增长、税制不变、纳税群体增多，平均税率一直处于上升阶段；而 2006 年、2008 年和 2011 年个人所得税起征点提高后，由于总纳税额减少，平均税率在当年均有所下降，由此导致纵向公平效应下降。此外，由于较多低收入者进入高税率层级，之前的层级划分不再适应当前的收入水平，未能较好地区分高收入阶层和中等收入阶层，税收的累进性不断下降。徐建炜等 (2013) 测算出 2005 年税收累进性 P 指数相对 1997 年下降了 32%，两次税制调整后 P 指数均在当年出现了一次性大幅上升。从历年数据来看，平均税率和累进性 P 指数总是发生相反方向的变动，由于纵向公平效应是平均税率和累进性的增函数，其整体变化方向取决于两者变化的相对大小，多位学者的测算结果表明税制改革后平均税率的下降起主要作用，因此尽管税制改革使得税收累进性上升，但平均税率下降会使得纵向公平效应被削弱。

总体来看，2006 年以来几次个人所得税起征点的提高降低了税收对收入再分配的调节作用，其中提高个人所得税起征点的政策效果是纵向公平效应起决定性作用，而横向公平效应的作用可以忽略不计，改变税率结构的政策效果以横向公平的提高为主要特点。税制改革导致税收累进性和平均税率同时下降，税收的纵向不公平加剧，进而不利于个人所得税调节居民收入分配差距。

7.3 农业税改革对收入分配的影响

我国农业税改革的进程可分为两个阶段：2000 年前后的主要目标是减轻农村居民的税外负担，根除农村乱收费、乱罚款、乱摊派的“三乱”现象；2004 年以后逐步减免农业税至完全取消。

Sato et al. (2008) 使用 1995 年和 2002 年 CHIP 调查的农村数据，讨论第一阶段农村税费改革的影响。1995 年农村居民平均税费负担为 5.4%，其中农业税负担仅为 1.7%，而村提留、乡统筹等其他收费费率达 3.7%，是农村居民负担的主要来源。另外，农业税费表现出很强的累退性，尤其税外收费负担的平均税率在最高收入阶层与最低收入阶层之间相差了 6.6 个百分点，低收入农村居民受到沉重的税费压迫，农村税制极度不利于实现收入公平，当年的 MT 指数为 −0.016，即农村税费使得税后收入基尼系数更大，加剧了农村居民间的收入分配差距。2000—2003 年的税费改革取消了乡统筹费、农村教育集资等行政事业性收费和政府性基金及集资，取消了屠宰税，取消了统一规定的劳动及义务工，调整了农业税政策和农业特产税政策，改革了村提留征收使用办法，即所谓的“三取消、两调整、一改革”。CHIP 数据显示，2002 年乡镇收取的费相比 1995 年在绝对数量和相对数量上均大幅下降，这一阶段的主要特征为农业税税率的上升 (以弥补因费的减少而使得基层财政收入下降) 和费率的下降，平均税费负担下降 2.6 个百分点，表明以正规税收替代乡镇收费的改革目标基本实现。我们根据 MT 指数评估这一阶段农业税费的总收入分配效应的变化。2002 年 MT 指数为 −0.009，税前收入基尼系数与税后收入基尼系数的差距较 1995 年缩小了 0.007，表明农村税费对农村居民收入分配差距的恶化作用得以减弱。这主要得益于费对收入再分配的恶化效应得到控制，分农业税和费两项单独测算收入再分配效应，尽管农业税由于农业税率上升，MT 指数略有下降，但费的 MT 指数上升幅度更大，表明费改税不仅使得农村财政征收更加规范，还有利于实现收入再分配的调节作用。从 MT 指数的分解来看，农村税费收入再分配效应得以提升的主要贡献是平均税率的下降，取消多个项目乱收费减少了农村居民的缴费额，减轻了农村居民的平均税负。正如前面所述，MT 指数不仅取决于平均税率，还取决于衡量累进性的 P 指数，但在这一阶段农业税费的累退性进一步恶化了，P 指数由 1995 年的 −0.217 降至 2002 年的 −0.226，表明农业税费的累退性增强了，在农村税费负担被削弱的过程中低收入农村居民与高收入农村居民的负担并未得到同等程度的减弱，高收入阶层的优势更加明显。但与个人所得税类似，累进性的变化对税收的收入再分配效应并未起到决定性作用。

2004 年农业税逐步在全国范围内取消，2007 年农户人均缴纳的税率仅为 0.25%，税前收入基尼系数与税后收入基尼系数相等，表明农业税对收入再分配已基本不产生影响。

7.4　小　　结

我国目前的税收体制以间接税为主，但间接税的累退性使得其对低收入者的负担较大，对收入分配的调节作用有限。个人所得税尽管只占税收收入的 6.90%(2015 年)，但在收入分配调节中发挥着重要作用。改革开放以来，与居民收入分配直接相关的两类税收改革为个人所得税改革和农业税改革。个人所得税改革经历了三次工资薪金所得收入起征点的提高及其他一系列调整，逐步适应目前居民的收入结构和收入水平；农业税改革则由费改税逐步规范农村税费征收程序，为了进一步降低农村居民负担又实施了降低农业税并最终予以取消的改革，为改善农村居民收入状况发挥了直接作用。

本章集中分析了针对工资薪金所得收入税收改革的作用，采用国家统计局城镇住户抽样调查数据测算了平均税率、个人所得税累进性和收入分配调节效应，发现我国个人所得税的征收可降低居民收入分配差距，但作用有限。随着收入的增长，纳税群体逐渐增多，平均税率越来越高，减轻税收负担、调节起征点至与居民收入相适应的水平是 2006 年以来几次税改的重点，但结果表明个人所得税起征点的提高削弱了个人所得税的收入调节作用。这是因为个人所得税收入调节作用的决定性因素是平均税率水平，而平均税率的下降削弱了个人所得税的纵向公平效应，不利于收入调节；但是，2011 年税率结构改革提高了个人所得税的横向公平效应。

农业税改革对减轻农村居民负担的作用是显而易见的。MT 指数显示费改税削弱了税费对农村居民收入分配差距的恶化作用，农业税逐步取消更是在考虑了农村居民在我国收入分配中处于相对弱势地位的情况下做出的调整，对实现全社会收入分配公平具有重要的意义。

参考文献

[1] 胡华. 个人所得税与收入分配差距关系的实证研究. 河北经贸大学学报, 2017, 38(2): 50—57.

[2] 李实, 佐藤宏, 史泰丽. 中国收入分配差距变动分析: 中国居民收入分配研究. 北京: 人民出版社, 2013.

[3] 刘鹤飞. 工薪类个税征收标准对调节居民收入分配作用的统计分析. 数理统计与管理, 2013, 32(3): 381—390.

[4] 刘怡, 聂海峰. 间接税负担对收入分配的影响分析. 经济研究, 2004(5): 22—30.

[5] 刘元生, 杨澄宇, 袁强. 个人所得税的收入分配效应. 经济研究, 2013(1): 99—109.

[6] 聂海峰, 岳希明. 间接税归属对城乡居民收入分配影响研究. 经济学 (季刊), 2012, 12(4): 287—312.

[7] 徐建炜, 马光荣, 李实. 个人所得税改善中国收入分配了吗——基于对 1997—2011 年微观数据的动态评估. 中国社会科学, 2013(6): 53—71.

[8] 尹恒, 徐琰超, 朱虹. 1995—2002 年中国农村税费公平性评估. 世界经济文汇, 2009(2): 1—11.

[9] 岳树民, 卢艺, 岳希明. 免征额变动对个人所得税累进性的影响. 财贸经济, 2011(2): 18—24.

[10] 岳希明, 张斌, 徐静. 中国税制的收入分配效应测度. 中国社会科学, 2014(6): 97—118.

[11] 岳希明, 徐静, 刘谦. 2011 年个人所得税改革的收入再分配效应. 经济研究, 2012(9): 113—124.

[12] Kakwani, N. C. Measurement of tax progressivity: An international comparison. *The Economic Journal,* 1977, 87(345): 71-80.

[13] Kakwani, N. C. On the measurement of tax progressivity and redistributive effect of taxes with applications to horizontal and vertical equity. *Advances in Econometrics,* 1984, 3(2): 149-168.

[14] Musgrave, R. A. and T. Thin. Income tax progression (1929-1948). *Journal of Political Economy,* 1948, 56(6): 498-514.

[15] Sato, H., S. Li and X. Yue. The redistributive impact of taxation in rural China (1995-2002): An empirical study using the 1995-2002 CASS CHIP surveys. Discussion Papers, Hitotsubashi University, 2006.

第 8 章　国际贸易对收入分配差距的影响

目前，国家对于收入分配和收入不平等问题越来越重视。党的十九大报告指出,“城乡区域发展和收入分配差距依然较大”“促进收入分配更合理、更有序”“缩小收入分配差距”等。虽然部分学者发现在发展中国家，贸易自由化会提升整体的收入、促进经济增长 (Frankel and Romer, 1999; Wacziarg and Welch，2008)，但是学者们对于国际贸易对收入分配影响的结论仍有争议。本章研究我国贸易自由化对地区收入不平等程度的影响。我们基于我国 2001 年 12 月加入 WTO(世界贸易组织) 这个贸易自由化的外生冲击，采用自然实验方法，研究贸易自由化对我国收入分配的影响。通过 DID(双重差分) 实证分析，我们发现贸易自由化会显著提升城镇内部、农村内部和全国的收入不平等程度。城镇内部的收入差距大于农村内部，贸易自由化对城镇和农村基尼系数的影响有差异，对城镇基尼系数的提升作用显著大于农村，并且对全国基尼系数的影响明显大于对城镇和农村内部，这说明城镇受到贸易自由化的影响更大。另外，在四种稳健性分析的情况下，以上结果依然成立。

8.1　文 献 综 述

根据传统的赫克歇尔–俄林理论，国家之间生产率的差异会产生国际贸易。在贸易自由化后，发达国家会出口资本密集型产品，并且进口劳动密集型产品。这会导致发达国家低技术工人的工资下降和失业，同时会增加发展中国家低技术工人的就业水平和工资回报，并且降低其收入差距。目前，部分学者的研究支持了这个观点 (Burtless，1995)。但是，Verhoogen(2008) 在考察了墨西哥企业的面板数据后发现，基于异质性企业国际贸易理论的结果显示，出口企业的劳动生产率显著高于非出口企业；并且，出口企业为了提升商品的质量，会倾向于提高工资以雇用高技能的工人，从而导致收入差异。Topalova(2010) 发现，由于劳动力市场黏性等因素的客观存在，因此，传统贸易理论与现实结果不一致，即国际贸易会提升贫困率。Helpman et al. (2012) 发现，企业之间收入差异可以解释行业内收入不平等的 40%；并且由于出口企业会支付员工更高的工资，因此国际贸易会导致工资不平等的增大。

国内也有一些学者对这个问题进行了研究，但是样本代表性和估计方法存在缺陷。比如，曾国彪和姜凌 (2014) 基于中国营养与健康调查 (CHNS) 数据发现，贸易开放拉大了我国城镇和农村的收入差距, 减少了城镇贫困, 但对农村贫困没有显著影响。劳动力流动障碍是我国现实与传统贸易相悖的主因，但是曾国彪和姜凌 (2014) 使用 1989 年、1991 年、1993 年、1997 年、2000 年、2004 年、2006 年和 2009 年 (一共 8 次) CHNS 数据来构建地区层面的收入不平等指标，这种构建方法主要有两个缺点。第一，样本量只涉及部分省份并不能代表全国。CHNS 调查主要涵盖辽宁、黑龙江、江苏、山东、河南、湖北、湖南、广西和贵州等 9 个省份，虽然包含东部、中部和西部地区，但是涉及的省份只是全国部分地区，样本的代表性稍弱。第二，CHNS 在 2000 年以前并非面板数据，在 2000 年以后的城镇面板数据只有不到 3 000，农村为 1 900—3 400 个样本，意味着各地区的基尼系数只能通过 200—300 个样本推算得到 (王春超和叶琴，2014)。这个估算的基尼系数会受到样本异常值、调查样本有偏性等问题的影响，从而使得地区基尼系数的测度存在不可避免的偏误。

在本章中，我们根据陈昌兵 (2007) 的方法，利用非等分组基尼系数公式，基于各地区统计年鉴公布的收入分布数据，推算出各地区城镇和农村的基尼系数。这种测度方法使用的数据更加可靠，并且可以得到全国各地区和各年份的收入基尼系数，使得实证回归结果更加可靠。另外，我们采用地区加入 WTO 前后的冲击作为贸易自由化的外生冲击，根据地区受到的关税冲击差异，基于 DID 模型，研究国际贸易对收入分配不平等的影响。研究结果显示，贸易自由化会显著地提升城镇内部、农村内部和全国的收入分配不平等程度，并且贸易自由化对城镇内部基尼系数的影响大于农村。

虽然国内有很多学者研究贸易自由化的影响，比如探讨贸易自由化对企业出口动态 (毛其淋和盛斌，2013)、企业成长及规模分布 (盛斌和毛其淋，2015)、经济增长 (郭炳南和程贵孙，2013)、研发创新 (宋文飞等，2014)、中国产业出口竞争力 (任志成和戴翔，2014)、全要素生产率 (汤毅和尹翔硕，2014) 等的影响，但是只有余淼杰和梁中华 (2014)、简泽等 (2014)，及周茂等 (2016) 采用 DID 的自然实验方法来控制内生性问题。

8.2　我国国际贸易的发展历程

自 1978 年改革开放开始，我国一直都很重视国际贸易的发展和相关的制度设计。早期的国际贸易主要以单向的、有保护的出口自由化为主，虽然在 90 年代中期关税出现了削减①，但是非关税壁垒和进出口贸易权仍然对企业的进口行为产生

① 1993 年 11 月，党的十四届三中全会召开，大会通过了《中共中央关于建立社会主义市场经济体制若干问题的决定》。在该决定通过后，我国政府逐步推行了一系列的进出口改革措施。

了很大的影响 (简泽等，2014)。2001 年 12 月我国加入 WTO 后，经历了深刻的贸易改革。一方面，进口关税有了大幅度下降 (见图 8.1)，从采用两位行业代码计算的 1998—2009 年我国关税水平可以看出，非加权关税水平从 2000 年的 16.14%降至 2009 年的 9.3%；另一方面，中国兑现了加入 WTO 的相关承诺，取消了大量的进口关税壁垒 (比如进口配额、许可证和审批等)，使得企业可以更加自由地进口商品。

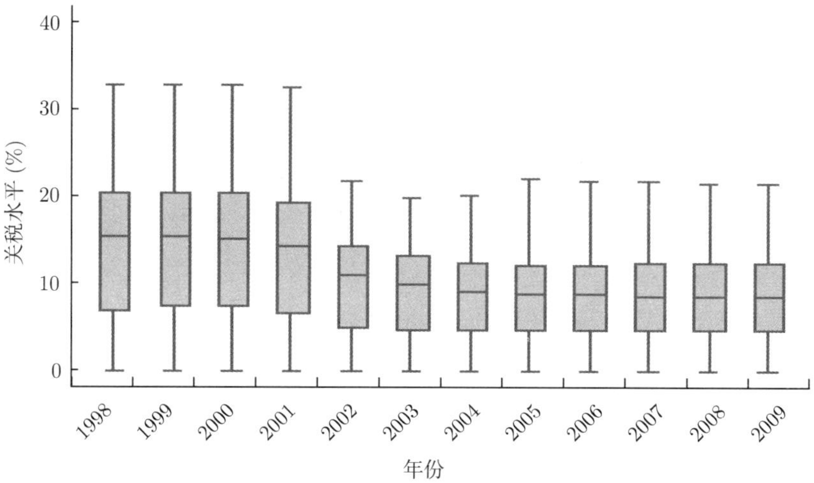

图 8.1　1998—2009 年我国关税水平的变化

自 2001 年 12 月加入 WTO 后，我国进出口行业结构发生了很大的变化。简泽等 (2014) 发现，激励效应和规模效应的综合作用，使得进口竞争促进了本土企业平均全要素生产率的增长。周茂等 (2016) 发现，贸易自由化通过进口竞争效应显著地促进了产业结构优化，推动了中国产业升级。这些学者的研究也说明，我国在 2001 年加入 WTO 的冲击是一个非常好的贸易自由化外生冲击。因此，我们在实证部分采用这次冲击来研究贸易自由化对收入分配的影响。

8.3　数据介绍和描述性统计

8.3.1　数据说明

本章采用的数据主要有四种类型。第一，宏观统计年鉴，主要采用《中国统计年鉴》和各省份的地方宏观统计年鉴，用于基尼系数的计算和本章的控制变量；第二，1998—2009 年的中国工业企业数据库，主要用于计算地区层面的关税水平；第三，WTO 网站和世界银行网站的 HS 六位产品关税数据，主要用于计算地区层面的关税水平；第四，HS 编码规则、CICC 标准、ISIC(Rev.3) 标准、GB/T4754 标准的对照表，主要用于把六位产品关税数据与工业企业数据库的行业进行匹配。

我们的研究区间为 1998—2009 年，主要有两方面的原因。第一，我国加入 WTO 的时间为 2001 年 12 月，那么政策产生效果的时间应为 2002 年，因此本章的研究时间段必须包括 2002 年前后的数据，以便通过比较组和对照组的对比进行实证分析。第二，工业企业数据库由国家统计局从 1998 年开始组织调查，用于计算《中国统计年鉴》中的 GDP 等指标。本章得到的工业企业数据库的时间段为 1998—2009 年，而这些数据是计算地区层面关税数据所不可缺失的。

关税数据采用 HS 编码规则进行统计①，而我国的工业企业数据库采用 GB/T4754 标准进行核算，这两个标准不但是不一致的，而且在本章的研究区间内也发生了比较大的调整，比如 1996—2001 年的 HS 编码规则采用 HS96 标准，2002—2006 年的 HS 编码规则采用 HS02 标准，2007—2011 年的 HS 编码规则采用 HS07 标准。对于这个问题，参考 Lu and Yu(2015) 和周茂等 (2016) 的思路，把 HS 编码规则调整为我国的 GB/T4754 标准，然后再计算地区关税水平。②

8.3.2 地区层面关税水平的构建方法

我们借鉴 Topalova(2010) 的度量方法，采用工业企业数据库的数据加权地区层面的关税水平，从而得到各地区 2001 年的关税水平。具体计算方法为：

$$\text{Tariff}_{i,2001} = \frac{\sum_{d} \text{output}_{d,i,2001} \text{Tariff}_{d,2001}}{\sum_{d} \text{output}_{d,i,2001}} \tag{8.1}$$

其中，$\text{output}_{d,i,2001}$ 表示 i 地区 d 行业在 2001 年的总产值，根据工业企业数据库加权得到。另外，为了指标构建的可靠性，我们在稳健性分析部分又采用增加值进行加权，以构建地区层面 2001 年的关税水平。$\text{Tariff}_{d,2001}$ 为 2001 年 d 行业的进口关税水平，由于工业企业数据库中给出了每家企业的两位数和三位数行业代码，因此描述统计分析和主回归分析采用 HS 六位产业关税简单加权平均得到两位数行业代码的关税水平，稳健性分析采用三位数行业代码进行计算。其中，非贸易部门的关税水平为 0。通过 (8.1) 式，我们可以得到 i 地区在 2001 年的关税水平。

① HS 编码规则于 1988 年正式实施，每四年修订 1 次。世界上已有 200 多个国家使用 HS，全球贸易总量 98%以上的货物都是按 HS 编码规则分类的。

② 关税数据处理步骤如下：第一步，下载 HS 编码的关税数据。第二步，1996 年至今的 HS 编码规则有变化，即 1996—2001 年对应 HS96，2002—2006 年对应 HS02，2007—2011 年对应 HS07。对于同一编码，我们根据 HS96、HS02 和 HS07 的对照表，把 HS 其他标准统一为 HS96。第三步，由于 HS-六位规则与 GB/T4754 标准没有直接的对照表，因此我们先将 HS 六位产品按照国际标准产业分类 ISIC(Rev.3) 重新整理。第四步，由于我国《国民经济行业分类》国家标准于 1984 年首次发布，至今共进行了四次调整，即 1994 年、2002 年、2011 年和 2017 年。根据我们研究的时间段，主要涉及 2002 年的调整，因此把 GB/T4754—1994 转换为 GB/T4754—2002。第五步，根据 ISIC(Rev.3) 与《国民经济行业分类》(GBT4754-2002) 的对照表进行转换，最终可以得到 HS96 与 GB/T4754—2002 的对应表。

8.3.3　实证策略

我们主要采用固定效应模型和 DID 模型进行实证分析。

第一种为固定效应模型。由于研究数据是面板数据，为了控制地区层面的异质性和相关性，我们采用面板数据模型进行分析。固定效应模型的实证策略为：

$$\text{Gini}_{it} = \alpha + \beta_1 \text{Tariff}_{i,t} + \gamma X_{it} + \phi_i + \phi_t + \varepsilon_{it} \tag{8.2}$$

其中，被解释变量 Gini_{it} 为 i 地区在 t 年的基尼系数；核心解释变量 $\text{Tariff}_{i,t}$ 表示每个地区在 2001 年的进口关税水平。另外，我们还控制了两类变量。第一类为地区层面的控制变量，主要包括市场化指数①、财政支出占 GDP 的比重、非国有经济在工业总产值中的比重、人均 GDP、城镇化率②。我们采用这些控制变量主要是为了控制地区层面的经济发展差异等因素。第二类为地区和年份的固定效应，主要是控制地区层面和时间层面上不变的异质性因素对基尼系数的影响。

第二种为 DID 模型。由于我国在 2001 年 12 月加入 WTO 后，之前享受更高贸易保护的行业会经历更大、更明显的关税下降，因此这些行业也会经历更大程度的贸易自由化。并且，我国 1995 年开始就着手准备加入 WTO，中间几经波折，我国最终加入 WTO 的时间点是很难预测的，可以当作外生冲击 (Guadalupe and Wulf，2010；Han et al.，2012；Lu and Yu，2015)。因此，我们基于 WTO 后关税下降的时间点 (2002 年) 和行业间贸易自由化程度的差异，采用 DID 方法，研究贸易自由化对收入不平等的影响。DID 的实证策略为：

$$\text{Gini}_{it} = \alpha + \beta_1 \text{Tariff}_{i,2001} \times \text{wto}_t + \beta_2 \text{Tariff}_{i,2001} + \beta_3 \text{wto}_t + \gamma X_{it} + \phi_i + \phi_t + \varepsilon_{it} \tag{8.3}$$

其中，核心解释变量 $\text{Tariff}_{i,2001}$ 表示每个地区在 2001 年的进口关税水平，通过工业企业数据库中省份内部两位数行业的总产出加权计算得到。另外，为了结果的可靠性，我们在稳健性分析部分采用总销售额进行加权计算。wto_t 为地区所处年份的虚拟变量：若 2001 年及之前，则 wto_t 为 0(对照组)；若 2002 年及之后，则 wto_t 为 1(比较组)。我们主要关注交互项 $\text{Tariff}_{i,2001} \times \text{wto}_t$ 的系数 β_1。如果这个系数显著为正，这意味着受到贸易自由化影响越强的地区 (也就是之前受到贸易保护最多的地区)，其不平等程度在加入 WTO 后越大；反之，如果 β_1 显著为负，这意味着受到贸易自由化影响越强的地区，其基尼系数越小。

8.3.4　主要变量的描述统计分析

表 8.1 给出了主要变量的描述性统计分析。

① 市场化指数源于王小鲁和樊纲主编的《中国分省份市场化指数报告 (2016)》。

② 城镇化率为城镇人口占总人口的比重。

表 8.1 主要变量的描述性统计分析

变量	变量含义	观测量	均值	标准差	最小值	最大值
urban_gini	城镇基尼系数	320	0.281	0.037	0.163	0.377
coun_gini	农村基尼系数	309	0.311	0.042	0.184	0.415
global_gini	全国基尼系数	309	0.387	0.056	0.229	0.491
tarriff1_type2	关税水平 (权重为总产值，两位数行业)	324	0.121	0.094	0.000	0.558
tarriff2_type2	关税水平 (权重为总产值，三位数行业)	324	0.129	0.100	0.000	0.558
tarriff1_type3	关税水平 (权重为增加值，两位数行业)	324	0.123	0.105	0.000	0.581
tarriff2_type3	关税水平 (权重为增加值，三位数行业)	324	0.133	0.114	0.000	0.581
railway_area	地区的铁路里程 /地区总面积	324	0.017	0.016	0.001	0.070
road_area	地区的公路里程 /地区总面积	324	0.494	0.372	0.020	1.853
market_index	市场化指数	324	5.930	2.171	1.490	11.800
expen_gdp	财政支出/GDP	324	7.204	2.892	−1.410	14.100
non_economy	非国有经济在工业总产值中的比重	324	5.443	3.434	−0.250	18.360
rgdp	人均 GDP	324	1.543	1.329	0.236	7.899
urban_pro	城镇化率	324	0.444	0.179	0.176	0.994

通过表 8.1 的初步分析可以发现，我国农村内部的基尼系数大于城镇内部，并且全国的基尼系数大于城镇内部和农村内部。这是由于我国的收入不平等主要是由城乡内部收入不平等和城乡之间收入差异组成，其中城乡之间收入差异占主要地位。

8.4 实证结果分析

8.4.1 基础回归分析：固定效应模型

我们采用的是地区层面的面板数据，从而允许进行面板计量模型的分析，因此我们在基础回归分析中采用面板计量模型进行分析。在经过固定效应模型和随机效应模型的 Hausman 模型选择后，因为 P 值小于 0.05，所以拒绝原假设，最终选择固定效应模型进行分析。另外，由于我们计算的基尼系数包括城镇基尼系数、农村基尼系数和全国基尼系数，因此回归结果对这三个基尼系数都进行了分析，结果如表 8.2 所示。

从表 8.2 的回归结果中可以看出，在不含控制变量和含控制变量这两种情形下，贸易自由化对城镇、农村和全国基尼系数的影响都显著为负，这说明随着关税水平的下降，三种类型的基尼系数都显著上升。也就是说，贸易自由化会显著提升城镇、农村和全国的基尼系数。这与 Verhoogen(2008) 和 Topalova(2010) 的研究结论一致。虽然传统的赫克歇尔–俄林贸易理论和斯托尔珀–萨缪尔森定理认为，国际贸易会优化生产要素的全球配置，并且会显著降低发展中国家的收入不平等程度，但是在异质性企业和劳动力流动障碍的背景下，国际贸易可能会通过劳动力要素和资本要素的重新配置，影响地区的不平等程度。

表 8.2　贸易自由化与基尼系数 (固定效应模型)

变量	城镇基尼系数		农村基尼系数		全国基尼系数	
	(1)	(2)	(3)	(4)	(5)	(6)
tarriff1_type2	−0.0817***	−0.0178***	−0.0203***	−0.0160***	−0.107***	−0.0347**
	(0.0208)	(0.0249)	(0.0157)	(0.0215)	(0.0201)	(0.0150)
market_index		0.0136***		0.00520		0.0181***
		(0.00254)		(0.00329)		(0.00283)
expen_gdp		−0.00311		−0.00145		−0.00152
		(0.00196)		(0.00200)		(0.00226)
non_economy		−0.00204***		−0.00249***		−0.00375***
		(0.000683)		(0.000807)		(0.000719)
rgdp		−0.00121		−0.0127**		−0.00551*
		(0.00383)		(0.00500)		(0.00296)
urban_pro		−0.0184		−0.00491		−0.0541*
		(0.0268)		(0.0212)		(0.0311)
常数项	0.291***	0.246	0.313	0.327***	0.400***	0.348***
	(0.00252)	(0.0186)	(0.00128)	(0.0113)	(0.00245)	(0.0228)
观测值	320	320	309	309	309	309
R^2	0.061	0.429	0.006	0.114	0.114	0.580

注：括号内数值为聚类稳健标准误。***、** 和 * 分别表示在 1%、5%和 10%的统计水平上显著。

从表 8.2 第 (2) 列和第 (4) 列的结果对比中可以发现，在控制市场化程度的情形下，城镇内部的收入差距大于农村内部，贸易自由化对城镇和农村基尼系数的影响有差异，对城镇基尼系数的提升作用显著大于农村地区，并且对全国基尼系数的影响明显大于城镇和农村内部。这可能是由两方面的因素造成的。一方面是城乡内部的人口和要素的流动性有差异。在贸易自由化的背景下，城镇地区的人口流动性高于农村地区，这使得城镇地区的要素更加向能力高的群体倾斜，在市场经济配置资源的背景下，城镇地区的收入不平等程度会上升。另一方面是就业机会的差异。在 2000 年左右，我国的进出口企业倾向于聚集在交通基础设施比较发达的地区以降低企业成本，而这些地区大部分是城镇内部或者城镇周边地区，国际贸易会为城镇地区提供更多的劳动机会。这也是贸易影响城乡之间和城乡内部收入差距有异质性的另外一个原因。

8.4.2　DID 模型

虽然固定效应模型可以处理变量的地区和时间异质性问题，但是如果模型存在内生性问题，那么估计结果仍然是不可靠的。贸易自由化和基尼系数可能会受到共同因素的影响，比如制度，这会导致模型的估计结果有偏。为了解决可能存在的内生性问题，借鉴 Lu and Yu(2015) 及毛其淋和许家云 (2016)①的做法，我们把我国 2001 年加入 WTO 作为一次贸易自由化的外生冲击，构成很好的随机自然实验，由此构建 DID 模型，估计结果如表 8.3 所示。

表 8.3　贸易自由化与基尼系数 (DID 模型)

变量	城镇基尼系数		农村基尼系数		全国基尼系数	
	(1)	(2)	(3)	(4)	(5)	(6)
tarriff_type2×wto	−0.176***	−0.188***	−0.101***	−0.115***	−0.232***	−0.193***
	(0.0287)	(0.0308)	(0.0373)	(0.0344)	(0.0109)	(0.0166)
tarriff_type2	−0.311***	−0.393***	−1.066***	−0.539***	−1.639***	−1.343***
	(0.0781)	(0.116)	(0.1000)	(0.143)	(0.0877)	(0.131)
wto	0.0812***	0.0727***	0.00737	0.0254*	0.0796***	0.0953***
	(0.00669)	(0.0138)	(0.00867)	(0.0154)	(0.00557)	(0.00970)
market_index		−0.00122		0.00746*		−0.000457
		(0.00347)		(0.00424)		(0.00212)
expen_gdp		−0.00209*		0.00235		0.00187*
		(0.00115)		(0.00168)		(0.00104)
non_economy		4.92e−05		−0.00352***		−0.000488
		(0.00130)		(0.00131)		(0.00103)
rgdp		0.00325		−0.0221***		−0.00405
		(0.00320)		(0.00590)		(0.00268)
urban_pro		0.0154		−0.0202		−0.0453***
		(0.0146)		(0.0157)		(0.0133)
常数项	0.240***	0.253***	0.404***	0.389	0.435	0.434***
	(0.0117)	(0.0148)	(0.00784)	(0.0200)	(0.0201)	(0.0150)
观测值	320	320	309	309	309	309
R^2	0.717	0.722	0.707	0.738	0.940	0.946

注：所有回归均控制省份和调查年份固定效应；括号内数值为聚类地区层面的稳健标准误；***、** 和 * 分别表示在 1%、5%和 10%的统计水平上显著。

8.5　稳健性检验

8.5.1　安慰剂检验

虽然表 8.3 的 DID 回归结果显示，关税水平对收入不平等程度具有显著的负向影响，但是仍存在一种潜在的可能性，即收入不平等程度在贸易自由化前后的

① 毛其淋和许家云 (2016) 把我国 2001 年加入 WTO 作为贸易自由化的外生冲击，研究中间品贸易自由化对中国制造业就业变动的影响。结果发现，中间品贸易自由化对不同生产率企业的就业变动具有异质性影响。虽然它会促进高生产率企业的就业创造，但也会促进低生产率企业的就业破坏，同时提高低生产率企业退出市场的概率；并且，就业再配置效率的改善是中间品贸易自由化促进制造业生产率增长的重要渠道。

变化可能不是缘于 2001 年加入 WTO 的冲击，而是同时期其他贸易政策或者地区遗漏变量导致的。为了排除这个潜在的干扰因素，我们虚构处理组进行安慰剂 (placebo) 检验，即把 2000 年和 2005 年作为我国加入 WTO 的虚拟时间，然后采用 DID 回归模型进行分析，结果如表 8.4 所示。

表 8.4　稳健性分析 1：安慰剂检验

变量	假设我国加入WTO的时间为 2000 年			假设我国加入WTO的时间为 2005 年		
	(1) urban_gini	(2) coun_gini	(3) global_gini	(4) urban_gini	(5) coun_gini	(6) global_gini
tarriff_type2×wto	−0.00129	0.00710	0.0255	−0.00524	0.00442	0.00367
	(0.0121)	(0.0130)	(0.0414)	(0.0244)	(0.0127)	(0.0178)
tarriff_type2	−0.339***	−0.600***	−1.359***	−0.485***	−0.488***	−1.340***
	(0.122)	(0.147)	(0.136)	(0.113)	(0.139)	(0.131)
wto	0.0679***	0.0235	0.0932***	0.0671***	0.0293**	0.0958***
	(0.0152)	(0.0163)	(0.0104)	(0.0139)	(0.0148)	(0.00959)
market_index	−0.00104	0.00821*	−0.000131	0.00127	0.00579	−0.000567
	(0.00378)	(0.00436)	(0.00214)	(0.00353)	(0.00424)	(0.00212)
expen_gdp	−0.00186	0.00243	0.00193*	−0.00172	0.00204	0.00184*
	(0.00122)	(0.00164)	(0.00104)	(0.00110)	(0.00171)	(0.00103)
non_economy	−0.000600	−0.00315**	−0.000480	0.000194	−0.00355***	−0.000477
	(0.00129)	(0.00131)	(0.00102)	(0.00129)	(0.00127)	(0.00104)
rgdp	0.00337	−0.0229***	−0.00425	0.00184	−0.0209***	−0.00399
	(0.00329)	(0.00586)	(0.00265)	(0.00318)	(0.00597)	(0.00267)
urban_pro	0.00630	−0.0187	−0.0466***	0.0106	−0.0160	−0.0447***
	(0.0148)	(0.0148)	(0.0129)	(0.0139)	(0.0162)	(0.0132)
常数项	0.255***	0.389***	0.435***	0.253***	0.388***	0.434***
	(0.0145)	(0.0164)	(0.0151)	(0.0145)	(0.0170)	(0.0149)
观测值	320	309	309	320	309	309
R^2	0.698	0.736	0.947	0.717	0.734	0.946

注：所有回归均控制省份和调查年份固定效应；括号内数值为聚类地区层面的稳健标准误；***、** 和 * 分别表示在 1%、5%和 10%的统计水平上显著。

根据表 8.4 的实证结果，在城镇内部、农村内部和全国三种情况下，交互项 tarriff_type2 × wto 的系数都不显著，说明在假设的虚拟加入 WTO 时间下，贸易自由化对收入不平等程度的影响不显著。这意味着，表 8.3 的估计结果稳健和可信。另外，交互项的系数不显著也意味着我国加入 WTO 的时间满足政策外生性。

从表 8.3 的估计结果中可以看出，不论是否含控制变量，$\text{Tariff}_{i,2001} \times \text{wto}_t$ 交互项的系数都显著为负。这说明贸易自由化会显著提升城镇内部、农村内部和全国层面的基尼系数。另外，贸易自由化对城镇内部基尼系数的影响仍然大于农村地区内部的基尼系数，这与表 8.2 的回归结果一致，说明表 8.2 的结果可信。

对比表 8.2 和表 8.3 可以发现，在考虑变量内生性问题后，贸易自由化对三种不平等程度系数的绝对值变大。这说明简单采用固定效应模型的估计结果会在一定程度上低估贸易自由化对不平等程度的影响。

8.5.2 采用另外两种关税加权方法

由于关税水平 $\text{Tariff}_{i,2001}$ 是核心解释变量，因此关税水平的大小会直接影响实证结果。为了保持实证回归结果的稳健性，我们又采用两种方法计算地区在 2001 年的关税水平。第一，采用增加值进行加权得到地区关税水平。主回归分析的关税水平是采用行业总产出作为行业关税水平的权重，本节采用增加值进行加权，以构建地区层面 2001 年的关税水平。第二，采用三位代码进行加权。在表 8.3 中，关税水平 $\text{Tariff}_{i,2001}$ 采用 HS 六位产业关税简单加权平均得到两位数行业代码的关税水平，本节的稳健性分析采用三位数行业代码进行计算。两种稳健性分析的回归结果如表 8.5 所示。

表 8.5 稳健性分析 2：采用增加值和三位代码进行加权得到关税

变量	采用增加值进行加权得到关税			采用三位代码进行加权得到关税		
	(1)	(2)	(3)	(4)	(5)	(6)
	urban_gini	coun_gini	global_gini	urban_gini	coun_gini	global_gini
tarriff_type2×wto	−0.0682***	−0.0215**	−0.0820*	−0.0355***	−0.0291***	−0.0404**
	(0.0129)	(0.0181)	(0.0112)	(0.0119)	(0.0108)	(0.0165)
tarriff_type2	−1.149***	−1.042***	−3.157***	−0.472***	−0.471***	−1.315***
	(0.267)	(0.326)	(0.313)	(0.108)	(0.135)	(0.127)
wto	0.0457***	0.0528***	0.102***	0.0551***	0.0422**	0.105***
	(0.0156)	(0.0156)	(0.00982)	(0.0151)	(0.0171)	(0.0101)
market_index	0.00197	0.00509	−0.000866	0.00218	0.00567	−0.000163
	(0.00391)	(0.00433)	(0.00211)	(0.00390)	(0.00432)	(0.00212)
expen_gdp	(0.00121)	0.00198	0.00189*	−0.000788	0.00192	0.00234**
	(0.0012)	(0.00174)	(0.001)	(0.00123)	(0.00186)	(0.00106)
non_economy	−0.000774	−0.00294**	−0.00042	−0.000507	−0.00299**	−0.000202
	(0.00127)	(0.0013)	(0.00104)	(0.00130)	(0.00131)	(0.00108)
rgdp	0.00186	−0.0220***	−0.00421	0.00106	−0.0216***	−0.00489*
	(0.00334)	(0.00594)	(0.00266)	(0.00339)	(0.00609)	(0.00264)
urban_pro	−0.00798	−0.00959	−0.0465***	−0.0103	−0.00558	−0.0463***
	(0.0142)	(0.0161)	(0.0123)	(0.0142)	(0.0165)	(0.0130)
Constant	0.440***	0.539***	0.916***	0.130***	0.247***	0.0595*
	(0.045)	(0.0565)	(0.0561)	(0.0326)	(0.0387)	(0.0338)
Observations	320	309	309	320	309	309
R^2	0.679	0.729	0.947	0.681	0.725	0.947

注：所有回归均控制省份和调查年份固定效应；括号内数值为聚类地区层面的稳健标准误；***、** 和 * 分别表示在 1%、5%和 10%的统计水平上显著。

从表 8.5 的回归结果中可以看出，在新的权重和关税核算方法下，贸易自由化对收入不平等交互项的系数仍然显著为负，意味着贸易自由化会显著增大地区的收入不平等程度。这说明表 8.3 的回归结果稳健。

8.6 小　结

自改革开放以后，我国从计划经济调控体制转变为市场经济体制。在市场经济体制下，国际贸易在我国的资源配置中扮演非常重要的角色。同时，在 1994 年市场经济体制进一步确立后，随着经济的发展和腾飞，我国的收入分配问题越来越受到学界的关注。因此，当前探讨贸易自由化对我国城镇内部、农村内部和全国的收入不平等程度的影响，具有重大的理论和现实意义。我们基于我国 2001 年 12 月加入 WTO 这个贸易自由化的外生冲击，采用自然实验方法，研究贸易自由化对我国收入分配的影响。

通过 DID 实证分析，我们发现：首先，贸易自由化会显著提升城镇内部、农村内部和全国的收入不平等程度；其次，贸易自由化对城镇基尼系数的影响大于农村地区，说明城镇地区受到贸易自由化的影响更大；最后，在四种稳健性分析的情况下，以上的结果依然成立。

由于数据可得性的限制，我们的研究存在一些不足，主要有两个可以扩展的方向。第一，由于中国工业企业数据库的限制，我们的研究时间段为 1998—2009 年。不过，根据 Kanbur et al. (2017) 的研究，我国的基尼系数在 2008 年左右有明显的转折，同时这段时间还发生了影响全世界的次贷危机，这对全球的国际贸易产生很大的影响。因此，在后续的研究中，探讨 2009 年之后国际贸易对收入不平等影响的研究将是很有价值的。第二，由于基尼系数分组数据采用省级层面的收入分组数据，没有精确到地级市层面，并且各个省份内部的地级市之间也存在很大的异质性，因此在高数据质量的情况下，把研究扩展至地级市层面将是很有意义的。

参考文献

[1] 曾国彪, 姜凌. 贸易开放、地区收入差距与贫困：基于 CHNS 数据的经验研究. 国际贸易问题, 2014(3): 72—85.

[2] 陈昌兵. 各地区居民收入基尼系数计算及其非参数计量模型分析. 数量经济技术经济研究, 2007(1): 133—142.

[3] 郭炳南, 程贵孙. 城镇化水平、贸易自由化与经济增长关系的实证研究. 国际贸易问题, 2013(4): 18—26.

[4] 简泽, 张涛, 伏玉林. 进口自由化、竞争与本土企业的全要素生产率——基于中国加入 WTO 的一个自然实验. 经济研究, 2014, 49(8): 120—132.

[5] 刘志成, 刘斌. 贸易自由化、全要素生产率与就业——基于 2003—2007 年中国工业企业数据的研究. 南开经济研究, 2014(1): 101—117.

[6] 毛其淋, 盛斌. 贸易自由化、企业异质性与出口动态——来自中国微观企业数据的证据. 管理世界, 2013(3): 48—68.

[7] 毛其淋, 许家云. 中间品贸易自由化与制造业就业变动——来自中国加入 WTO 的微观证据. 经济研究, 2016, 51(1): 69—83.

[8] 任志成, 戴翔. 产品内分工、贸易自由化与中国产业出口竞争力. 国际贸易问题, 2014(4): 23—32.

[9] 盛斌, 毛其淋. 贸易自由化、企业成长和规模分布. 世界经济, 2015, 38(2): 3—30.

[10] 宋文飞, 李国平, 韩先锋. 环境规制、贸易自由化与研发创新双环节效率门槛特征——基于我国工业 33 个行业的面板数据分析. 国际贸易问题, 2014(2): 65—73.

[11] 汤毅, 尹翔硕. 贸易自由化、异质性企业与全要素生产率——基于我国制造业企业层面的实证研究. 财贸经济, 2014(11): 79—88.

[12] 田卫民. 省域居民收入基尼系数测算及其变动趋势分析. 经济科学, 2012(2): 48—59.

[13] 王春超, 叶琴. 中国农民工多维贫困的演进——基于收入与教育维度的考察. 经济研究, 2014, 49(12): 159—174.

[14] 余淼杰, 梁中华. 贸易自由化与中国劳动收入份额——基于制造业贸易企业数据的实证分析. 管理世界, 2014(7): 22—31.

[15] 周茂, 陆毅, 符大海. 贸易自由化与中国产业升级：事实与机制. 世界经济, 2016, 39(10): 78—102.

[16] Burtless, G. International trade and the rise in earnings inequality. *Journal of Economic Literature*, 1995, 33(2): 800-816.

[17] Frankel, J. A. and D. H. Romer. Does trade cause growth? *American Economic Review*, 1999, 89(3): 379-399.

[18] Han, J., R. Liu and J. Zhang. Globalization and wage inequality: Evidence from urban

[19] China. *Journal of International Economics*, 2012, 87(2): 288-297.

[20] Helpman, E., O. Itskhoki and M. A. Muendler. Trade and inequality: From theory to estimation. *Review of Economic Studies*, 2017, 84(1): 357-405.

[21] Kanbur, R., Y. Wang and X. Zhang. *The Great Chinese Inequality Turnaround*, Intl Food Policy Res Inst, 2017.

[22] Lu, Y. and L. Yu. Trade liberalization and markup dispersion: Evidence from China's WTO accession. *American Economic Journal: Applied Economics*, 2015, 7(4): 221-253.

[23] Topalova, P. Factor immobility and regional impacts of trade liberalization: Evidence on poverty from India. *American Economic Journal: Applied Economics*, 2010, 2(4): 1-41.

[24] Verhoogen, E. A. Trade, quality upgrading, and wage inequality in the Mexican manufacturing sector. *Quarterly Journal of Economics*, 2008, 123(2): 489-530.

[25] Wacziarg, R. and K. H. Welch. Trade liberalization and growth: New evidence. *The World Bank Economic Review*, 2008, 22(2): 187-231.

第三部分

改善中国收入分配对策分析

在旧的经济增长模式下，我国居民收入分配差距不断扩大，目前已超过国际警戒水平，引发了一系列的经济和社会问题。当前，我国经济正面临从数量型增长向质量型增长的转型，这为居民收入分配结构的调整提供了前所未有的机遇。因此在第三部分，我们从短期和长期出发，详细地探讨了在不同的发展时期应采取的对策，为政府治理收入分配差距问题提供了一定的参考。

在短期内，政府应当注重经济增长和收入分配结构调节的平衡。

一方面，收入分配差距已然较大，收入结构急需调整。在第 9 章中，我们指出，转移支付作为财政支出工具，具有针对性强、外部时滞短、效果明显等优点，应当作为政府短期内稳定收入分配格局的主要手段。通过实证分析我们发现，当前我国的财政转移支付对城乡间和地区间收入分配差距的调节效果都不明显。在未来，政府应当对财政转移支付政策进行改革：首先，对居民的收入情况进行更加详尽的调查和细分；其次，对不同的收入等级执行不同的财政转移支付政策，并加大对最低收入群体的补助；再次，财政转移支付形式应摆脱单一化的货币补助，增加免费培训等有助于提高低收入者人力资本的政府补助方式，增强其获得收入的能力；最后，加强政策执行的透明度和监管力度，杜绝“骗补”等现象。

另一方面，货币政策可以承担一定的“保增长”任务。货币政策作为刺激经济效果最显著的政策，是我国政府拉动经济的重要手段。尽管货币政策是总量型政策，但也会对居民收入结构产生一定的影响。在第 10 章中，我们阐述了货币政策影响收入分配的两种机制。其中，内部效应使得扩张性货币政策可以通过不同收入阶层工资异质性、金融市场参与度和收入来源结构来扩大居民收入分配差距；而外部效应则通过降低失业率来缓解收入不平等。我们检验了我国的货币政策对收入分配差距的影响，发现总量扩张的货币政策尽管缩小了农村内部的收入分配差距，但扩大了城镇内部、城乡间以及全国居民的收入分配差距。因而在未来，中国人民银行应当尽量避免全面宽松的货币政策，转而采用结构性政策工具 (如 MLF、PSL 等) 支援特定领域，以此稳定中国经济。

财政转移支付政策毕竟是再分配政策，无法根治收入不平等的问题。要从根本上改变我国的收入分配格局，应当消除市场中扭曲资源配置的摩擦并积极推动经济结构的转型。在第 11 章中，我们检验了我国的生产要素错配对收入分配的影响。结果显示，我国劳动力市场存在的户籍制度、社会保险制度等一系列约束，以及资本市场上的存贷款利率管制和信贷约束，造成劳动力和资本在城乡间、地区间和行业间的错配，这种资源错配在降低中国经济增长潜力的同时，也显著加大贫富差距。因此在未来，政府应当尽快推行要素市场化改革，通过要素的自由流动发挥其收入平等化效应，调节我国的规模性收入分配结构。

2013 年中央政府推出的“供给侧结构性改革”奠定了未来十年我国经济发展的基调。2017 年年底，供给侧结构性改革最初提出的“三去一降一补”任务得以顺利推进，部分已超额完成。习近平总书记在党的十九大报告中指出，供给侧结构性改革未来将进入攻坚阶段。在第 12 章中，我们详细分析了供给侧结构性改革所引致的产业结构调整和全要素生产率的提升会如何影响收入分配。简而言之，产业结构调整有助于提高第三产业的比重，缩小功能性收入分配差距；全要素生产率的提升可以促进行业间收入平等化，缩小规模性收入分配差距。因此在长期内，政府应当坚定不移地深入推进供给侧结构性改革，这才是调整居民收入分配格局的根本之道。

在第 13 章中，我们关注了居民财富不平等问题。收入分配和财富分布之间存在很强的双向反馈机制，收入不平等会演化为财富不平等，而财富不平等又会进一步强化收入不平等。考虑到财富作为存量调整起来非常困难，因而财富不平等比收入不平等更值得关注。我们的研究显示，当前我国居民财富的基尼系数大大高于收入的基尼系数，这意味着收入-财富的反馈机制已现端倪。财富分布差距会固化代际间的收入分配差距，造成“富者愈富、穷者恒穷”的局面。此外，由于我国的教育资源分布同样不平等，收入和财富更高的家庭的子女可以接受更好的教育，其人力资本也会更高，进而强化双向反馈机制。收入分配代际固化一旦形成，就会对我国的经济、政治和社会形成巨大冲击。为了避免代际固化的出现，我们认为应当把财产税纳入议程，首先推出房产税以控制居民财富分布不均，在未来进一步推出遗产税和赠与税以完善财产税体系，缩小财富分布差距；同时，在全国范围内推行教育平等化，让每一位后代都能凭自身的努力获取高收入，打破阶层的流动性，确保我国经济的长治久安。

第9章　财富分布、教育和收入分配的走势

在居民收入分配差距不断扩大的同时，财富分布差距也逐渐拉开。当前我国财富不平等的现象已经比较严重，由此引发的一系列问题危及经济增长和社会稳定，因此有必要研究财富不平等的现状并提出改进意见。基于此，我们采用 CHIP 1995 年、CHIP 2002 年及 CFPS 2010 年的微观数据，分析教育对个人财富和个人收入的影响。结果发现：第一，户主受教育程度对人均财富和人均收入都有显著的正向影响，并且教育对财富值的影响要大于对收入的影响。第二，对于高中学历以下的人来说，个人的人力资本可能更低，导致教育对人均财富的改善作用会更小；对于高中及以上学历的人来说，教育对人均财富的提升作用基本是高中学历以下水平的两倍以上。第三，城镇地区的教育收入回报率和财富回报率高于农村地区。第四，1995—2002 年，教育对人均财富的促进作用明显增强；同时，相较于 CHIP 2002 年的样本，CFPS 2010 年调查样本下的教育财富回报率变化不大，而收入回报率则发生明显的变化。第五，在“户主年龄限制在 [30, 60]”和“剔除未重复的地区”这两种稳健性分析下，估计结果依然稳健。

9.1　文献综述

虽然我国的财富不平等程度比较严重 (McKinley，1993；Brenner，2001；Albert and Yan，2015；Knight et al.，2016)，但是已有文献主要侧重于收入不平等的研究。这主要是因为收入是流量的概念，相对容易被体察和改善；而财富是存量的概念，一旦形成就很难逆转。所以，针对财富不平等的研究应引起足够的重视。

最早对我国财富不平等进行测算和分析的是 McKinley(1993) 和 Brenner (2001)，他们采用 1988 年和 1995 年的 CHIP 调查数据，主要分析了农村净财富的不平等情况。农村居民不拥有土地，土地价值只能通过土地产量进行计算。金融资产有一个不平等的效应，占比从 1988 年的 3%增至 1995 年的 11%。财富基尼系数从 1988 年的 0.3 增至 1995 年的 0.35。Knight et al. (2016) 采用 CHIP 2002 年和 CHIP 2013 年的调查数据，研究了我国的财富不平等程度，并且发现随着经济改革 (比如市场化改革) 的深入，资本积累将导致财富不平等逐渐增大。Piketty et al. (2017) 采用中国的微观数据和税收数据，发现财富前 1%的群体占有全社会 29.6%的财富，而财富前 10%的群体占有全社会 67.4%的财富。另外，Li and Zhao(2007)、Zhao and

Ding(2008)、Sato et al.(2013) 和 Xie and Jin(2015) 分别采用 CHIP 2002 年、CHIP 2007 年和 CFPS 2012 年等调查数据，研究我国的住房不平等、城乡财富不平等程度，发现城镇财富基尼系数主要缘于住房不平等。国外的许多文献也针对国家财富不平等程度进行了测度。比如，Saez and Zucman(2014) 比较收入税申报表和宏观家户平衡表，估计美国从 1913 年以来的财富分布，发现美国的财富集中度经历了先下降后上升的过程，1929—1978 年下降，而后一直上升。与此同时，底层 90%的财富份额先增长直至 20 世纪 80 年代中期，随后下降。

关于我国财富不平等程度的机制分析相对较少，其中，研究中国财富不平等的部分文献是关于住房的私有化进程 (特别是住房体制改革) 的影响。在 20 世纪 80 年代和 90 年代初期，虽然我国经历了土地改革和市场经济体制改革，但是由于家户拥有的平均财富水平很低，因此家户财富分布不太为学术界和政府所关注，也很少有研究关注中国的财富不平等状况。90 年代中后期，我国住房体制改革① 无疑增加了农村的财富。这次改革遵循的主要原则是把城镇住房以极低的价格卖给城镇家户。官方售价由地方政府确定，并参考当地的收入水平、生活成本和建筑成本。一个城镇内部的售价几乎没有差异，但是不同省份和城镇的售价有差异。住房体制改革显著地扩大了城镇和农村地区的财富不平等 (Gustafsson et al.，2006；Meng，2007；Li and Zhao，2007)。比如，Porter and Albert Park(2012) 研究了住房体制改革和中国住房市场的代际转移与老年人的幸福度，认为我国 20 世纪 90 年代的住房体制改革把房产从单位分给居民，这个不可预期的意外所得随着房产价格的上升，显著地影响了财产持有量和受影响的城镇居民的财富。Albert and Yan(2015) 采用 2011 年 CHARLS 的调查数据，研究了 45 岁以上群体的财富状况，并且评估了住房体制改革和房屋市场价格上涨的影响。2010 年的财富基尼系数为 0.69，最富有 20%群体占有 3/4 的财富，而底层 50%群体仅占有 5.73%的财富。相比总财富与教育所得的相关性，住房财富与教育所得的相关性弱很多，这与随机的住房意外所得保持一致。

还有研究从代际人力资本转移的角度进行了分析。相关研究认为，身体 (体力) 和人力 (智力) 资本从父母到子女的转移是家户财富与收入能力的非常重要的机制 (Becker and Tomes，1979，1986；Kotlikoff and Summers，1981；Mulligan，1997)。Saez and Zucman (2016) 认为，财富不平等的增长是由于高收入群体与储蓄不平等的增长。Lusardi et al.(2017) 认为金融知识是一个决定性因素，财富不平等的随机生命

① 1991 年 6 月，国务院发布《关于继续积极稳妥地进行城镇住房制度改革的通知》，要求将现有公有住房租金有计划、有步骤地提高到成本租金；在规定住房面积内，职工购买公有住房实行标准价。1994 年 7 月，国务院发布《关于深化城镇住房制度改革的决定》，主要实施“三改四建”。1998 年 7 月，国务院发布《关于进一步深化城镇住房制度改革加快住房建设的通知》，宣布从当年下半年开始全面停止住房实物分配，实行住房分配货币化，首次提出建立和完善以经济适用住房为主的多层次城镇住房供应体系。

周期模型内生的金融知识累积，使得个人能够更好地分配一生的资源，并且退休财富不平等的 30%—40%是由金融知识造成的。Nardi(2004) 构建了一个时代交叠的一般均衡模型，通过偶然性和自愿性遗产与收入能力把父母及孩子关联起来，结果发现，自愿性遗产是形成大额遗产的部分原因，并且家庭内部收入持续性的增加能够提升家庭的财富集中度。

与以往文献相比，我们的研究主要有以下三点创新：第一，以往的研究主要采用单年份或者两个年份的数据进行研究 (McKinley, 1993; Brenner, 2001; Albert and Yan, 2015; Knight et al.，2016)，而本研究的时间是 1995 年、2002 年和 2010 年，时间跨度大于现有的研究，可以对我国 20 世纪 90 年代至今的不平等状况进行更详细的梳理和对比分析，研究结果更具代表性；第二，McKinley(1993) 和 Brenner(2001) 侧重于农村样本，Albert and Yan(2015) 侧重于 45 岁以上样本，而本研究不但分析城镇和农村样本，而且对户主的年龄没有限制；第三，以往对我国财富不平等成因的分析主要侧重于住房体制改革的影响，虽然我国 20 世纪 90 年代的住房体制改革的影响非常大，但是住房私有化改革主要影响在事业单位工作的家庭，对其他家庭的影响相对较小。因此，本章从教育的角度分析财富不平等和收入不平等的成因，是对有关不平等文献的有益补充。

9.2　数据处理方法和变量定义

9.2.1　数据来源

我们分别采用 CHIP 1995 年和 CHIP 2002 年的数据，以及 CFPS 2010 年的数据。① 根据数据统计可以得到各年份和各地区的调查样本量 (见表 9.1)。第一，每年的调查数据基本实现了全国主要地区的全覆盖，并且 CFPS 2010 年的基线调查数据包含了全国的所有地区，由此我们的研究结果比较可信。第二，CFPS 2010 年的调查省份与 CHIP 1995 年、CHIP 2002 年的调查地区有部分差异，比如 CHIP 的两年调查数据中不包含天津、黑龙江、上海、福建。我们认为被调查省份的变化没有明显的偏向性特征，并且样本地区越多，结果的代表性越强。因此，我们在主回归部分保留 CFPS 2010 年的所有被调查地区。不过，为了解决被调查地区差异对估计结果的可能影响，我们在所有回归中都控制了地区固定效应，对估计系数的标

① 本章采用 CFPS 2010 年数据而不采用 CHIP 2013 年数据，主要有两个原因。第一，由于 CHIP 2013 年对外公布的数据中缺失了有关房屋价值的变量，而这个变量在家户财富中占比非常大，根据 Knight and Li(2016) 采用 CHIP 2013 年的研究结果，在全国层面，家户房产价值占家户总财富的 71.1%。如果采用缺失房产财富的调查数据，计算和估计结果的偏误就会非常大。第二，虽然两个调查的省份有差异，但是在调查方法和财富与收入变量的定义方面，CFPS 与 CHIP 调查几乎完全一致 (Li and Wan，2015)。因此，为了更加精确地估计家户财富水平，参照 Li and Wan(2015) 的方法，我们采用 CFPS 2010 年数据测度我国 2010 年家户财富水平。

准误进行了地区层面的聚类处理。在稳健性分析部分，我们在删除 CHIP 与 CFPS 不重合地区后再进行估计。第三，由于重庆在 1997 年变更为直辖市，那么在 CHIP 1995 年的调查样本中，重庆应该包含在四川的调查样本中。因此，为了使被调查地区具备前后统一性，我们把 CHIP 2002 年和 CFPS 调查样本中的重庆合并至四川中进行分析。

表 9.1 调查样本

	全国				农村				城镇			
	1995 年	2002 年	2010 年	合计	1995 年	2002 年	2010 年	合计	1995 年	2002 年	2010 年	合计
北京	600	644	102	2 435	100	160	0	618	500	484	102	1 817
天津	0	0	91	91	0	0	29	29	0	0	62	62
河北	498	370	734	1 602	498	370	464	1 332	0	0	270	270
山西	950	1 040	649	3 804	300	400	416	1 689	650	640	233	2 115
内蒙古	1 000	1 147	1 478	4 675	300	450	622	1 920	700	697	856	2 755
吉林	300	480	312	1 092	300	480	130	910	0	0	182	182
黑龙江	0	0	542	542	0	0	127	127	0	0	415	415
上海	0	0	1 402	1 402	0	0	239	239	0	0	1 163	1 163
江苏	1 300	1 169	282	4 188	500	440	80	1 834	800	729	202	2 354
浙江	400	520	255	1 175	400	520	120	1 040	0	0	135	135
安徽	950	933	295	3 342	450	440	136	1 846	500	493	159	1 496
福建	0	0	162	162	0	0	84	84	0	0	78	78
江西	350	430	271	1 051	350	430	203	983	0	0	68	68
山东	700	630	671	3 481	700	630	418	2 794	0	0	253	687
河南	1 300	1 210	1 505	5 572	700	530	893	3 177	600	680	612	2 395
湖北	1 144	1 193	286	3 845	402	520	79	1 764	742	673	207	2 081
湖南	500	450	451	2 638	500	450	218	2 016	0	0	233	622
广东	1 043	1 074	1 391	4 938	500	530	610	2 555	543	544	781	2 383
广西	0	400	289	689	0	400	237	637	0	0	52	52
重庆	0	479	178	1 610	0	200	75	737	0	279	103	873
四川	1 646	1 085	771	4 830	798	500	451	2 669	848	585	320	2 161
贵州	300	400	458	1 158	300	400	341	1 041	0	0	117	117
云南	948	896	385	3 299	300	260	324	1 583	648	636	61	1 716
陕西	300	370	293	963	300	370	157	827	0	0	136	136
甘肃	700	715	1 535	3 932	300	320	1 240	2 530	400	395	295	1 402
新疆	0	400	0	400	0	400	0	400	0	0	0	0
样本量	14 929	16 035	14 788	62 916	7 998	9 200	7 693	35 381	6 931	6 835	7 095	27 535

9.2.2 财富和收入变量的定义与处理方法

本研究对财富的定义是家户拥有的所有净资产的当前市场价值，这与 Saez and Zucman(2014)、Kopczuk and Saez(2004) 及 Piketty et al.(2017) 的定义一致。由于相较于非人力资本财富，人力资本不能在市场上售卖，本研究的财富概念不包含人力资本。另外，对于财富的具体分类，本研究采用 Li and Wan(2015)、Knight and Li(2016) 的方法，把家户财产分为七类。

第一，净房屋价值等于房屋价值减去房屋负债。(1) 对于报告了房屋面积但没有报告房屋价值的样本，我们先根据该县或市的平均房屋价格，然后利用"该地区平均房屋价格 × 房屋面积"估算房屋总价值。需要说明的是，虽然这种方法可以解决房屋价值缺失值的问题，但是由于用平均值替代缺失值，样本的波动性会减弱，从而会低估财富的基尼系数。(2) 对于没有房屋所有权但报告了房屋面积和房屋价值的样本，我们设定房屋价值为 0。(3) 在 CFPS 调查样本中，对于共有房屋产权的样本，借鉴 Knight and Li(2016) 的方法，我们按家户拥有 50%的产权估算其房屋价值。(4) 对于 2002 年和 2010 年调查数据中房屋每平方米价格高于 100 000 元或者低于 10 元的样本，我们采用该县或市的平均房屋价格重新估算其房屋价值。

第二，净金融资产。[①] (1) 对于金融资产总价值不等于自报告总价值的情况，我们以自报告的加总价格为准。(2) 对于拥有某项金融资产但没有报告具体金额的样本，根据 Knight and Li(2016) 的方法，我们根据该县或市该项金融资产的平均价值进行估算。

第三，非房屋负债。我们采用非房屋负债单项的加总数据。

第四，生产性固定资产。对于 CHIP 数据，我们采用农业和非农业的生产性固定资产 (在问卷中报告的) 的加总数据；对于 CFPS 数据，我们基于农业和非农业的生产性固定资产的单项数据进行加总得到。

第五，耐用消费品。我们采用家户有形财产的市场价值，比如私人 (非商业) 的汽车和其他耐用消费品。对于在 CHIP 和 CFPS 的部分数据中仅公布家户耐用消费品的件数但没有公布单项或者加总的耐用品价值的样本，我们采用以下两种方法进行估算：(1) CHIP 1995 年的城镇数据缺失耐用消费品的价格或者价值，我们采用 CHIP 1995 年的农村样本建立耐用品总价值与每种消费品数量的回归方程 (不含常数项)，然后把每种消费品的估计价格与数量相乘得到总价值；(2) 对于 CFPS 2010 年数据，我们采用城镇住户调查数据 (UHS) 估计该年耐用消费品的平均价格，然后再估算家户耐用消费品的总价值。

第六，农村土地价值。由于农村土地价值没有准确的数据，我们采用 Zhao and Ding (2008) 的方法进行估算，具体方法如下：一亩水地等于两亩旱地；家户农业净收入等于农业收入减去农业生产成本。由于净农业收入的 25%来自土地，并且土地的回报率为 25%(McKinley, 1993; Zhao and Ding, 2008)，因此土地价值为家户净农业收入的 25%。另外，由于我国的城镇家户不拥有土地，参照 Li and Wan(2015)

① 金融资产包括货到即付的现金、活期存款、定期存款、人寿定期保险、政府债券、其他债券、股票、基金、期货、现金借款 (不包含商业借款) 及其他金融资产。

的方法，我们设定城镇家户的土地价值为 0。

第七，其他资产，主要包含不属于以上的资产类别。

对于收入数据，我们把根据工资性收入、转移性收入、经营性收入和财产性收入的家户内部收入加总数据作为家户总收入。

最后，为了剔除通货膨胀对财富和收入的影响，使得各年份数据更具可比性，我们采用省级层面各年份的 CPI，以 1995 年为基准年份，对个体指标进行调整。另外，由于家户总财富与总收入会受到家庭规模的影响，为了剔除这个不必要的误差，我们在回归分析中采用人均财富 (家庭总财富/家庭总人数) 和人均收入 (家庭总收入/家庭总人数)。

9.2.3 其他变量的定义

除了财富和收入变量外，我们还采用一些其他变量。

第一，受教育程度。对于受教育程度的度量，我们采用最高学历反推法，把个人的最高学历转换为受教育年限①。另外，一个家户中有户主及其配偶，为了结果的稳健性，本章采用四种方法度量受教育程度，即户主受教育程度、配偶受教育程度、两者的平均受教育程度和两者的最高受教育程度。对于户主未婚的家户，我们设定“配偶受教育程度”为缺失值，“两者的平均受教育程度”和“两者的最高受教育程度”均为户主的受教育程度。这部分数据主要从 CHIP 各年度的个人数据中提取，以家户为单位进行计算。

第二，城乡虚拟变量。我们定义城镇为 0，农村为 1。

9.2.4 主要变量的描述性统计

主要变量的描述性统计如表 9.2 所示。

表 9.2 主要变量的描述性统计

变量	变量含义	观测值	均值	标准差	最小值	最大值
gross_asset	总财富	45 716	127 857.50	349 171.00	−3408 000	2.63E+07
gross_asset(CPI)	总财富 (经 CPI 调整)	45 716	102 372.20	256 871.00	−2967 742	1.91E+07
gross_asset_per	人均财富	45 464	61 543.55	217 370.40	−1704 000	1.31E+07
gross_asset_per(CPI)	人均财富 (经 CPI 调整)	45 464	47 823.83	158 839.40	−1 483 871	9 555 994
income	收入	45 752	17 757.68	55 290.98	−31 503	1.00E+07
income(CPI)	收入 (经 CPI 调整)	45 752	14 583.95	41 726.25	−31 503	7567444
income_per	人均收入	45 500	8 204.88	50 184.91	−10 501	1.00E+07
income_per(CPI)	人均收入 (经 CPI 调整)	45 500	6 517.63	37 827.35	−10 501	7567444

① 我们按照以下规则把学历转换为受教育年限：没有受过任何教育为 0 年，私塾或扫盲班为 3 年，小学为 6 年，初中为 9 年，职业高中、普通高中、中专、技校为 12 年，大学专科为 15 年，大学本科为 16 年，研究生为 18 年。

(续表)

变量	变量含义	观测值	均值	标准差	最小值	最大值
year	被调查年份	45 752	—	—	—	—
country_type	城乡类型：城镇为 0，农村为 1	45 752	0.54	0.50	0	1
hhold_age	户主年龄	45 492	47.01	11.97	0	110
hhold_gender	户主性别	45 492	0.76	0.43	0	1
hhold_edu	户主受教育程度 (年)	45 189	7.95	4.07	0	24
hspouse_age	配偶年龄	39 339	45.22	11.15	−9	99
hspouse_gender	配偶性别	39 339	0.20	0.40	0	1
hspouse_edu	配偶受教育程度 (年)	38 470	6.98	4.29	0	24
hhold_mean_edu	夫妻平均受教育程度 (年)	45 189	7.44	3.89	0	24
hhold_max_edu	夫妻最高受教育程度 (年)	45 253	8.49	4.05	0	24

9.3　数据的描述性统计分析

9.3.1　财富与收入的均值情况

我们对缺失值和异常值的处理方法与 Li and Wan(2015)、Knight and Li (2016) 不同，计算的财富值和收入值也就有所差异。不过，我们更侧重于趋势分析，具体数值的微小差异对分析结果没有太大影响。表 9.3 给出了全国和城乡层面的财富和收入数据 (划分为经 CPI 调整前后以及家庭加总和人均层面)。

第一，1995—2010 年，我国户均和人均财富值都有明显的增长。从全国层面来看，2010 年与 1995 年相比，户均总财富值增长 7 倍，而经 CPI 调整的户均财富值增长 5.15 倍；人均财富值增长 14 倍，明显高于户均财富值的增长率。这可能是由于随着计划生育导致的人口出生率下降，我国的户均人数也在逐渐减少，从而人均财富值增长速度快于户均财富值增长速度。

第二，财富值在城乡之间存在显著的差异，而且城镇的户均财富值和人均财富值增长量都明显高于农村。户均财富的“城镇/农村”比值，从 1995 年的 1.127 升至 2002 年的 2.369 和 2010 年的 2.975，城乡之间的户均财富值明显增长；并且，不论 CPI 调整前和调整后，人均财富值的城乡差异明显大于户均财富值的差异。

第三，1995 年、2002 年和 2010 年这三年中，我国的收入差距也明显扩大，并且城乡之间的人均收入差距大于户均收入差距。1995 年，我国的户均收入和人均收入都取得了明显的增长，截至 2010 年，我国的人均收入扩大了 4.6 倍。不过，由于我国的计划生育政策在大部分地区实施“1.5 胎政策”——农村地区第一胎为女孩的家户可以选择再生育第二胎，该政策使得大部分地区户均人数的城乡差异逐渐变化，我国城镇人口收入差距明显大于户均收入差距。

表 9.3 财富和收入的均值

变量	全国			农村			城镇			城镇/农村		
	1995 年	2002 年	2010 年	1995 年	2002 年	2010 年	1995 年	2002 年	2010 年	1995 年	2002 年	2010 年
gross_asset	37 598.07	86 198.03	263 440.00	35 511.27	54 431.56	135 730.60	40 018.70	128 956.10	403 800.60	1.127	2.369	2.975
gross_asset (经 CPI 调整)	37 598.07	78 068.61	193 562.20	35 511.27	49 759.92	99 315.35	40 018.70	116 172.50	297 145.30	1.127	2.335	2.992
gross_asset_per	10 809.31	27 363.17	151 229.00	8 713.67	14 166.11	74 542.75	13 240.19	45 126.60	235 511.80	1.519	3.186	3.159
gross_asset_per (经 CPI 调整)	10 809.31	24 754.05	111 196.20	8 713.67	12 937.04	54 574.86	13 240.19	40 659.91	173 426.60	1.519	3.143	3.178
income	6 837.78	14 934.63	31 734.25	6 224.84	7 901.62	21 262.13	7 545.09	24 401.14	43 243.77	1.212	3.088	2.034
income (经 CPI 调整)	6 837.78	13 587.11	23 401.59	6 224.84	7 229.74	15 617.78	7 545.09	22 144.21	31 956.46	1.212	3.063	2.046
income_per	1 999.63	4 790.71	18 344.14	1 491.65	2 043.52	12 103.20	2 585.80	8 488.46	25 203.32	1.734	4.154	2.082
income_per (经 CPI 调整)	1 999.63	4 354.80	13 543.65	1 491.65	1 868.87	8 908.70	2 585.80	7 700.88	18 637.75	1.734	4.121	2.092

第四，1995 年和 2002 年，收入的城乡差距大于财富的城乡差距，但是在 2010 年，财富的城乡差距大于收入的城乡差距。1995 年收入的城乡差距整体比较小，相差 20%左右。这是由于在 90 年代，市场经济体制正处于初期的起步阶段，个人和家户拥有的财富量比较小，并且人力资本差异还未完全从个人收入中体现出来，致使城乡之间的收入差距相对较小。但是，在 90 年代后期和 2001 年开始，我国完成了国有资产的初步改革并加入 WTO，市场经济迅速发展，个人拥有的财富量出现分化；并且，城镇地区拥有明显的基础设施和政策优势，致使城乡之间的收入差距开始扩大；2002 年后，WTO 和城乡房产价格的差异导致城乡之间拥有的财富差距加速增大，从而在 2010 年，中国的人均财富差距明显大于收入差距。

9.3.2　财富与收入的不平等趋势分析

从表 9.4 中可以观察到，我国 1995 年、2002 年和 2010 年财富和收入的基尼系数主要有四个特点。

表 9.4　财富和收入的基尼系数

变量	全国			农村			城镇		
	1995 年	2002 年	2010 年	1995 年	2002 年	2010 年	1995 年	2002 年	2010 年
gross_asset	0.451	0.494	0.687	0.384	0.380	0.611	0.513	0.479	0.663
gross_asset(经 CPI 调整)	0.451	0.490	0.687	0.384	0.381	0.613	0.513	0.473	0.662
gross_asset_per	0.476	0.546	0.705	0.398	0.398	0.624	0.514	0.492	0.681
gross_asset_per (经 CPI 调整)	0.476	0.541	0.705	0.398	0.397	0.626	0.514	0.486	0.680
income	0.334	0.461	0.556	0.376	0.422	0.563	0.279	0.310	0.500
income(经 CPI 调整)	0.334	0.459	0.558	0.376	0.422	0.567	0.279	0.309	0.500
income_per	0.3757	0.508	0.585	0.3764	0.435	0.593	0.316	0.321	0.527
income_per(经 CPI 调整)	0.3757	0.506	0.587	0.3764	0.435	0.598	0.316	0.319	0.527

第一，1995 年的城镇财富基尼系数大于全国，而 2002 年和 2010 年全国的财富基尼系数大于城镇。根据表 9.4 的数据，1995 年全国人均财富 (经 CPI 调整) 的基尼系数为 0.476，其中农村为 0.398、城镇为 0.514，这说明全国 1995 年的财富差距主要是由城镇内部的财富差距造成的；而 2002 年和 2010 年的全国人均财富 (经 CPI 调整) 的基尼系数分别为 0.541 和 0.705，均大于同时期的城镇或者农村的财富基尼系数，这说明 2002 年和 2010 年我国的财富差距主要是由城乡之间的财富差距而不是城乡内部的财富差距所造成的。

第二，1995 年和 2002 年，财富基尼系数的增加量小于收入基尼系数的增加量。从 1995 年至 2002 年，财富基尼系数增长了 10%左右，而收入基尼系数则增长了

35%以上。这可能是由于在 20 世纪 90 年代，财富作为一个存量的变量，在房产价格变动不是非常快的情况下，收入增长主要依靠储蓄的增长；而收入作为一个流量的变量，会随着经济发展相对迅速地做出调整。

第三，2002—2010 年，我国的财富基尼系数变化率明显大于收入基尼系数变化率。2002 年以后，随着我国加入 WTO 和市场经济的深化，偏向性技术进步使得收入差距明显扩大。不过，与此同时，由于经济发展伴随的房产价格迅速上升会导致城镇之间、城乡之间的家户财富差距增长明显，受益于房产财富增长快的家户会有非常明显的家户财富增长。

第四，对于城乡之间的财富差距来说，财富基尼系数几乎一直大于收入基尼系数。2002 年，我国农村的财富基尼系数 (即财富差距) 小于收入差距，这可能是由于在 1995 年至 2002 年，受到乡镇企业和市场化进程的影响，我国农村收入的增长率大于财富的累积量。不过，在其他时间，不论城镇和乡村，财富差距都明显大于收入差距，这与 Diaz-Gimenez et al.(1997) 的研究结论一致。

第五，从图 9.1 的收入和财富的洛伦兹曲线也可以发现，从 1995 年、2002 年到 2010 年，收入和财富的洛伦兹曲线都逐渐向右侧倾斜，这说明收入和财富的不平等程度都在逐渐增大。财富洛伦兹曲线向右侧倾斜的程度要高于收入洛伦兹曲线，这也说明从 1995 年至 2010 年，我国居民的财富不平等程度要高于收入不平等程度。

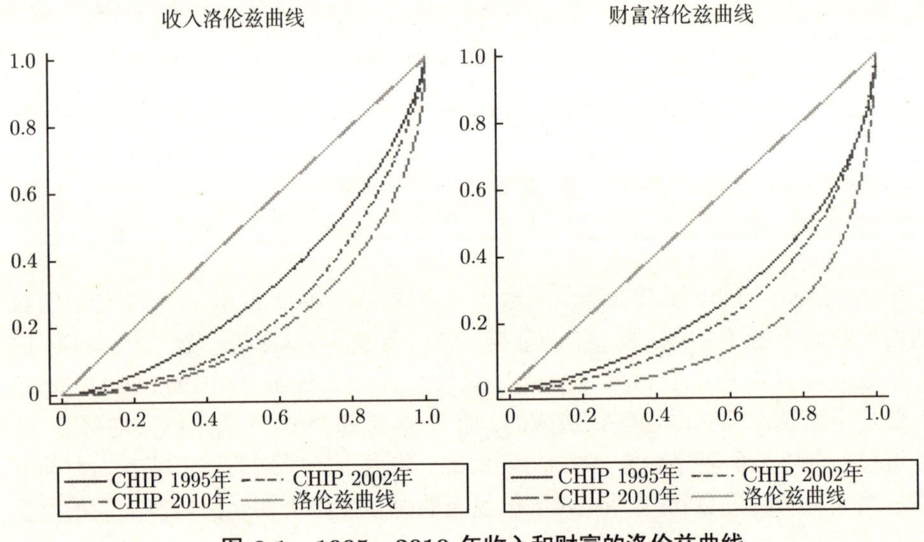

图 9.1　1995—2010 年收入和财富的洛伦兹曲线

9.4　回 归 分 析

9.4.1　教育对财富和收入的影响——基础回归

为了研究个人教育对财富和收入不平等的影响，本节通过回归进行分析。人力资本理论认为，教育可以给个体带来知识和技能等物质性人力资本，从而使得个人具备更高的生产能力；同时，教育还可以给个人带来习惯、资源、计划能力和沟通能力等非物质性人力资本，这种超越生产性能力的资本有助于个体在劳动力市场上转换为更多的经济回报 (Mirowsky and Ross, 1998; Hanushek, 2013; Wantchekon et al., 2014; Blundell et al., 2016; Gillies, 2017)。因此，我们预期教育对个人的财富和收入均有促进作用。

被解释变量为经 CPI 调整后的人均财富和经 CPI 调整后的人均收入。同时，由于财富和收入的量值比较大，为了使估计结果具有可读性并部分消除异方差问题，我们对人均财富和人均收入进行了对数化处理；同时还采用未经 CPI 调整的人均财富和人均收入作为被解释变量进行分析，估计结果与已有结果差异不大。限于篇幅，这里不做报告。

我们采用户主受教育程度、配偶受教育程度、户主与配偶平均受教育程度以及户主与配偶最高受教育程度四个指标作为家庭户主受教育程度的代理变量，主要有两个原因。第一，在微观调查中，户主的确定具有一定的随机性，并非完全是家中的决策者。为了解决户主身份随机性对结果可能造成的影响，我们采用以上四个指标表示户主受教育程度，使得估计结果更具可信性。第二，一个家庭的决策既可能受到家庭内部最高能力者的影响，也可能受到家庭内配偶平均受教育程度的影响，因此除了以配偶双方受教育程度作为代理变量，我们还采用户主与配偶平均受教育程度和最大受教育程度作为代理变量。

我们还对所有回归结果进行以下三点处理：第一，为了剔除地区异质性对估计结果的影响，我们在所有回归中均控制了地区 (市县) 固定效应，并且所有回归结果的标准误都进行了地区层面聚类处理；第二，由于研究时间跨度为 1995—2010 年，年份跨度很大，因此，我们的所有回归结果也都控制了调查年份固定效应；第三，除了以上控制变量，我们还额外控制了城镇与农村的虚拟变量，以及户主的年龄和性别。

从表 9.5 的第 (1) 列和第 (2) 列可以看到，四种受教育程度对人均财富和人均收入都有显著的正向影响，这说明教育作为人力资本的重要标志，对个人的财富和受教育程度的影响很大；同时，户主与配偶平均受教育程度对人均财富和人均收入的影响最大，这说明家户的投资和收入决策主要根据两者的平均受教育程度，仅仅根据户主受教育程度可能会使得估计结果有偏误。

表 9.5 教育对财富和收入的影响：基础回归

	人均财富	人均收入	人均财富(高中以下学历)	人均收入(高中以下学历)	人均财富(高中以上学历)	人均收入(高中及以上学历)	人均财富(城镇)	人均收入(城镇)	人均财富(农村)	人均收入(农村)
	(1)	(2)	(3)	(4)	(5)	(6)	(7)	(8)	(9)	(10)
核心解释变量：户主受教育程度										
hhold_edu	0.0461***	0.0457***	0.0335***	0.0310***	0.0802***	0.0810***	0.0598***	0.0561***	0.0285***	0.0293***
	(0.00238)	(0.00202)	(0.00260)	(0.00266)	(0.00788)	(0.00572)	(0.00345)	(0.00227)	(0.00257)	(0.00288)
观测值	44 621	44 694	35 240	35 229	9 381	9 465	20 177	20 347	24 444	24 347
R^2	0.476	0.545	0.444	0.482	0.531	0.653	0.442	0.560	0.467	0.379
核心解释变量：配偶受教育程度										
hspouse_edu	0.0472***	0.0384***	0.0330***	0.0254***	0.0546***	0.0407***	0.0666***	0.0485***	0.0243***	0.0237***
	(0.00263)	(0.00214)	(0.00245)	(0.00227)	(0.00418)	(0.00349)	(0.00397)	(0.00248)	(0.00247)	(0.00306)
观测值	38 046	38 153	29 851	29 887	8 195	8 266	17 085	17 252	20 961	20 901
R^2	0.498	0.551	0.474	0.489	0.555	0.674	0.466	0.582	0.493	0.362
核心解释变量：户主与配偶平均受教育程度										
hhold_mean_edu	0.0624***	0.0583***	0.0470***	0.0409***	0.0986***	0.0850***	0.0802***	0.0689***	0.0386***	0.0395***
	(0.00301)	(0.00240)	(0.00321)	(0.00299)	(0.00697)	(0.00577)	(0.00432)	(0.00275)	(0.00338)	(0.00356)
观测值	44 621	44 694	35 240	35 229	9 381	9 465	20 177	20 347	24 444	24 347
R^2	0.480	0.548	0.446	0.484	0.540	0.660	0.449	0.566	0.469	0.380
核心解释变量：户主与配偶最高受教育程度										
hhold_max_edu	0.0495***	0.0470***	0.0360***	0.0310***	0.0817***	0.0774***	0.0661***	0.0578***	0.0292***	0.0305***
	(0.00266)	(0.00218)	(0.00273)	(0.00260)	(0.00743)	(0.00529)	(0.00398)	(0.00253)	(0.00276)	(0.00296)
观测值	44 677	44 750	35 240	35 229	9 437	9 521	20 203	20 373	24 474	24 377
R^2	0.477	0.545	0.445	0.482	0.535	0.656	0.445	0.560	0.467	0.379

注：所有回归均含控制变量（户主或者配偶年龄、城乡虚拟变量），并且控制了地区（市县）和调查年份固定效应；括号内数值为聚类地区层面的稳健标准误；***、** 和 * 分别表示在 1%、5%和 10%的统计水平上显著。

根据受教育程度的系数大小可以发现，教育对财富值的影响要大于对收入的影响，这与 Albert and Yan(2015) 的结论是不一致的。这可能有两方面的原因。第一，两项研究的时间跨度不同，而且教育的财富回报率和收入回报率从 20 世纪 90 年代至今已发生变化。Albert and Yan(2015) 主要采用 CHARLS 2011 年基线调查数据进行研究，而本研究的时间跨度为 1995—2010 年。在 1995 年和 2002 年，教育对财富的改善作用大于对收入的改善作用，与 Albert and Yan(2015) 的结论有差异；而在 2010 年，教育对财富的改善作用小于对收入的改善作用，与 Albert and Yan(2015) 的结论一致。第二，教育对财富的改善作用的年份差异，可能与我国 20 世纪 90 年代实施的住房体制改革和国有企业改革有关。我国居民在 20 世纪 80 年代拥有的个人财富值比较少，社会财富主要由国家支配。但是，90 年代实施的住房体制改革和国有企业改革打破了这种格局，不过这次改革主要是政府和企事业单位的城镇居民受益，他们的受教育程度普遍较高，因此在 1995 年和 2002 年，教育对财富的改善作用要明显大于对收入的改善作用。

同时，我们把样本按照高中学历 (本章定义，高中学历的受教育年限为 12 年) 以上和以下分为两个样本，然后分别进行回归。根据表 9.5 的第 (3) 列和第 (5) 列可以看到，不论是高中以下学历还是高中以上学历的样本，教育对人均财富的影响都是显著为正的，并且户主与配偶平均受教育程度的影响最大，这与第 (1) 列的结论一致。同时，高中及以上学历教育的估计系数要大于高中以下学历，这说明更高的受教育程度对人均财富具有更大的影响。对于低学历的人来说，个人的人力资本可能更低，导致教育对人均财富的改善作用更小；对于高学历的人来说，教育对人均财富的提升作用基本是低学历的两倍以上。另外，从表 9.5 第 (4) 列和第 (5) 列的估计系数也可以发现，教育在两个样本下对个人收入的提升作用有显著差异，高学历教育对人均收入具有更明显的改善作用。并且，对高中以下学历来说，教育对人均收入的促进作用要低于对全样本的影响。

我们分析了教育对财富与收入城乡差异的影响。根据表 9.5 第 (7)—(9) 列的估计结果，城镇地区教育的收入回报率和财富回报率高于农村地区，这可能是由于以下两个原因导致的：第一，城乡之间财富回报率的差异。由于信贷投向和投资渠道可达性的城乡差异 (Lusardi et al., 2017)，城乡之间的财富回报率存在明显的差距，这就会对财富转变为收入的渠道产生影响。第二，城镇工资溢价效应的存在。人口在城镇集聚在提升本地区经济发展的同时会提升城镇的教育回报率、提升城镇的工资溢价，导致教育对城镇的影响大于对农村的影响。另外，根据全样本与城乡分样本估计结果的对比，发现城镇地区教育的两种回报率均高于全国平均水平，而农村地区的教育回报率则低于全国平均水平。

9.4.2 教育对财富和收入的影响的年份差异——分调查年份

本研究的时间跨度为 1995—2010 年，在此期间，我国的经济发展经历了巨大变化，我们将户主受教育水平作为核心解释变量，研究教育水平对人均财富和收入的影响的年份差异，回归结果如表 9.6 所示。

表 9.6 教育对财富和收入的影响：分调查年份

	CHIP 1995 年	CHIP 2002 年	CFPS 2010 年
	(1)	(2)	(3)
被解释变量：人均财富			
hhold_edu	0.0245***	0.0515***	0.0534***
	(0.00334)	(0.00386)	(0.00390)
观测值	14 695	15 754	14 172
R2	0.319	0.456	0.262
被解释变量：人均住房财富			
hhold_edu	0.0179***	0.0368***	0.0291***
	(0.00315)	(0.00334)	(0.00351)
观测值	10 498	14 605	12 093
R^2	0.623	0.637	0.557
被解释变量：人均非住房财富			
hhold_edu	0.0261***	0.0526***	0.0621***
	(0.00365)	(0.00434)	(0.00432)
观测值	14 678	15 616	13 571
R^2	0.277	0.292	0.188
被解释变量：人均收入			
hhold_edu	0.0211***	0.0419***	0.0574***
	(0.00274)	(0.00309)	(0.00295)
观测值	14 721	15 831	14 142
R^2	0.389	0.627	0.300

注：所有回归均含控制变量 (户主或者配偶年龄、城乡虚拟变量)，并且控制了地区 (市县) 固定效应；括号内数值为聚类地区层面的稳健标准误；***、** 和 * 分别表示在 1%、5%和 10%的统计水平上显著。

对于人均财富来说，教育对财富的影响在各个调查年份有明显差异。1995—2002 年，教育对人均财富的促进作用明显增长，这可能与我国在 20 世纪 90 年代实施的国有企业改革和住房私有化政策有关。1991 年和 1996 年开始实施的城镇住房私有化改革在 1998 年大规模实施，这种房产带来的财富以外所得对家户财富的提升非常明显，并且这次改革主要影响城镇居民中在事业单位工作的群体，而这部分群体的受教育程度整体比较高。同时，城镇居民还更多地享有“铁饭碗”，比如就业保障、住房、健康保险、救济金和其他福利，而这些福利是农村居民不能得到

的 (即使移民到城镇) (Chan and Zhang，1999；Solinger，1999)。因此，在个人人力资本和 20 世纪 90 年代住房私有化改革的共同作用下，2000 年前后的教育财富回报率和收入回报率均发生了显著的变化。

相较于 CHIP 2002 年的样本，CFPS 2010 年调查样本下的教育财富回报率变化不大，而收入的回报率则发生了明显的变化，这可能是由两方面的因素导致的：第一，在 2002 年和 2010 年的家户中，房产价值的占比越来越大，这说明房产价格波动对家户财富的影响非常大，并且这种变化与原住民的受教育程度无关；第二，在 2002 年后，由于加入 WTO 和我国市场化改革的推动，人力资本的作用逐渐在市场中发挥作用，教育的收入回报率迅速提升，并且在城镇地区工资溢价的作用下，教育对人均收入的作用越来越大。

从表 9.6 的回归结果中可以看出，在三个调查年份下，教育对个人住房财富的影响要小于对总净财富的影响；三个年份相比，2002 年教育对住房财富的影响最大，并呈现“先上升，后下降”的态势。这可能是因为在住房私有化改革后，住房财富主要取决于工作性质是否属于事业单位，以及所在地区确定的房屋私有化价格，而与人力资本关系不大。同时，在 2000 年后，我国房屋价格的上涨主要与所在地区的房屋价格有关，而与人力资本的关系越来越弱。另外，教育对非住房财富的影响逐年增大，并且一直大于对住房财富的作用。

9.4.3　分位数回归的分析

上节证实了教育对财富和收入的正向影响，以及这种影响在不同调查年份下的差异。本节分析这种影响对不同财富和收入阶层的差异。对于低财富群体而言，相对于高财富群体，教育提升对其自身财富增长的作用是更大还是更小？提升全面受教育程度是扩大财富和收入差距还是缓解财富和收入差距？为了探讨不同财富和收入水平的教育边际报酬率差异，本节采用分位数回归，分不同的调查年份和城乡地区，选择 5 个具有代表性的分位数，分别研究教育对人均财富和个人收入的影响 (见表 9.7)。

表 9.7　教育对财富和收入的影响：分位数回归

	10% 分位数	25% 分位数	中位数	75% 分位数	90% 分位数
被解释变量：人均财富 (全国)					
hhold_edu	0.0617***	0.0564***	0.0479***	0.0491***	0.0475***
	(0.00343)	(0.00215)	(0.00160)	(0.00170)	(0.00231)
观测值	44 621	44 621	44 621	44 621	44 621
被解释变量：人均财富 (城镇)					
hhold_edu	0.0788***	0.0714***	0.0629***	0.0600***	0.0564***
	(0.00666)	(0.00336)	(0.00253)	(0.00262)	(0.00334)
观测值	20 177	20 177	20 177	20 177	20 177

（续表）

	10% 分位数	25% 分位数	中位数	75% 分位数	90% 分位数
被解释变量：人均财富（农村）					
hhold_edu	0.0551***	0.0533***	0.0411***	0.0427***	0.0388***
	(0.00359)	(0.00253)	(0.00182)	(0.00208)	(0.00299)
观测值	24 444	24 444	24 444	24 444	24 444
被解释变量：人均收入（全国）					
hhold_edu	0.0545***	0.0527***	0.0508***	0.0467***	0.0473***
	(0.00239)	(0.00157)	(0.00132)	(0.00132)	(0.00172)
观测值	44 694	44 694	44 694	44 694	44 694
被解释变量：人均收入（城镇）					
hhold_edu	0.0814***	0.0713***	0.0627***	0.0570***	0.0555***
	(0.00286)	(0.00184)	(0.00148)	(0.00168)	(0.00228)
观测值	20 347	20 347	20 347	20 347	20 347
被解释变量：人均收入（农村）					
hhold_edu	0.0275***	0.0353***	0.0366***	0.0351***	0.0349***
	(0.00403)	(0.00257)	(0.00196)	(0.00218)	(0.00262)
观测值	24 347	24 347	24 347	24 347	24 347

注：所有回归均含控制变量（户主或者配偶年龄、城乡虚拟变量），并且控制了地区（市县）和调查年份固定效应；括号内数值为聚类地区层面的稳健标准误；***、** 和 * 分别表示在 1%、5%和 10%的统计水平上显著。

第一，不论全国和城乡层面，教育对人均财富的影响呈下降的趋势。也就是说，随着财富的增长，受教育程度对财富的影响逐渐变弱，这可能与房产财富有关。对于高财富群体来说，房产财富占比较大，并且教育对房产财富的影响较小，从而财富值越高，教育对总净财富的影响越小。

第二，对于城镇地区来说，教育对收入的影响逐渐下降；不过，对于农村而言，教育对收入的影响呈现倒 U 形态，这可能与居民的个人收入构成有很大关系。对于低收入群体来说，个人收入主要是非财产性收入，这部分收入主要是个人在劳动力市场中通过自身人力资本来实现收入的增长，而人力资本与教育的关系比较强。对于高收入群体来说，个人收入中财产性收入的占比大于低收入群体，而财产性收入取决于自身的财产拥有量和资产回报率，这些变量受教育的影响要小很多。因此，对于城镇和农村的高收入群体来说，教育对其的影响会小一些。这也意味着，农村地区教育水平的提升对低收入群体的财富和收入的作用要大于高收入群体，即提升农村居民的平均受教育程度有助于改善农村的财富和收入不平等程度。

9.4.4 稳健性分析

对于部分家庭来说，可能存在长辈与自己同住的情况，在填写调查问卷时，可能把长辈作为家庭户主进行填写，但家庭的生产决策和投资决策可能主要是由 60 岁以下群体决策的。另外，也存在部分家庭的户主年龄小于 18 岁的情况，这与常识不相符。为了使结果更加可信，我们把户主年龄限制在 [30, 60]，涉及样本量为 8 674 个，并进行稳健性分析 (见表 9.8)。表 9.8 的数据显示，在限定户主年龄后，教育对人均财富和人均收入的系数仍然显著为正，估计结果非常稳健。同时，我们还采用其他三种受教育程度作为个人教育的代理变量，并对表 9.5 的基础回归进行再检验，发现估计系数都显著为正且相差不大，限于篇幅，这里不做呈现。

表 9.8　稳健性检验 1：户主年龄在 [30，60]

	人均财富	人均收入
全部学历		
hhold_edu	0.0447***	0.0448***
	(0.00249)	(0.00218)
观测值	36 003	36 174
R^2	0.507	0.569
分样本：高中以下学历		
hhold_edu	0.0317***	0.0297***
	(0.00265)	(0.00290)
观测值	28 274	28 366
R^2	0.482	0.512
分样本：高中及以上学历		
hhold_edu	0.0918***	0.0881***
	(0.00844)	(0.00668)
观测值	7 729	7 808
R^2	0.553	0.660

注：所有回归均含控制变量 (户主或者配偶年龄、城乡虚拟变量)，并且控制了地区 (市县) 和调查年份固定效应；括号内数值为聚类地区层面的稳健标准误；***、** 和 * 分别表示在 1%、5%和 10%的统计水平上显著。

另外，我们采用“剔除未重复的地区”的方法进行稳健性分析。由于 CHIP 1995 年和 CHIP 2002 年与 CFPS 2010 年的调查省份有差异，虽然以上的所有回归都控制了地区 (市县) 层面的异质性，但是为了结果的稳健性，我们还采用“剔除未重复的地区”的方法，分全国和城乡进行回归，涉及样本 3 857 个 (见表 9.9)。从表 9.9 可以看到，在剔除未重复的地区后，所有回归结果的系数都显著为正且变化不大，估计结果比较稳健。

表 9.9 稳健性检验 2：剔除未重复的地区

	人均财富	人均收入
全国		
hhold_edu	0.0425***	0.0436***
	(0.00227)	(0.00212)
观测值	40 820	40 863
R^2	0.458	0.517
分样本：城镇		
hhold_edu	0.0544***	0.0544***
	(0.00321)	(0.00239)
观测值	18 115	18 266
R^2	0.420	0.545
分样本：农村		
hhold_edu	0.0276***	0.0277***
	(0.00255)	(0.00301)
观测值	22 705	22 597
R^2	0.470	0.355

注：所有回归均含控制变量 (户主或者配偶年龄、城乡虚拟变量)，并且控制了地区 (市县) 和调查年份固定效应；括号内数值为聚类地区层面的稳健标准误；***、** 和 * 分别表示在 1%、5%和 10%的统计水平上显著。

9.5 小 结

在市场经济的条件下，个人通过自身的努力，将自身的人力资本转换为收入和财富。由于个人能力和禀赋的差异，其获得的经济回报也不同，从而个体之间的财富和收入必然存在差距和不平等。其中，教育可以通过劳动力市场上的物质性回报和非物质性回报来影响个人的人力资本，也可以通过拓宽个体的投资渠道和投资回报率来影响财产性收入与个人财富。因此，教育对财富和收入具有直接及间接的影响。那么，在市场化进程逐步推进的过程中，我国 20 世纪 90 年代至今的财富和收入不平等的变化趋势是什么？教育如何影响财富和收入的不平等程度？回答这些问题对于我国进一步的收入分配改革以及国家教育政策的制定都很有意义。本研究采用 CHIP 1995 年和 CHIP 2002 年及 CFPS 2010 年的微观调查数据，对我国财富和收入不平等程度进行了测度，并且分析了教育对人均财富和人均收入的异质性影响。

第一，在 1995 年、2002 年和 2010 年，财富和收入的基尼系数在一直增大，并且财富不平等程度均高于收入不平等程度。改革开放至今 (特别是 1992 年社会主义市场经济体制建设至今)，我国的经济发展取得了长足进步，社会收入和财富分配格局也发生了巨大变革。经过住房体制改革、国有企业改革和市场化改革等一系列改革，人力资本在经济发展中的作用逐步增强，而且人力资本回报率也一直上升；但与此同时，我国的财富不平等程度也在逐步变大。对这些现象的重视程度有待进一步加强。

第二，户主受教育程度对人均财富和人均收入均有显著的正向影响，而教育对财富值的影响要大于对收入的影响，并且这种影响具有异质性。对于高中及以上学历群体来说，教育对人均财富的提升作用是高中以下学历群体的两倍以上。城镇地区的教育收入回报率和财富回报率高于农村地区。另外，教育对住房财富的影响小于对总净财富的作用。1995—2002 年，教育对人均财富的促进作用明显增强；同时，相较于 CHIP 2002 年的样本，CFPS 2010 年调查样本下的教育财富回归率变化不大，而收入回报率则发生了明显的变化。

第三，随着财富的增长，受教育程度对财富的影响逐渐减弱；不过，对于农村而言，教育对收入的影响呈现倒 U 形态；农村地区教育水平的提升对低收入群体的财富和收入的作用要大于高收入群体，从而在农村提升平均受教育程度有助于改善农村的财富和收入不平等程度。因此，政府应该加大对农村和低财富群体的教育投入。一方面，加大农村的教育基础设施投入，推行免费午餐和义务教育阶段免费政策，扩大高中教育的质量和规模；另一方面，对于低收入群体来说，不论城镇和农村，都应该加大在职培训的力度和覆盖范围，重点扶持教育以调节社会的财富和收入不平等程度。

参 考 文 献

[1] Becker, G. S. and N. Tomes. An equilibrium theory of the distribution of income and intergenerational mobility. *Journal of Political Economy,* 1979, 87(6): 1153-1189.

[2] Becker, G. S. and N. Tomes. Human capital and the rise and fall of families. *Journal of Labor Economics*, 1986, 4(3): 1-39.

[3] Blundell, R., D. M. Costa and C. Meghir. Female labor supply, human capital, and welfare reform. *Econometrica*, 2016, 84(5): 1705-1753.

[4] Brenner, M. Re-examining the distribution of wealth in rural China, in *China's*

[5] *Retreat from Equality: Income Distribution and Economic Transformation.* M.E. Sharpe, 2011.

[6] Carroll, C. D. Why do the rich save so much? National Bureau of Economic Research, 1998.

[7] Chan, K. W. and L. Zhang. The Hukou system and rural-urban migration in China: Processes and changes. *China Quarterly*, 1999, 160(160):818.

[8] De Nardi, M. Wealth inequality and intergenerational links. *Review of Economic Studies*, 2004, 71(3): 743-768.

[9] Dynan, K. E., J. Skinner and S. P. Zeldes. Do the rich save more? *Journal of Political Economy*, 2004, 112(2): 397-444.

[10] Gillies, D. Human capital theory in education. *Encyclopedia of Educational Philosophy and Theory*, 2017, 1-5.

[11] Gustafsson, B., S. Li and W. Zhong. The distribution of wealth in urban China and in China as a whole in 1995. *Review of Income & Wealth*, 2006, 52(2):173-188.

[12] Hanushek, E. A. Economic growth in developing countries: The role of human capital. *Economics of Education Review*, 2013, 37: 204-212.

[13] Kopczuk, W. and E. Saez. Top wealth shares in the United States, 1916-2000: Evidence from estate tax returns. *National Tax Journal*, 2004, 57(2):445-487.

[14] Li, S. and R. Zhao. Changes in the distribution of wealth in China 1995-2002. Wider Working Paper, 2007.

[15] Lillard, L. A. and L. A. Karoly. Income and wealth accumulation over the lifecycle. *Rand Corporation*, 1997, 7.

[16] Lusardi, A., P. C. Michaud and O. S. Mitchell. Optimal financial knowledge and wealth inequality. *Journal of Political Economy,* 2017, 125(2): 431-477.

[17] McKinley, T. *The Distribution of Income in China*, Palgrave Macmillan UK, 1993.

[18] Meng, X. Wealth accumulation and distribution in urban China. *Economic Development & Cultural Change*, 2007, 55(4): 761-791.

[19] Mirowsky, J. and C. E. Ross. Education, personal control, lifestyle and health: A human capital hypothesis. *Research on Aging an International Bimonthly Journal*, 1998, 20(4): 415-449.

[20] Mulligan, C. B. *Parental Priorities and Economic Inequality*, University of Chicago Press, 1997.

[21] Park, A. and Y. Shen. Understanding wealth and housing inequality among China's older population. *China Economic Journal,* 2015, 8(3): 288-307.

[22] Piketty, T., L. Yang and G. Zucman. Capital accumulation, private property and rising inequality in China (1978-2015). NBER Working Papers, 2017.

[23] Porter, M. and A. Park. *Housing Windfalls and Intergenerational Transfers in China*, Mimeo, 2013.

[24] Saez, E. and G. Zucman. Wealth inequality in the United States since 1913: Evidence from capitalized income tax data. *Quarterly Journal of Economics,* 2014, 131(2): 4.

[25] Sato, H., T. Sicular and X. Yue. Housing ownership, incomes, and inequality in China, 2002-2007, in *Rising Inequality in China: Challenges to a Harmonious Society.* Cambridge University Press, 2013.

[26] Li, S. and H. Wan. Evolution of wealth inequality in China. *China Economic Journal,*

2015, 8(3):264-287.

[27] Solinger, D. J. Citizenship issues in China's internal migration: comparisons with Germany and Japan. *Political Science Quarterly,* 1999, 114(3): 455-478.

[28] Wantchekon, L., M. Klanja and N. Novta. Education and human capital externalities: Evidence from colonial Benin. *Quarterly Journal of Economics*, 2014, 130(2): 703-757.

[29] Xie, Y. and Y. Jin. Household wealth in China. *Chinese Sociological Review,* 2015, 47(3): 203-229.

[30] Zhao, R. and S. Ding. The distribution of wealth in China, in *Equality and Public Policy in China*, Cambridge University Press, 2010.

第10章　资源错配对收入分配差距的影响分析

资源配置是经济学最本质的问题之一。任何一本经济学教科书都会告诉你，经济学是一门研究如何有效配置稀缺资源的科学，而资源配置的效率决定了一国经济的发展速度和质量。1949 年后，我国首先建立了计划经济体制，由中央政府根据各地区各部门的需求情况配置资源。然而，由于缺乏激励机制、信息不对称以及对产业结构不了解等，中央政府配置资源的效率极其低下，导致生产力大幅度下滑。在痛定思痛后，以邓小平同志为首的领导人意识到市场对资源有效配置的重要性，并从 1978 年起引领中国步入改革开放新时代。改革开放的核心是在计划经济体制下逐渐引入市场机制以提高资源的配置效率。经历了四十多年的发展，市场机制在我国经济中已然占据非常重要的地位，资源配置的有效性相较于计划经济时代得到极大的提高。

10.1　文 献 综 述

根据 Banerjee and Moll(2010) 的定义，资源错配是指生产要素没有按照边际产出相等的法则进行配置。当生产要素可以自由流动时，同类要素的价格必然相等且都等于边际产出的价值。因为当某个部门的要素回报率高于其他部门时，生产要素会自动流向该部门。只要要素边际产出递减的法则成立，那么这种流动必然会降低该部门的要素价格并提高其他部门的要素价格，直到它们相等为止，此时的要素配置是最有效率的。因此，从反面来说，如果市场上同类要素的边际产出长期处于不相等的状态，就必然意味着资源的自由流动受到了限制，即产生了资源错配。

资源错配主要源于要素市场的不完备。从资本市场的角度来看，一方面，我国的存贷款利率管制扭曲了资金的价格，导致了资金的无效率配置。杨熠等 (2013) 指出，在我国，国有企业以管制性贷款利率这一非市场化利率的成本获取信贷，而民营企业以相对较高的市场化利率获得贷款，因而造成贷款在两类企业之间配置的无效率。另一方面，我国的商业银行对部分企业的信贷约束也在一定程度上降低了资源配置效率。汪建新和黄鹏 (2015) 考察了银行对出口行业的信贷约束，指出信贷约束使得出口行业的企业无法获得足够的资金，并显著降低其投资于高质量出口产品的动机。从长期来看，这不仅不利于我国出口产品质量的提高，还会降低我国的经济增速。从劳动力市场的角度来看，户籍制度和地方保护主义等因素限制了我国的劳动人口在地区之间和城乡之间的流动 (白重恩等，2004；陆铭和陈钊，2004)，进而导致了劳动力资源的错配。在这些市场扭曲因素的共同作用下，我国的城乡之间、地区之间和行业之间都存在资源错配现象。

学界关于资源错配对我国经济增长影响的文章不在少数，其中最具代表性的是 Heish and Klenow(2009)。他们建立的模型 (简称“HK”模型) 考察了资源错配对企业全要素生产率 (TFP) 的影响，实证结果表明，如果按照边际收益相等的原则实现资源的有效配置，那么我国的 TFP 增长率可以提高 2%，TFP 总体水平可提高 30%。国内许多学者在此基础上进行了拓展，周黎安等 (2013) 使用 HK 模型分析政治周期对资源错配的影响，指出官员的竞争激励虽然可以促进地区 GDP，但同时会恶化当地的资源配置效率。韩剑和郑秋玲 (2014) 把资源错配测算拓展到行业间的层面，发现我国行业内的资源错配程度呈现先降后升的趋势，并且资源错配程度的上升造成行业间产出缺口的扩大。靳来群等 (2015) 同样基于 HK 模型刻画不同所有制企业的资源错配程度，并利用工业企业数据测算出国有企业和民营企业之间的资源错配所造成的 TFP 损失每年都在 200%以上，而政府的行政垄断正是造成这种错配的根源。此外，宋马林和金培振 (2016) 考察了资源错配对政府环境福利绩效的影响，其实证结果表明，以市场分割为具体表现的地方保护加剧了地区间的资源配置扭曲，这种扭曲对环境的福利绩效有着显著的抑制效应。

总结上述文献可以发现，当前学界主要关注的是资源错配对经济发展效率的影响，鲜有文章从公平的角度考察资源错配对收入分配的影响。我们的研究在一定程度上弥补了此类研究的不足。首先，我们构建一个动态的一般均衡模型，分析要素市场不完备如何导致资源错配，进而引起不同地区的要素收入差距扩大的机理。其次，我们从实证的角度分析我国各地区的资源错配对收入分配差距的影响。我们先计算出各省份的基尼系数和资源错配指数，然后对两者进行回归，发现资源错配程度越高的省份其基尼系数越大，这意味着资源错配会显著扩大居民收入分配差距。

10.2　理论模型

为了厘清资源错配对收入分配差距的影响，我们构建了一个包含家庭、商业银行和企业的三部门模型。我们的模型中有两家同质的企业，唯一的区别在于它们分属不同的部门。这里的“部门”可以是城镇和农村、不同地区或者不同行业。为了与实证部分相匹配，我们把部门定义为地区，考察分属不同地区企业的要素收入差距。为了表述简洁，下文将处于第一个地区的企业简称为“地区 A”，处于第二个地区的企业简称为“地区 B”。基础模型是指要素市场不存在任何摩擦的模型，即资本和劳动力都可以自由地在两个地区间流动。

10.2.1 基础模型

1. 家庭部门

假定经济中存在一个存活无穷期的家庭。在第 0 期，家庭拥有数量为 D_0 的存款以及 1 单位劳动的初始禀赋。假定家庭对未来是完美预见 (perfect foresight) 的，其终年效用函数为：

$$\sum_{t=0}^{\infty} \beta^t u(c_t, 1 - n_t^h - n_t^l) \tag{10.1}$$

其中，c_t 表示家庭在第 t 期的消费，将家庭的时间禀赋标准化为 1，因此 $1 - n_t^h - n_t^l$ 就是家庭享受的闲暇；β 是家庭的主观贴现率。即期效用函数 $u(c_t, 1 - n_t^h - n_t^l)$ 是对数形式的：

$$u(c_t, 1 - n_t^h - n_t^l) = \ln c_t + b \ln(1 - n_t^h - n_t^l) \tag{10.2}$$

家庭收入主要来自向地区提供劳动所获得的工资性收入以及将富余的收入储蓄在银行所获得的存款利息收入，支出则主要是消费支出，剩余的钱则存入银行，因而家庭的预算约束为：

$$c_t + d_t \leqslant r_{t-1}^d d_{t-1} + w_t^h n_t^h + w_t^l n_t^l \tag{10.3}$$

其中，d_t 是家庭在第 t 期的存款，n_t^h 是提供给地区 A 的劳动，n_t^l 是提供给地区 B 的劳动；r_{t-1}^d 是商业银行给家庭提供的存款利率，w_t^h 和 w_t^l 分别是地区 A 和地区 B 的家庭工资水平。

用动态规划的形式表示家庭的终身效用最大化问题为：

$$\mathrm{V}(d_{t-1}) = \max_{c_t, d_t} \ln c_t + b \ln(1 - n_t^h - n_t^l) + \beta \mathrm{V}\left(d_t\right)$$

$$\text{s.t.} \quad c_t + d_t = r_{t-1}^d d_{t-1} + (w_t^h + w_t^l)\bar{n} \tag{10.4}$$

求解式 (10.4)，可以得到消费最优性条件为：

$$\frac{1}{c_t} = \beta(1 + r_t^d) \times \frac{1}{c_{t+1}} \tag{10.5}$$

$$\frac{1}{1 - n_t^h - n_t^l} = w_t^h = w_t^l \tag{10.6}$$

式 (10.5) 是家庭消费的欧拉方程，表示本期消费和下一期消费的跨期替代关系；式 (10.6) 是家庭消费和家庭闲暇的期内最优化条件。由 (10.2) 式可知，当劳动力可以自由流动时，两个地区提供给家庭的工资必然相等。

2. 商业银行

作为所设定唯一的金融中介，商业银行的任务是从家庭部门吸收存款，并向两个地区的企业分别发放贷款。商业银行在第 t 期必然满足：

$$d_t = L_t^h + L_t^l \tag{10.7}$$

其中，d_t 是商业银行从家庭部门吸收的存款，L_t^h 是商业银行向地区 A 提供的贷款，L_t^l 是商业银行向地区 B 提供的贷款。假定商业银行的目标是预算平衡，并且按照资本的边际产出原理向地区索取贷款利率，因而银行的预算平衡式为：

$$r_t^d d_t = r_t^h L_t^h + r_t^l L_t^l \tag{10.8}$$

其中，r_t^h 是商业银行向地区 A 索取的贷款利率，r_t^l 是商业银行向地区 B 索取的贷款利率。因此，银行的存款利率为：

$$r_t^d = \frac{r_t^h L_t^h + r_t^l L_t^l}{d_t} \tag{10.9}$$

3. 企业部门

为了厘清资源错配对地区间收入分配的影响，我们再次假定两个地区的企业完全同质，即拥有相同的技术和资本密集度，生产出来的产品也毫无差异，并在产品市场上完全竞争。企业本身不拥有任何资产，每期都是利用从银行获得的贷款以及从家庭雇用的劳动力进行生产。具体而言，地区 A 的生产函数为：

$$Y_t^h = A_t \left(L_t^h\right)^\alpha \left(n_t^h\right)^{1-\alpha} \tag{10.10}$$

地区 B 的生产函数为：

$$Y_t^l = A_t \left(L_t^l\right)^\alpha \left(n_t^l\right)^{1-\alpha} \tag{10.11}$$

其中，Y_t^h 和 Y_t^l 分别为两地区所生产的最终产品；A_t 是地区的全要素生产率；α 是资本的产出份额，满足 $0 < \alpha < 1$；其他变量如前所定义。将最终产品的价格标准化为 1，则各地区企业的利润最大化问题为：

$$\max_{L_t^i} Y_t^i - r_t^i L_t^i - w_t^i n_t^i, \quad i = h, l \tag{10.12}$$

各个地区的企业需要选择自己从银行借入的贷款和从家庭雇用的劳动力以最大化利润。求解这一最优化问题，可以得到要素价格为：

$$r_t^i = \alpha A_t \left(L_t^i\right)^{\alpha-1} \left(n_t^i\right)^{1-\alpha} \tag{10.13}$$

$$w_t^i = (1-\alpha)A_t\left(L_t^i\right)^\alpha\left(n_t^i\right)^{-\alpha} \tag{10.14}$$

由于两个地区的企业是完全同质的，而且在基础模型中不存在任何导致市场不完备的因素，因此在均衡时两个地区所提供的要素价格应当是相等的，即 $r_t^h = r_t^l = r_t$，$w_t^h = w_t^l = w_t$。由式 (10.12) 和式 (10.14) 可知，当资本回报率和工资率相等时，两个地区必然会使用相同的资本量和劳动力数量，再结合银行的预算约束，可以得到两个地区的信贷需求量都为 $d_t/2$。这意味着，当不存在要素市场分割时，资源会在同质的两个地区间平均分配。由于要素的价格和数量都相等，因此在基准情形下，两个地区所提供的要素收入必然是相等的，此时的经济可以被看作绝对公平的经济。

10.2.2　资源错配对要素收入分配的影响

我们考察资源错配对收入分配的影响。王宋涛等 (2016) 指出，资源错配主要是由要素市场分割引起的。在我国，由于受到户籍制度和地方保护主义等因素的制约，劳动力流动受到较大的限制 (姚枝仲和周素芳，2003；朱姝，2017)，因此我们假定家庭在两个地区间提供的劳动力相对固定且相等，都为 $\bar{n}$。此外，我国的商业银行对不同地区的信贷约束正是要素市场分割的重要表征之一，因而我们在基础模型中刻画“信贷约束”这一特征，考察由此导致的要素错配对各地区要素收入分配的影响。

假定商业银行对地区 B 施加信贷约束。在上一节中我们已经知道，当要素可以自由流动时，地区 B 的信贷需求量为 $d_t/2$。现在，商业银行对地区 B 施加贷款上限约束，地区 B 每期从银行获得的贷款不超过 $\bar{L}$，即信贷约束为 $L_t^l \leqslant \bar{L}$，其中 $\bar{L} < d_t/2$。由于银行自身无须留下任何资本，因而它会把所有剩余的存款都贷放给地区 A。这意味着，每一期地区 B 获得的真实贷款量小于要素自由流动时的贷款量，故地区 B 的信贷约束必然为紧，即 $L_t^l = \bar{L}$；而地区 A 每期获得的信贷量为 $L_t^h = d_t - \bar{L}$。由此可见，信贷市场的分割必然导致一部分地区获得相对过剩的资本量，而另一部分地区的资本量则相对稀缺，从而形成了资源错配。

将地区所获贷款代入生产函数，则地区 A 的生产函数为：

$$Y_t^h = A_t\left(d_t - \bar{L}\right)^\alpha(\bar{n})^{1-\alpha} \tag{10.15}$$

地区 B 的生产函数为：

$$Y_t^l = A_t\left(\bar{L}\right)^\alpha(\bar{n})^{1-\alpha} \tag{10.16}$$

可以很容易地推导出此时两个地区的资本边际产出分别为：

$$r_t^h = \alpha A_t\left(d_t - \bar{L}\right)^{\alpha-1}(\bar{n})^{1-\alpha} \tag{10.17}$$

$$r_t^l = \alpha A_t \left(L_t^l\right)^{\alpha-1} (\bar{n})^{1-\alpha} \tag{10.18}$$

式 (10.17) 和式 (10.18) 表明，在资本边际产出递减规律的作用下，r_t^h 和 r_t^l 关于信贷量都是递减的。因此当信贷约束存在时，地区 A 尽管获得了更多的信贷，但资本回报率低于资本完全流动下的利率 r_t；同理，此时地区 B 的信贷量减少了，但资本回报率反而高于 r_t。资本收入等于资本回报率乘以资本量，那么，最终两个地区提供的资本收入如何变化呢？命题 10.1 给出了推论。

命题 10.1　*只要资本的边际产出是递减的且资本价格按照边际产出定价，那么获得资本更多的地区必然能够提供更高的资本收入。*

证明　记地区 A 提供的资本收入为 $Rc_t^h = r_t^h L_t^h$，由式 (10.17) 可知：

$$Rc_t^h = \alpha A_t \left(d_t - \bar{L}\right)^{\alpha-1} (\bar{n})^{1-\alpha} \left(d_t - \bar{L}\right) = \alpha A_t \left(d_t - \bar{L}\right)^{\alpha} (\bar{n})^{1-\alpha} \tag{10.19}$$

对 Rc_t^h 求关于信贷量 $\left(d_t - \bar{L}\right)$ 的一阶导数可以得到：

$$\frac{\partial Rc_t^h}{\partial d_t - \bar{L}} = \alpha(1-\alpha) A_t \left(d_t - \bar{L}\right) (\alpha - 1) (\bar{n})^{1-\alpha} \tag{10.20}$$

由于 α 是介于 0 到 1 的数，因而式 (10.20) 等号右侧必然大于 0，这意味着地区的资本收入必然会随着资本量的增加而提高。同理可以证明地区 B 提供的资本收入 Rc_t^l 关于信贷量的一阶导数同样为正，即地区 B 提供的资本收入会随着信贷量的减少而降低，命题 10.1 得证。　□

命题 10.1 表明，由信贷约束引起的要素市场分割导致银行贷款在地区 A 和地区 B 之间的错配。获得贷款资源较多的地区所能提供的资本收入会提高，而受到信贷约束的地区提供的资本收入会下降。如此一来，与基准情形相比，地区间就出现了资本收入的相对差距。此外，地区间劳动力流动的限制还会放大这种效应。由柯布–道格拉斯生产函数可知，资本和劳动力之间存在一定的替代关系。由于工资率是生产所使用的资本量的增函数，因此当地区 A 的资本相对过剩而地区 B 的资本较为稀缺时，地区 A 的工资率会高于地区 B，这将导致劳动力从地区 B 流向地区 A。对 Rc_t^i 求关于 $n_t^i(i = h, l)$ 的导数可知，资本收入随着劳动力而递减，因此劳动力的流出会倾向于降低地区 A 的资本收入。不过，只要这种替代性不是很强，地区 A 的资本收入最终依然会上升，并导致两地区间资本收入差距扩大。此外，由于工资率是生产所使用的资本量的增函数，因此当地区 A 的资本相对充裕时，其工资率也会提高；相反，地区 B 的工资率则会相对降低。由于两地区间所使用的劳动力数量相同，因此地区 A 的劳动收入同样高于地区 B。上述结果意味着，由信贷约束和劳动力市场分割所导致的资源错配会扩大地区间的要素收入差距，加剧地区间的收入不平等。

10.3 数据来源与描述性统计分析

10.3.1 数据来源

我们的数据主要有以下两个来源。第一，中国统计年鉴和各地区的地方统计年鉴，主要从中获得地区的宏观数据，用于计算控制变量；第二，樊纲等发布的市场化指数，主要从中获得各地区的要素市场发育程度，用于地区层面资源程度的测度。

研究区间为 1998—2009 年，主要有以下两个原因：第一，资源错配指数根据要素市场发育程度数据计算得到，而这个数据仅更新至 2009 年，因此研究截止时间为 2009 年。第二，1998—2009 是我国非常有代表性的年限，并且时间跨度为 12 年，完全可以代表我国在 2009 年的收入不平等状况。

10.3.2 变量说明

我们使用的核心解释变量为地区层面的资源错配水平。根据林伯强等 (2014)、宋马林和金培根 (2016) 的方法，我们采用地区层面的要素市场发育程度进行估算，计算方法为：

$$\mathrm{rm}_{it} = \frac{\max(\mathrm{factor}_{it}) - \mathrm{factor}_{it}}{\max(\mathrm{factor}_{it})} \tag{10.21}$$

其中，rm_{it} 表示地区 i 在时间 t 的资源错配指数，factor_{it} 表示要素市场发育程度，$\max(\mathrm{factor}_{it})$ 为要素市场发育程度最高值。rm_{it} 越大，则地区要素市场发育程度越差，从而地区的资源错配程度越高。另外，要素市场发育程度来自樊纲等 (2011) 市场化指数中的分项数据。由于该数据的最近更新年份为 2009 年，后续年份未公布，因此本研究年份截至 2009 年。

我们还选取了四个控制变量：第一，FDI 占 GDP 的比重 (fdi_ratio)，主要控制地区的对外开放水平；第二，一般性财政支出占 GDP 的比重 (exp_ratio)，主要控制地方政府对地区的干预和调控能力；第三，人均 GDP 的对数值 (pgdp)，主要控制地区的经济发展水平；第四，大学生数量占地区总人数的比重 (coll_ratio)，主要控制地区的人力资本情况和教育水平。

10.3.3 实证策略

对于面板数据来说，相对于 OLS 估计方法，面板估计可以更好地考虑地区层面不随时间变动的异质性影响。比如，地区的经商文化、方言和地理位置等，这些因素对地区的经济发展会有不同程度的影响，但是这些变量在地区内部是不随时间变动的。如果仅仅采用 OLS 回归进行分析，就可能因未考虑地区异质性而导致估计结果有偏。这对估计系数的影响是非常大的。因此，针对面板数据，为了控制地区层面异质性的影响，我们主要采用面板估计方法进行实证分析。具体的实证方程为：

$$\text{gini}_{it} = \alpha + \beta_1 \text{rm}_{it} + \beta_2 C_{it} + \varepsilon_{it} \tag{10.22}$$

其中，rm_{it} 表示地区 i 时间 t 的资源错配指数；gini_{it} 表示地区层面的基尼系数；C_{it} 为控制变量，主要选取四类控制变量进行分析；ε_{it} 为误差项。如果资源错配会导致收入不平等程度上升，那么系数 β_1 应显著为正。

10.4　资源错配对收入分配差距影响的实证分析

10.4.1　主回归分析

根据实证策略部分的介绍，为了保证估计结果的稳健性，我们采用面板估计方法进行回归分析，估计结果如表 10.1 所示。表 10.1 汇报了三个结果。第 (1) 列是 Pooled(汇总) 估计结果，主要用于面板估计结果的对比；第 (2) 列和第 (3) 列分别是面板估计结果。

表 10.1　面板估计结果

变量	(1) Pooled	(2) FE	(3) RE
rm	0.0623*	0.0439*	0.0532**
	(0.0365)	(0.0255)	(0.0254)
fdi_ratio	0.0143**	0.0114*	0.0117***
	(0.00686)	(0.00102)	(0.0204)
exp_ratio	−0.0561**	−0.0772***	0.0796
	(0.0277)	(0.0315)	(0.00744)
pgdp	0.0184	0.0445	0.0526
	(0.0114)	(0.0387)	(0.00394)
coll_ratio	−0.00659	−0.0495	−0.0439
	(0.0125)	(0.00457)	(0.00501)
常数项	0.245***	0.244***	0.261***
	(0.00783)	(0.0118)	(0.0203)
观测值	321	321	321
R^2	0.009	0.017	0.053

注：***、** 和 * 分别表示在 1%、5%和 10%的统计水平上显著。Pooled 表示汇总估计结果，FE 表示固定效应模型，RE 表示随机效应模型。

从表 10.1 第 (1) 列的 Pooled 回归结果可以看出，资源错配对地区不平等程度的估计结果显著为正。这说明，随着地区资源错配水平的上升，地区不平等程度会不断加深，这与我们在理论部分的推论是一致的。在我国，不仅不同省份的经济发展程度相差很大，而且各省份内部的发展也不均衡，这一点在中部、西部和东北地区尤为明显。在这些地区，往往省会城市和极少数地级市较为发达，其他地级市或县城的经济水平则较为薄弱。因此，各大银行往往会向较发达城市的企业提供充足甚至过剩的贷款，而位于那些欠发达城镇的绝大多数企业往往“一贷难求”，即商业银行对本身就不太发达的地区施加了信贷约束。此外，由于较发达城市的财政资金相对充裕，可以为在本市工作的人才提供各种优惠条件，因此这些城市内部的人才不愿意选择到省内其他城镇工作；而较发达城市的户籍管控制度往往较为严格，因而在此工作的外地人往往很难获得户口，从而在一定程度上限制了劳动力从较不发达城镇向发展较好城市流动。这些分割要素市场的因素导致了资本和劳动力在同一省份内不同地级市之间的错配，进而加大了地区内的不平等程度。

虽然 Pooled 估计可以部分处理面板模型的异质性问题，但是估计结果仍存在有偏性。因此，我们在表 10.1 的第 (2) 列和第 (3) 列进行了固定效应与随机效应的估计。另外，根据 Hausman 检验结果，P 值为 0，显著拒绝原假设 (采用随机效应模型)，因此估计结果为固定效应模型。固定效应模型估计结果表明，随着资源错配水平的上升，地区基尼系数也会随之增大。这与第 (1) 列的估计结果一致。

对于控制变量而言，对外开放程度对基尼系数具有显著为正向的影响，这说明对外开放的发展可能使得地区人力资本的作用得到更加有效的发挥，从而使得地区基尼系数出现分化。同时，财政支出占比的系数也显著为负，这说明政府干预会减小基尼系数，导致地区不平等程度下降。另外两个控制变量不显著，这说明人均 GDP 和地区教育水平对地区基尼系数的影响不大。

10.4.2 稳健性分析 (剔除 2008 年金融危机的影响)

表 10.1 的截止年份为 2009 年，由于 2008 年发生了世界范围的金融危机，对我国和全世界的经济发展产生了非常大的影响。一方面，我国在金融危机后出台的政策可能导致宏观经济发生变化，这对地区的收入不平等情况有很大的影响；另一方面，金融危机可能会影响控制变量 (比如 FDI 外商直接投资占比)，从而会干扰估计结果。为了剔除 2008 年金融危机这个特殊事件对我国收入不平等的影响，我们在稳健性分析部分把研究年份设置为 1998—2007 年，共 10 年，估计结果如表 10.2 所示。

从表 10.2 可以看出，在剔除了 2008 年和 2009 年的样本后，样本数从 321 个减少到 268 个。表 10.2 给我们的启示是，在考虑了 2008 年金融危机的影响后，资源错配程度对收入基尼系数的影响仍然显著为正。这说明资源错配会导致收入不平等加剧，也说明表 10.1 的估计结果稳健。

表 10.2　稳健性分析

变量	固定效应
rm	0.0531**
	(0.0254)
fdi_ratio	0.0423*
	(0.0256)
exp_ratio	−0.0366
	(0.0254)
pgdp	−0.0299
	(0.0256)
coll_ratio	−0.0304
	(0.0261)
常数项	0.259***
	(0.0207)
观测值	268
R^2	0.019

10.5　小　　结

本研究考察了资源错配对地区间居民收入分配差距的影响。我们指出，资本和劳动力在地区间的错配不仅会降低一国的经济增长效率，还会扩大居民的收入差距，同样不利于实现公平。我们采用了一个包含家庭、两个地区的企业和商业银行的三部门模型进行分析，指出当外生因素 (如信贷约束、地方政府竞争等) 割裂了地区间要素市场时，将会导致资本和劳动力在不同地区间的错配，进而扩大要素在两个地区间所获的收入。为了证实理论模型的推论，我们利用 1998—2009 年的数据识别出我国各个地区的资源错配指数，并利用面板估计法对各省份收入不平等程度和资源错配程度的相关性进行估计，发现资源错配程度越高的省份，其内部的居民收入分配差距往往较大。这意味着在我国，由要素市场分割导致的资源错配确实在一定程度上加剧了居民间的收入不平等。我们指出，未来中央政府和地方政府应当继续深化我国的市场化改革，放宽劳动力尤其是低技能劳动力自由流动的条件，力求形成一个至少是省内劳动力可以自由流动的市场；坚决深化银行业改革，完善银行业的准入和退出机制，在各个地方尤其是经济欠发达地区逐步建立一批专营本地企业贷款的小型银行，缓解这些企业受到的信贷约束，促进资本的自由流动，从而缩小由资源错配所造成的收入分配差距。

参 考 文 献

[1]　白重恩, 杜颖娟, 陶志刚. 地方保护主义及产业地区集中度的决定因素和变动趋势. 经济

研究, 2004(4): 29—40.

[2] 韩剑, 郑秋玲. 政府干预如何导致地区资源错配——基于行业内和行业间错配的分解. 中国工业经济, 2014(11): 69—81.

[3] 靳来群, 林金忠, 丁诗诗. 行政垄断对所有制差异所致资源错配的影响. 中国工业经济, 2015(4): 31—43.

[4] 陆铭, 陈钊. 城市化、城市倾向的经济政策与城乡收入差距. 经济研究, 2004(6): 50—58.

[5] 沈春苗, 郑江淮. 资源错配研究述评. 改革, 2015(4): 116—124.

[6] 汪建新, 黄鹏. 信贷约束、资本配置和企业出口产品质量. 财贸经济, 2015, 36(5): 84—95.

[7] 王宋涛, 温思美, 朱腾腾. 市场分割、资源错配与劳动收入份额. 经济评论, 2016(1): 13—25.

[8] 杨耀武, 杨澄宇. 中国基尼系数是否真地下降了？基于微观数据的基尼系数区间估计. 经济研究, 2015(3): 75—86.

[9] 杨熠, 林仁文, 金洪飞. 信贷市场扭曲与中国货币政策的有效性——引入非市场化因素的随机动态一般均衡分析. 金融研究, 2013(9): 1—15.

[10] 叶文辉, 楼东玮. 资源错配的经济影响效应研究. 经济学动态, 2014(11): 47—57.

[11] 姚枝仲, 周素芳. 劳动力流动与地区差距. 世界经济, 2003(4): 35—44.

[12] 张钟文, 陈永伟, 许宪春. 国内外关于资源错配的研究观点述评. 经济纵横, 2016(5): 124—128.

[13] 周黎安, 赵鹰妍, 李力雄. 资源错配与政治周期. 金融研究, 2013(3): 15—29.

[14] Banerjee, A. V. and B. Moll. Why does misallocation persist? *American Economic Journal Macroeconomics*, 2010, 2(1): 189-206.

[15] Howitt, P. Endogenous growth and cross-country income differences. *American Economic Review*, 2000, 90(4): 829-846.

[16] Hsieh, C. T. and P. J. Klenow. Misallocation and manufacturing TFP in China and India. *Quarterly Journal of Economics*, 2009, 124(4): 1403-1448.

[17] Jovanovic, B. Misallocation and growth. *American Economic Review*, 2014, 104(4): 1149-1171.

第 11 章　财政转移支付对收入分配差距的影响

众所周知，虽然近年来我国居民收入水平和生活水平得到极大改善，但直观上却显现收入差距扩大的现象。城乡间居民收入存在巨大差距，地区间居民收入差距也不断扩大。缩小居民收入差距、保持社会经济和谐稳定发展成为迫在眉睫的任务。与此同时，财政转移支付是政府将一部分财政资金无偿地转移给同级、下级政府或者居民，包括政府的社会保障支出、财政补贴、中央补助拨款、税收优惠和税收返还等。它与居民的收入分配息息相关，既是收入二次分配的重要模式，也是财政非市场化再分配作用的集中表现。因此，研究当前我国财政转移支付对收入分配的具体影响，探讨其内在机制，具有广泛深远的意义。

目前，财政分权体制下各级政府获得的财政转移支付对居民收入的影响已经成为学界讨论的焦点。理论上，财政转移支付能够有效解决居民收入分配差距的问题。具体而言，财政转移支付通过财政补贴、税收、社会保障等渠道调节我国的收入分配，在提高农村居民收入、促进社会稳定等方面具有“抽肥补瘦”的效果。在实际应用中，我国财政转移支付的收入分配效应如何？能否有效达到调节城乡与不同地区的居民收入分配差距的效果？这些问题还需进一步实证检验。

虽然各界对这些问题越来越重视，讨论也越来越激烈，但是缺乏财政转移支付与居民收入分配之间的机制探讨和效应分析。本研究从我国现有的财政转移支付体制出发，控制其他变量，着重考察中央政府针对地方政府的转移支付补助及税收返还对当前我国居民收入分配差距的影响。

11.1　文 献 综 述

转移性支出和转移支付是对政府的转移性资金从不同角度的表述，为了避免混乱，下面我们统一采用转移支付的说法；将税收与转移支付结合起来，形成“税收—转移支付体系”也一直是学界比较认可的方法。何庆光 (2009) 分析政府的税收和转移支付，得出财政转移支付能够缩小收入差距但效果微弱的结果。也有研究得出财政转移支付对收入分配可能产生反向作用的结果。马拴友和于红霞 (2003) 提出，财政转移支付扩大了地区间收入差距。黄祖辉和王敏 (2003) 认为，转移性收入不但没有减小收入不平等程度，反而会加剧收入不平等程度。

综上所述，研究我国居民收入分配的文献并不少，研究方法也多种多样，但真正详细探讨财政转移支付与收入分配的理论机理和实证分析的文献并不多。众多的学术观点主要归纳为两种：一种认为财政转移支付对缩小收入差距、促进经济发展具有显著的作用；另一种认为这样的作用并不明显，甚至有扩大收入差距的反效果。目前大部分学者的研究重点是居民收入差距和地区经济发展问题，将财政转移支付纳入这个体系的研究并不多见。

与以往研究相比，本研究的贡献主要在以下几个方面：

(1) 研究角度可能更为新颖。已有文献大多从财政支出总量角度入手，而我们将目光投向财政转移支付与税收返还，将居民收入二次分配抽象为具体指标。

(2) 研究方法可能更为准确。在实证检验中，我们不仅运用基础模型与加入控制变量的扩展模型，还同时采用固定效应模型、随机效应模型、广义矩估计模型等多个计量方法。从方法论来看，为了避免因指标选取不同而导致结果可能完全相反的怪圈，我们分别使用了多种指标，得到了比较令人满意的一致性结果。在稳健性检验中，我们还采用了工具变量法，得到的结果较为准确、全面。

(3) 研究内容可能更为全面。我们采用省份级别的面板数据，基于可以收集到的我国财政数据，选取的年份为分税制改革后的 1998—2013 年，同时进行分地区的实证检验，得到的结果能较准确地反映财政转移支付对收入分配的影响。从实证结果来看，目前的实证文献结果一般不甚明确，但本研究的实证结果却表明，在全国范围内，虽然财政转移支付缩小了居民收入差距，但这种效应比较微弱；就不同地区而言，财政转移支付也不同程度地缩小了居民收入差距，其中西部地区最明显，中部地区次之，东部地区最弱。我们也详细分析了其作用机制，进一步完善了财政转移支付的相关研究。基于此，本研究的重心在于实证检验财政转移支付对居民收入分配的效应以及地区间收入分配差距的影响程度和方向，期望能弥补现有文献的不足。

11.2 实证分析策略

11.2.1 估计方法和模型设定

我们主要估计两种面板模型：基础模型和扩展模型。首先估计包含财政转移支付和居民收入分配的基础模型，具体形式为：

$$\mathrm{Idis}_{it} = \alpha_0 + \beta_1 \mathrm{Fdis}_{it} + \phi_i + \upsilon_t + \mu_{it} \tag{11.1}$$

Idis_{it} 表示居民收入分配指标；Fdis_{it} 表示财政转移支付；t 表示时间 (1998—2013 年)；ϕ_i 表示时间效应；υ_t 表示个体效应；μ_{it} 是随机干扰项，与解释变量无关。

我们还控制了一些变量，以准确表达财政转移支付的影响，具体的扩展模型为：

$$\text{Idis}_{it} = \alpha_0 + \beta_1 \text{Fdis}_{it} + X'\lambda + \phi_i + \upsilon_t + \mu_{it} \tag{11.2}$$

其中，X 是一组控制变量，我们控制了经济发展水平、人口数量、产业结构、固定资本等变量。

11.2.2　变量说明和数据处理

关于财政转移支付 (Fdis) 的衡量，一直以来分歧较大。我们采取中央补助拨款 (含税收返还) 这一指标衡量财政转移支付。单纯的中央对地方的财政转移支付数额并不能完全衡量转移支付，税收返还一直以来被普遍认为应该纳入转移支付，也符合学界的“税收—转移支付体系”的要求。

其他控制变量解释如下：经济发展水平 (Eco)，这里采用 GDP 增长率代表经济发展水平。伴随着经济发展，居民收入差距会受到影响，尤其是当前我国经济发展模式偏重于城镇，我们预计经济发展水平越高，居民收入差距越大。人口数量 (Peo)，我们认为人口密集地，相对于人烟稀少地区，其收入差距越大。固定资本 (Fixcap)，我们采用中国统计年鉴中的固定资产投资，并采用永续盘存法计算得出相应数值，以此控制各地的固定资本。产业结构 (Ind)，我们采用第二产业占整个产业结构的比重代表该变量，并认为第二产业比重越大，地区居民收入差距可能会越大。

我们选取 1998—2013 年我国 31 个省份的数据，共 496 个观测值，变量的描述性统计结果如表 11.1 所示。最后得到的模型为：

$$\text{Idis}_{it} = \beta_1 \text{Fdis}_{it} + \beta_2 \text{Ind} + \beta_3 \text{Fixcap} + \beta_4 \text{Peo} + \beta_5 \text{Eco} + \mu_{it} \tag{11.3}$$

表 11.1　描述性统计结果

变量	变量定义	资料来源	最大值	最小值	均值	标准差
收入差距	城乡收入之比	根据相应年份《中国统计年鉴》计算得出	5.605	1.600	2.969	0.673
城镇人均	城镇人均可支配收入 (万元)	相应年份《中国统计年鉴》	4.385	0.197	1.267	0.726
农村人均	农村人均纯收入 (万元)	相应年份《中国统计年鉴》	1.960	0.123	0.453	0.306
财政转移支付	中央补助拨款 (含税收返还，亿元)	相应年份《中国财政年鉴》	3 730.661	17.830	604.416	594.961
产业结构	第二产业所占比重 (%)	根据相应年份《中国统计年鉴》计算得出，并进行标准化	61.500	19.402	46.231	8.289
固定资本	永续盘存法计算后的固定资产投资 (亿元)	根据相应年份《中国统计年鉴》计算得出，并进行标准化	36 789.070	42.750	4 829.488	5 926.081

(续表)

变量	变量定义	资料来源	最大值	最小值	均值	标准差
人口数量	我国总人口数量 (万人)	根据相应年份《中国统计年鉴》计算得出，并进行标准化	10 644	251.54	4 183.196	2 665.466
经济发展水平	GDP 增长率 (%)	相应年份《中国统计年鉴》	11.038	4.513	8.482	1.220

11.3 财政转移支付对收入分配差距的影响：全国层面

11.3.1 基础模型回归结果

我们首先对式 (11.1) 和式 (11.2) 进行回归，以得到一个初步的结果。被解释变量同时纳入城乡收入比、城镇人均收入和农村人均收入。这样既可以衡量财政转移支付对人均收入的影响，也可以得到财政转移支付对收入差距的影响。式 (11.1) 的估计结果列示于表 11.2 的第 (1)、(3)、(5) 列，式 (11.2) 的估计结果列示于表 11.2 的第 (2)、(4)、(6) 列。从基础回归结果中我们可以得知，财政转移支付项的系数在第 (2) 列中为负，在第 (1) 列中虽为正但并不显著，说明总体而言财政转移支付有助于缩小城乡居民收入差距；但系数绝对值约为 0.0003，数值较小，说明这种效应偏弱。同时，财政转移支付项第 (4)—(6) 列中的系数均为正，说明其能显著增加城镇及农

表 11.2 基础回归结果

变量	城乡比		城镇人均收入		农村人均收入	
	(1)	(2)	(3)	(4)	(5)	(6)
常数项	2.9535***	1.0337***	0.6917***	−3.4052***	0.2485***	−1.0932***
	(0.00)	(0.000)	(0.000)	(0.000)	(0.000)	(0.000)
财政转移支付	0.0000(0.326)	−0.0003***	0.0010***	0.0005***	0.0003***	0.0007***
		(0.000)	(0.000)	(0.006)	(0.000)	(0.000)
产业结构		0.005(0.203)		−0.0316***		−0.0159***
				(0.000)		(0.000)
固定资本		0.0000***		0.0000***		0.0000***
		(0.008)		(0.000)		(0.000)
人口数量		−0.0001**		−0.0002***		−0.0001***
		(0.037)		(0.000)		(0.000)
经济发展水平		0.1345***		0.8005***		0.2974***
		(0.001)		(0.000)		(0.000)
观测值	496	496	496	496	496	496

注：括号内数值为 p 值；***、**、* 分别表示在 1%、5%、10%的统计水平上显著。

村居民收入，而且对农村居民收入的正效应略大于对城镇居民的。这意味着我国的财政转移支付不仅存在“抽肥补瘦”的影响，还存在“双管齐下”的作用。此外，我们发现几个控制变量的结果也比较显著，第 (2) 列中的产业结构系数为正；固定资本和经济发展水平的系数显著为正；人口数量的系数显著为负。

为了控制面板数据的区域异质性，我们设立固定效应模型，见表 11.3 的第 (1)、(4) 列；我们还设立随机效应模型，见表 11.3 的第 (2)、(5) 列。我们在 OLS 模型中加入的多数个体虚拟变量显示很显著，故存在个体效应，而且固定效应模型优于混合回归。Hausman 检验结果显示，固定效应模型优于随机效应模型，并且不存在变量内生性问题。受篇幅限制，在此仅报告部分检验结果。此外，由于居民收入分配具有一定的连续性 (例如上期的居民收入差距会显著影响本期的居民收入差距)，因此有必要在被解释变量中引入居民收入差距的滞后一期项，以控制上期对本期的影响。我们进一步使用动态面板数据模型进行分析，但是理论上依然存在因被解释变量滞后项与随机扰动项相关而产生的内生性问题，传统的面板估计分析方法得到的可能是有偏且非一致的。综合上述考虑，我们设立广义矩估计模型估计参数，表 11.3 的第 (3)、(6) 列为回归结果。

表 11.3　回归模型结果

变量	基础回归			含控制变量回归		
	固定效应 (1)	随机效应 (2)	广义矩估计 (3)	固定效应 (4)	随机效应 (5)	广义矩估计 (6)
滞后期			0.9252***			0.8859***
			(0.00)			(0.000)
常数项	2.9535***	2.9535***	0.3068***	0.9804***	1.0337***	1.0337***
	(0.00)	(0.00)	(0.00)	(0.009)	(0.000)	(0.000)
转移支付	0.0000	0.0000	−0.0001***	−0.0004***	−0.0003***	−0.0000
	(0.328)	(0.326)	(0.00)	(−0.00)	(0.000)	(0.104)
产业结构				0.0092**	0.0050	−0.0000
				(0.027)	(0.203)	(0.969)
固定资本				0.0000***	0.0000***	0.0000
				(0.006)	(0.008)	(0.403)
人口数量				0.0000	−0.0001**	−0.0000***
				(0.777)	(0.037)	(0.000)
经济发展水平				0.1889***	0.1345***	0.0883***
				(0.000)	(0.001)	(0.000)
观测值	496	496	465	496	496	465

注：括号内数值为 p 值；***、**、* 分别表示在 1%、5%、10%的统计水平上显著。

11.3.2 加入控制变量的扩展模型

基础回归的估计结果如表 11.3 第 (1)、(2)、(3) 列所示，在多种估计方法 (固定效应模型、随机效应模型、广义矩估计模型) 中，我们发现财政转移支付的回归系数在第 (3) 列中显著为负，在第 (1)、(2) 列中虽然为正但不显著。结合表 11.2 的回归结果，这说明就全国层面而言财政转移支付是有利于缩小居民收入差距的，并且回归系数绝对值并不大，说明这种作用并不明显。

加入控制变量的扩展模型回归结果如表 11.3 的第 (4)、(5)、(6) 列所示，我们关注财政转移支付项的符号是否改变。从中可以看出，财政转移支付项符号为负，但系数的绝对值仍然较小，而且较基础模型结果的显著性更强。具体而言，财政转移支付每提高 1 个单位，居民收入差距水平下降约 0.0004 个单位，说明当前全国层面的财政转移支付对居民收入分配的影响并不明显。

再观察控制变量和滞后项，滞后项显著为正，符合本期居民收入差距依赖上期居民收入差距的客观事实。产业结构的系数在第 (4)、(5) 列中显著为正，说明随着第二产业比重的增大，当地城乡居民收入差距扩大了。固定资本的系数在第 (4)、(5) 列中显著为正，说明一地固定资产投资增加，会增大当地的贫富差距 (也可能是相反的因果关系，我们将在稳健性检验中验证)。人口数量的系数在第 (5)、(6) 列中显著为负，说明随着人口数量的增加，城乡间的收入差距反而能够缩小，这可能是人口基数扩大导致的收入差距被“稀释”。经济发展水平的系数在第 (4)、(5)、(6) 列中显著为正，比较符合人们对于经济增长扩大收入差距的一般认识。

综上所述，我们可以得出一个初步结论：全国层面财政转移支付对居民收入差距的效应有轻微的改善作用，但并不明显。

11.3.3 考虑内生问题的稳健性检验

在关注财政转移支付的居民分配效应时，容易被忽视的一个问题是模型本身存在的内生性风险。内生性问题不仅源于个体特征与解释变量的相关性，还源于解释变量和被解释变量之间的互为因果关系，后者是本研究面临的一个潜在风险。在其他条件既定的情况下，如果一个地区的居民收入差距发生改变，那么可能会加剧一个地区的社会不稳定，因而居民收入差距也可能会反向地影响政府财政转移支付。当然，上述所指的反向关系并不一定成立或者即时发生。

我们采用地方上解指标作为工具变量，进行一次仿工具变量法实验。结果如表 11.4 所示，核心变量的回归系数与之前的回归结果相比没有发生本质变化，其他变量的结果除了显著性外基本没有变化，限于篇幅不再另表。

表 11.4　稳健性检验结果

变量	基础回归			含控制变量回归		
	固定效应	随机效应	广义矩估计	固定效应	随机效应	广义矩估计
	(1)	(2)	(3)	(4)	(5)	(6)
滞后期			1.0076***			0.9684***
			(0.00)			(0.000)
常数项	21.9319***	21.9569***	1.1070*	−134.66***	−59.5350***	−10.6919**
	(0.00)	(0.001)	(0.087)	(0.000)	(0.000)	(0.029)
地方上解	0.0082***	0.0082***	−0.0003	−0.0089***	−0.0167***	−0.0034***
	(0.00)	(0.001)	(0.711)	(0.000)	(0.000)	(0.010)
产业结构				−0.2131*	−0.6121***	−0.0157
				(0.084)	(0.000)	(0.786)
固定资本				0.0014***	0.0022***	0.0001
				(0.000)	(0.000)	(0.326)
人口数量				0.0381***	0.0132***	0.0001
				(0.000)	(0.000)	(0.491)
经济发展水平				1.2292	6.9829***	1.6661**
				(0.334)	(0.000)	(0.021)
观测值	496	496	465	496	496	465

11.4　财政转移支付对收入分配差距的影响：地区层面

就全国层面而言，财政转移支付虽然有利于缩小居民收入差距，但其系数的绝对值较小，说明效应并不明显。我们采用固定效应模型、随机效应模型和广义矩估计模型进一步估计分地区模型，结果如表 11.5 所示。

11.4.1　初步结果

根据表 11.4，我们得出一个初步结果：财政转移支付对居民收入的回归系数都为负，西部地区的系数绝对值最大，中部地区次之，东部地区最小。分地区而言 (见表 11.5)，东部地区财政转移支付对居民收入差距的回归系数均显著为负，说明财政转移支付数额越高，越有利于东部地区缩小居民收入差距的，回归系数为 0.0000—0.0001；中部地区财政转移支付对居民收入差距的回归系数均显著为负，说明财政转移支付数额越大，越有利于缩小中部地区居民差距，该回归系数的绝对值为 0.0002 左右；西部地区的结果与中部地区相同，只是回归系数的绝对值为 0.0005—0.0006，明显大于中部地区和东部地区。同时，滞后项前一期收入差距水平的系数中部地区约为 0.92，是三个地区中最大的；东部地区约为 0.90，西部地区为 0.81，西部地区明显小于东部地区与中部地区，说明当前我国经济增长的惯性还是比较大的，尤其是中部地区。产业结构的收入再分配效

表 11.5 分地区检验结果

变量	东部			中部			西部		
	固定效应 (1)	随机效应 (2)	广义矩估计 (3)	固定效应 (4)	随机效应 (5)	广义矩估计 (6)	固定效应 (7)	随机效应 (8)	广义矩估计 (9)
滞后项		0.9008***			0.9297***			0.8053***	
		(0.000)			(0.000)			(0.000)	
常数项	−0.7084**	0.5647***	0.5259***	−1.3505	−1.6795***	1.2033***	4.0219***	3.1866***	1.4837***
	(0.021)	(0.0051)	(0.000)	(0.142)	(0.002)	(0.000)	(0.000)	(0.000)	(0.000)
财政转移支付	−0.0002**	−0.0000	−0.0000	−0.0002**	−0.0002**	0.0000	−0.0006***	−0.0005***	−0.0001**
	(0.048)	(0.745)	(0.621)	(0.276)	(0.263)	(0.949)	(0.002)	(0.010)	(0.027)
产业结构	0.0231***	0.0099***	0.0010	0.0081*	0.0076*	0.0007	−0.0053	−0.0110	−0.0047
	(0.000)	(0.002)	(0.178)	0.079)	(0.086)	(0.672)	(0.655)	(0.322)	(0.151)
固定资本	−0.0000	−0.0000	−0.0000	−0.0000**	−0.0000**	0.0000	0.0001*	0.0000*	0.0000
	(0.440)	(0.909)	(0.301)	(0.014)	(0.015)	(0.755)	(0.050)	(0.093)	(0.106)
人口数量	−0.0001**	−0.0000	−0.0000***	−0.0001	0.0000	0.0000***	−0.0005	−0.0001	0.0000***
	(0.011)	(0.574)	(0.000)	(0.689)	(0.826)	(0.001)	(0.107)	(0.179)	(0.008)
经济发展水平	0.1764***	0.1661***	0.0379***	0.5004***	0.4891***	0.1276***	0.2046**	0.1669*	0.0794***
	(0.000)	(0.000)	(0.000)	(0.000)	(0.000)	(0.000)	(0.040)	(0.076)	(0.010)
观测值	176	176	165	128	128	120	192	192	184

注：括号内数值为 p 值；***、** 和 * 分别表示在 1%、5%和 10%的统计水平上显著。

应系数中东部地区与中部地区为正、西部地区为负，这可能是由于西部地区工业基础较差，因而第二产业占比的增大有助于提高西部地区的城镇化水平，进而提高整体居民收入，缩小收入差距；而中部地区和东部地区工业基础相对较好，在整个产业结构中的占比较大，继续增大比重会导致城镇居民收入进一步增加，对提高农村居民收入帮助没有那么大，因而提高第二产业占比不利于中部地区和东部地区调节收入差距。固定资本的收入分配效应系数中，东部地区和中部地区为正、西部地区为负，其机制与产业结构的效应相似，不再赘述。人口数量的收入分配效应系数中，东部地区为负、中部地区和西部地区为正，一种可能的解释是东部地区城镇化水平较高，中部地区和西部地区城镇化水平相对低一些，随着城镇人口的增加，将整个居民收入差距“稀释”了；同时，由于东部地区人口数量最多，因而全国层面的结果显示人口数量的收入分配效应与东部地区相同。下面我们将对不同地区分别给出具体的阐释。

11.4.2　东部地区的财政转移支付居民收入分配效应

对于东部地区而言，增加财政转移支付数额，有利于缩小居民收入差距。原因可能是东部地区经济活力强，地方政府主要用这部分转移支付资金改善居民生活状况、提高地区社会福利。此外，为了吸引外来资本竞相投资基础设施建设，需要良好的投资环境，这既包括降低税率，还包括提供良好的公共服务以吸引人才。同时，这种效应较弱，一种可能的解释是东部地区的财政转移支付主要体现在税收优惠政策和税收返还方面，并没有实际的专项转移支付帮助调节收入差距。

11.4.3　中部地区的财政转移支付居民收入分配效应

对于中部地区而言，增加财政转移支付数额，有利于缩小居民收入差距，原因可能是中部地区既没有东部地区的禀赋优势，又没有西部地区的政策优势，成为获得转移支付和税收返还尤其是专项转移支付的“洼地”。不过，随着中部地区的逐渐崛起，其已经逐渐变成争夺中央转移支付和税收返还的主要“战场”，因此稍微增加财政转移支付对调节居民收入的效应要强于东部地区。

11.4.4　西部地区的财政转移支付居民收入分配效应

西部地区经济基础差，而中央转移支付也会将重心放在这些方面，尤其是近年来中央在逐渐加大具有平等化作用的一般性转移支付，从而在一定程度上增强了财政转移支付缩小居民收入差距的作用，因此西部地区的关于改善地区居民收入的专项转移支付比东部地区和中部地区要多。值得注意的是，西部地区交通不便及环境恶劣，无论地方政府如何改善投资环境，还是很难吸引外来资本的流入，所以政府也将相当一部分工作重心放在改善地方公共服务、提高社会福利上，将获得的中央转移支付划拨在这些方面。

最后将中部和西部地区放在一起，中央对地方政府的财政转移支付的居民收入分配调节效应虽然显著，但是系数的绝对值还是比较小的。我们推测，一个可能的原因是地方政府完全指望财政转移支付支持本地居民收入分配的发展，形成了一种财政转移支付依赖症，因而地方政府本级财政收入投到改善居民收入差距的积极性不高。另一个可能的原因是财政转移支付的拨付和使用尚不规范，导致资金并没有真正用到应该的地方。综上所述，地方政府在改善居民收入方面的投入存在明显缺口，中央政府通过财政转移支付弥补了这个缺口，尽管财政转移支付可以增加地方政府的公共服务支出总量，但更多的资金却用在其他支出项目上，并没有实质地改善居民收入差距。本研究并没有引入财政转移支付中不同结构转移支付的影响，这也是我们需要进一步探索的方向。

11.5 小　　结

本研究从分析我国居民收入分配现状入手，以我国财政中央补助拨款和税收返还为背景，利用 1998—2013 年的省级面板数据，着重研究作为收入二次分配重要手段的财政转移支付对居民收入分配的效应，得出几点结论。首先，就全国而言，以中央补助拨款和税收返还为主体的财政转移支付显著地缩小了城乡间居民收入差距，同时增加城镇与农村居民收入，从而有利于居民收入分配。但是，这种效应比较弱，这可能由当前我国社会保险规模较小、财政政策补贴较少、直接税比重较小、税收支出作用不明显造成的。其次，就不同地区而言，财政转移支付不同程度地缩小了居民收入差距，改善了当地的居民收入分配状况。具体而言，这种效应在西部地区最强、中部地区次之、东部地区最弱。本研究的不足之处在于：只发现了财政转移支付显著地缩小了居民的收入差距，但是没有从非线性模型的角度考虑其对收入分配差距可能存在的倒 U 形效应经检验发现并不显著。此外，对于财政转移支付和居民收入分配指标的选取，当前学界仍存在较大分歧，限于数据的可获性，难以将财政转移支付拆分成不同结构进行深入分析。

根据以上结论，我们给出几点政策建议。第一，在提高财政转移支付总量的同时调整结构和方式。为了逐步缩小居民收入差距，完善财政的收入二次分配（再分配）调节职能，我们认为单纯财政提高财政转移支付总量并不可取。财政转移支付方式运用不当容易造成效果不佳，我国应当改变以间接转移支付为主的方式，多采用效果更明显的直接转移支付并辅以地方配套。第二，改革城乡的二元转移支付制度，缩小城乡收入差距。城镇有完善的养老保险、失业保险、城镇居民最低生活保障等转移支付制度，而在农村，相关的制度并没有广泛普及，这种二元的城乡转移支付制度强化了二元经济结构，不利于城乡经济一体化，这也是我国居民收入问题以城乡差距为主的原因之一。第三，各地区间协调发展，增加地区间的财政转移支付。当前我国的财政转移支付仍然以上下级之间的为主，我国东部、中部、西部地区之间仍然存在较大差距，地区之间的协同发展十分必要。第四，完善转移支付制度，提高居民福利水平。目前我国尚无统一的综合的转移支付相关法律，现有的各种条例法规之间缺乏必要的衔接，从而无法通过法律的形式推动和规范转移支付制度改革。总而言之，在地区政府追求经济发展和调节居民收入分配的过程中，可能会导致地区间收入差距增大。这种冲突的原因为：在我国现存的分税制财政体制中，提供公共服务和调节收入差距的责任多由地方财政承担，相关的财政转移支付并不到位。这也要求我们着力调整中央和地方的财权、事权范围，同时优化财政转移支付的支出结构，增大财政转移支付中科技、教育、卫生等与居民生活息息相关等方面的比重。

参考文献

[1] 蔡昉, 都阳. 中国地区经济增长的趋同与差异. *经济研究*, 2000(10): 30—37.

[2] 何庆光. 财政分权, 转移支付与地方税收入——基于 1985—2006 年省级面板数据分析. *统计研究*, 2009, 26(3): 59—63.

[3] 黄祖辉, 王敏. 我国居民收入不平等问题: 基于转移性收入角度的分析. *管理世界*, 2003 (3): 70—75.

[4] 陆铭, 陈钊, 万广华. 因患寡而患不均——中国的收入差距、投资、教育和增长的相互影响. *经济研究*, 2006 (12): 4—14.

[5] 马拴友, 于红霞. 转移支付与地区经济收敛. *经济研究*, 2003(3), 26—33.

[6] 彭国华. 中国地区收入差距, 全要素生产率及其收敛分析. *经济研究*, 2005, 9: 19—29.

[7] 王洪亮, 徐翔. 收入不平等孰甚: 地区间抑或城乡间. *管理世界*, 2006(11): 41—50.

[8] 王小鲁, 樊纲. 中国收入差距的走势和影响因素分析. *经济研究*, 2005(10): 24—36.

[9] 张宁川. 财政转移支付的居民收入再分配效用几何. *武汉大学*，2015.

[10] Carter, C. A. The urban-rural income gap in China: Implications for global food markets. *American Journal of Agricultural Economics*, 1997(79): 1410-1418.

[11] Nguyen, B. T., J. W. Albrecht and S. B. Vroman. A quantile regression decomposition of urban-rural inequality in Vietnam. *Journal of Development Economics*, 2007, 83(2): 466-490.

[12] Pauly, M. V. Income redistribution as a local public good. *Journal of Public Economics,* 1973, 2(1): 35-58.

[13] Wildasin, D. E. Income redistribution in a common labor market. *The American Economic Review*, 1991, 81(4): 757-774.

[14] Wan, G. and Z. Zhou. Income inequality in rural China: Regression-based decomposition using household data. *Review of Development Economics,* 2005, 9(1): 107-120.

[15] Wu, X. and J. M. Perloff. China's income distribution (1985-2001). *Review of Economics and Statistics*, 2005, 87(4): 763-775.

[16] Wu, X. and J. M. Perloff. GMM estimation of a maximum entropy distribution with interval data. *Journal of Econometrics,* 2007, 138(2): 532-546.

第 12 章　供给侧结构性改革对收入分配差距的影响

以总量为目标的增长模式带来的一大社会成本是居民收入分配差距的不断扩大。尽管政府利用税收返还和转移支付等财政政策试图优化收入分配结构，缩小收入分配差距，但成效并不显著，当前中国居民收入基尼系数依然位于较高的水平。只要经济结构没有发生根本性变化，这些作用于二次分配总需求管理政策对缩小收入分配差距的作用就始终是有限的。因此，想要从根本上缩小居民收入分配差距，在保证社会稳定的同时促进经济增长，就必须在供给端发力，调整宏观收入分配结构。

在本章中，我们分析了供给侧结构性改革对收入分配结构的优化作用。我们指出，如果一国经济中资本密集型企业的占比较大，而劳动密集型企业的占比相对较小，那么社会平均劳动收入份额就会偏低，因而全体居民的工资性收入在总收入中的占比就较小。想要提高社会平均劳动收入份额，就要减小资本密集型企业的占比并增大劳动密集型企业的占比。从产业结构的角度来看，服务业相对于工业是劳动密集型的，因此供给侧结构性改革所要求的提高服务业在经济中的占比可以有效地提高社会平均劳动收入份额，缩小要素间收入分配差距。此外，全要素生产率与行业间收入分配差距息息相关，供给侧结构性改革的另一个重点应当是提高低收入行业的技术水平，采取提升全要素生产率的方式缩小行业间收入分配差距。

12.1　供给侧结构性改革与功能性收入分配

自 2010 年以来，中国的经济增速不断放缓，已然进入由高速增长转变为中高速增长的“经济新常态”。这种转变的根本原因在于，传统的“投资 + 出口”引擎无法推动中国经济这艘万吨巨轮继续快速地航行。在改革开放以来的四十多年间，我国主要强调了经济总量的增长，而忽视了经济的结构性矛盾，以至于供给和需求不匹配的问题日益凸显。正如习近平总书记在党的十九大报告中所指出的，中国经济的主要矛盾已转化为“人民日益增长的美好生活需要和不平衡不充分的发展之间的矛盾”。为了解决这一矛盾，2015 年国家提出了供给侧结构性改革的目标。王一鸣等 (2016) 指出，供给侧结构性改革的内涵在于矫正供需结构错配和要素配置扭曲，减少无效和低端供给，扩大有效和中高端供给，促进要素流动和优化配置，实现更高水平的供需平衡。2017 年党的十九大报告进一步强调了要深化供给侧结构性改革，提高经济增长的质量和效益。这意味着我国经济发展的核心目标已经从总量增长转变为经济结构优化。收入分配问题本质上是结构性问题，因而供给侧结构性改革为缩小收入分配差距提供了前所未有的机遇。

李小林等 (2016) 指出，收入分配可以分为规模性收入分配和功能性收入分配。规模性收入分配是从微观的角度，考察一国在一定时期内的收入如何在各个微观个体间进行分配。而功能性收入分配则是从宏观上考察企业由生产所获得的收入如何在各种生产要素 (如资本、劳动力和土地等) 间进行分配。从定义可以看出，功能性收入分配是与生产紧密相连的。在生产过程中，各类生产要素参与了多少、发挥了怎样的作用，直接决定了所能获得的收入的多少。一个国家整体产业的资本密集度越高，在初次分配时资本获得的收入比重就会越大，劳动收入份额就会越低，从而造成规模性收入分配差距。

现有讨论收入分配的文献大多从微观的角度考察规模性收入分配差距的现状及其成因，但规模性收入分配差距本身同样不容忽视，这是因为规模性收入分配差距会引致功能性收入分配差距。由于每个微观个体的要素禀赋不同，劳动力相对而言是每个适龄劳动者都具有的禀赋，但资本和土地往往集中在少数较为富裕的个人或家庭手中 (Coibion et al., 2017)。这意味着如果一国的劳动收入份额较高而资本收入份额较低，个人的工资性收入也会相对较高，因而规模性收入分配差距就会相对较小。如果一国的劳动收入份额偏低，那么对于以工资性收入为主要收入来源的个体而言，其获得的收入就会相对较低，因而全体居民的收入分配差距就会扩大。

由此可见，为了缩小规模性收入分配差距，维持社会公平，劳动收入应该在总收入中占较大比重。为了直观地考察我国劳动收入份额的变化，我们利用劳动者报酬和以收入法计算的国内生产总值，计算 1999—2016 年我国的劳动收入份额。

近十年来，我国的劳动收入份额较低且呈现持续下降的趋势，由 1999 年的 52.39%下降至 2016 年的 47.46%。不仅如此，与经济合作与发展组织中的发达国家和其他发展中国家相比，中国的劳动收入份额相对较低。李清华 (2013) 发现，我国的劳动收入份额相比发达国家的平均水平低 15—20 个百分点，相比发展中国家的平均水平低 4 个百分点。这意味着我国功能性收入分配差距正在不断扩大。

12.1.1 产业结构与功能性收入分配

我国劳动收入份额的相对低下可能是由产业结构不均衡所导致的 (王晓霞和白重恩，2014)。对于整体经济而言，社会平均资本收入和劳动收入是由各类产业中各个企业的资本收入与劳动力收入以某种形式加总得到的。如果经济中资本密集型行业占比较大，那么社会平均资本收入份额就会较高，劳动收入份额就会相对较低，这一点在中国这样的转型国家中尤为明显。为了看清这一点，在本章中我们拓展了第 10 章的模型，用以分析供给侧结构性改革对功能性收入分配的影响。考虑一个包含两类企业的模型。其中，第一类是资本密集型企业，在经济中占比为 λ_t；第二类是劳动密集型企业，在经济中占比为 $1-\lambda_t$。为了简化设置，我们假定相同类别中的企业全部是同质的。第一类企业的生产函数为 $Y_{1t}=A_{1t}K_{1t}^{\alpha}L_{1t}^{1-\alpha}$，其中 Y_{1t} 是第一类企业生产的产品，A_{1t}、K_{1t} 和 L_{1t} 分别是第一类企业的全要素生产率、在生产中使用的资本和劳动力，α 是第一类企业的资本密集度。第二类企业的生产函数为 $Y_{2t}=A_{2t}K_{2t}^{\gamma}L_{2t}^{1-\gamma}$，其中 Y_{2t} 是第二类企业生产的产品，A_{2t}、K_{2t} 和 L_{2t} 分别是第二类企业的全要素生产率、在生产中使用的资本和劳动力，γ 是第二类企业的资本密集度。由于第一类企业相对于第二类企业是资本密集型的，因此 $\alpha>\gamma$。两类企业利用资本和雇用劳动力进行生产，并在产品市场上售卖以获得收入。假定产品市场是完全竞争的，因而两类企业都是价格接受者。在第 t 期，企业需要选择相应的资本和劳动水平以实现利润最大化。具体而言，企业的利润最大化问题为：

$$\max_{K_{it},L_{it}} P_{it}Y_{it}-W_{it}L_{it}-R_{it}K_{it},\quad i=1,2 \tag{12.1}$$

其中，P_{it}、W_{it} 和 R_{it} 分别是两类企业产品的市场价格、名义工资率和名义资本租金率。求解上述最优化问题，可以得到一阶条件为：

$$w_{1t}=(1-\alpha)A_{1t}K_{1t}^{\alpha}L_{1t}^{-\alpha},\quad r_{1t}=\alpha A_{1t}K_{1t}^{\alpha-1}L_{1t}^{1-\alpha} \tag{12.2}$$

$$w_{2t}=(1-\gamma)A_{2t}K_{2t}^{\gamma}L_{2t}^{-\gamma},\quad r_{2t}=\gamma A_{2t}K_{2t}^{\gamma-1}L_{2t}^{1-\gamma} \tag{12.3}$$

其中，$w_{it}=W_{it}/P_{it}$、$r_{it}=R_{it}/P_{it}$ 分别是两类企业的实际工资率和实际资本回报率。由此可见，劳动力和资本在第一类企业中获得的总收入分别为：

$$w_{1t}L_{1t}=(1-\alpha)A_{1t}K_{1t}^{\alpha}L_{1t}^{-\alpha}L_{1t}=(1-\alpha)A_{1t}K_{1t}^{\alpha}L_{1t}^{1-\alpha}=(1-\alpha)Y_{1t} \tag{12.4}$$

$$r_{1t}K_{1t}=\alpha A_{1t}K_{1t}^{\alpha-1}L_{1t}^{1-\alpha}K_{1t}=\alpha A_{1t}K_{1t}^{\alpha}L_{1t}^{1-\alpha}=\alpha Y_{1t} \tag{12.5}$$

其中，$(1-\alpha)$ 是第一类企业的劳动收入份额，α 是第一类企业的资本收入份额；同理，第二类企业的劳动收入份额和资本收入份额分别为 $(1-\gamma)$ 和 γ。由于 $\alpha>\gamma$，因此第二类企业 (劳动密集型企业) 的劳动收入份额高于第一类企业 (资本密集型企业) 的。那么，整个社会的劳动收入份额又是怎样的呢？

对于全社会而言，由于第一类企业和第二类企业的占比分别为 λ、$(1-\lambda)$，因而第 t 期全社会总收入为 $Y_t=\lambda P_{1t}Y_{1t}+(1-\lambda)P_{2t}Y_{2t}$，而经济中的总劳动收入为：

$$\lambda_t P_{1t}w_{1t}L_{1t}+(1-\lambda_t)P_{2t}w_{2t}L_{2t}=\lambda_t(1-\alpha)P_{1t}Y_{1t}+(1-\lambda_t)(1-\gamma)P_{2t}Y_{2t} \tag{12.6}$$

因此，第 t 期经济中的平均劳动收入份额为：

$$\theta_t = \frac{\lambda_t(1-\alpha)P_{1t}Y_{1t} + (1-\lambda_t)(1-\gamma)P_{2t}Y_{2t}}{\lambda_t P_{1t}Y_{1t} + (1-\lambda_t)P_{2t}Y_{2t}} \tag{12.7}$$

用相同的方法可以计算出第 t 期的资本收入份额为：

$$1-\theta_t = \frac{\lambda_t\alpha P_{1t}Y_{1t} + (1-\lambda_t)\gamma P_{2t}Y_{2t}}{\lambda P_{1t}Y_{1t} + (1-\lambda)P_{2t}Y_{2t}} \tag{12.8}$$

为了看清两类企业的市场份额对社会平均劳动收入份额的影响，将 θ_t 对 λ_t 求导得到：

$$\frac{\partial\theta_t}{\partial\lambda_t} = \frac{-\alpha P_{1t}Y_{1t} + \gamma P_{2t}Y_{2t}}{(\lambda_t P_{1t}Y_{1t} + (1-\lambda_t)P_{2t}Y_{2t})^2} \tag{12.9}$$

由于式 (12.9) 的分母一定是非负的，因此 θ_t 对 λ_t 的导数的符号取决于 $-\alpha P_{1t}Y_{1t} + \gamma P_{2t}Y_{2t}$ 的正负性。注意到 αP_1Y_1 实际上是第二产业的资本收入，γP_2Y_2 是第三产业的资本收入。通常而言，第二产业的资本收入高于第三产业，因此 $-\alpha P_1Y_1 + \gamma P_2Y_2 < 0$，由式 (12.9) 可以推出 $\partial\theta_t/\partial\lambda_t < 0$。这意味着社会平均劳动收入份额 θ_t 会随着 λ_t 的上升而下降，即当第一类企业在市场中的份额越高时，社会平均劳动收入份额越低。

式 (12.9) 给我们的启示是，当经济中存在要素密集度不同的两类企业时，只要资本在资本密集度较高的企业中获得的收入也较高，那么资本密集度相对较高的企业在经济中所占份额越大，总收入中分配给劳动的收入就越低。因此，如果想缩小功能性收入分配差距，提高社会平均劳动收入份额，就要降低资本密集型企业在经济中的占比，提高劳动密集型企业的占比。

我国自改革开放的四十多年以来，第二产业的发展总体而言是领先于第三产业的。经济增长理论告诉我们，当一国的初始资本存量和初始产出水平较低时，提高投资率、加快资本积累有助于一国经济的快速增长。20 世纪 70 年代末期的中国在经历了一系列天灾人祸后，不论国内生产总值还是资本存量都极其低下。为了改变贫困的命运，实现中华民族的伟大复兴，在邓小平等领导人的决策的指引下，我国开始了改革开放，逐步确立了出口导向型的经济发展模式，以“投资 + 出口”两驾马车拉动中国经济增长。得益于这一发展战略，我国经济在四十多年内实现了高速发展，1978 年至 2017 年的年均增速超过 9%，被世界各国誉为“增长奇迹”。由于工业部门是“投资 + 出口”导向型发展模式的主战场，因而在中国经济增长的同时，工业也领先于农业和服务业率先发展起来。到了 2008 年，受到全球次贷危机的影响，西方发达国家的经济增长大幅减速，其对进口品的需求也大幅减少，这对于我国而言无疑是一次巨大的负向冲击。为了避免经济增长率下滑，我国政府推出了“四万亿”财政刺激计划以及降低存款准备金率等宽松货币政策以支援实体经济。由于基础建设和房地产行业牵涉的上下游产业众多，其发展对经济增长的作用最为明显，因此政府把经济增长引擎逐步由“投资 + 出口”转向了“投资 + 房地产和基础设施建设”，进一步维持了 2009—2014 年的高增长率。然而，我们可以看到，不论是哪种增长模式，都是依赖于制造业的发展。相对而言，制造业是资本密集型的，而服务业是劳动密集型的，因此制造业在经济中的占比越大，社会平均劳动收入份额就越低。由此可见，我国功能性收入分配差距的不断扩大在一定程度上是由经济增长模式决定的，由于传统的经济增长模式强烈依赖于制造业发展程度，因而资本在社会总收入中的份额上升、劳动收入份额下降是这种发展模式所导致的必然趋势。

12.1.2　供给侧结构性改革有助于改善功能性收入分配

供给侧结构性改革的核心任务之一是调整经济结构，提升服务业在经济中的占比。由于服务业是劳动密集型的，其占比的增大有助于提高社会平均劳动收入份额，进而增大全体居民的劳动收入在总收入中的占比。不仅如此，由于服务业相对于制造业可以吸纳更多的劳动力，促进就业，服务业占比的增大还有助于降低我国的失业率，使得原本需要依靠低保和失业救济的人获得工资性收入，从而提升最低收入阶层的收入水平，缩小居民收入分配的极化程度。因此，我国应当继续鼓励服务业的发展，进一步增大服务业在经济中的占比，以此增加居民的工资性收入。

此外，政府还应该继续修正要素市场的扭曲。一方面，进行国有企业的改革，在不涉及经济命脉的行业进一步对民营企业开放，提高民营企业在经济中的占比；另一方面，深化金融市场的改革。发达国家的经验告诉我们，尽管大型商业银行会因为监管成本和道德风险等对民营企业，尤其是中小型民营企业施加较强的融资约束，但很多规模较小的银行有更强的激励对这类企业进行全面评估、发放贷款并监督其投资行为，因而可以缓解中小企业的信贷约束。在深化供给侧结构性改革的阶段，我国应当加快完善银行业的准入制度和监管机制，在各地培育一批针对中小型民营企业开展贷款业务的中小规模银行，这样在放松对民营企业的信贷约束的同时还可以监督企业的经营行为，促进民营企业发展壮大，进而提高社会平均劳动收入份额，降低功能性收入分配差距带来的居民收入不平等。

12.2　供给侧结构性改革与行业间收入分配差距

我们还聚焦于不同产业类型或不同所有制结构的企业，一个先验的假定是同类产业或相同所有制结构内部的行业都是同质的，因而它们从生产中获得的收入以及分配给资本和劳动的收入也必然是相同的。事实上，即使在相同产业或所有制结构内部的不同行业之间，资本和劳动力获得的收入也是不同的，从而造成行业间收入分配差距。前面第 4 章详细分析了我国行业间收入分配差距的演化过程，本章重点关注在所有制结构以及要素密集度相似的行业间收入分配差距的成因。

行业间收入分配差距是由行业间全要素生产率的差异造成的。决定工资和资本回报率的式 (12.2) 可以证明，r_t 会随着 A_t 的增加而上升，随着 K_t 的增加而下降；同样，w_t 会随着 A_t 的提高而上升，并随着 L_t 的提高而递减。这一推论的启示是：对于要素密集度相同的行业而言，如果配置给它们相同的资本和劳动力，全要素生产率更高的行业就会拥有更高的资本和劳动收入。此时，如果要提高收入较低行业的收入水平，有两种做法：一是提升全要素生产率；二是降低行业使用的资本和劳动力，把它们配置到效率更高的行业中。但是在我国的现实经济中情况刚好相反，当某些行业 (如煤炭、钢铁等) 的产出下降时，政府的做法往往是增加对该行业内企业的贷款和财政补贴，希望通过大量的投资拉动收入的增长。显然，资本的边际产出递减规律告诉我们这种做法是无效率的，最根本的做法应当是提升企业的全要素生产率，进而提高企业的产出和要素收入水平。

对于全要素生产率的定义尚无定论，不过可以肯定的是，技术进步、企业组织形式和要素配置效率的改善都可以提升全要素生产率。因此，在全面深化供给侧结构性改革的阶段，政府应当更加注重提升生产效率较低行业内企业的全要素生产率。首先，提升资本的利用效率。对于这些行业而言，收入偏低并非源于资本不够充裕，而是因为资本的利用效率低下。想要改善这一问题，就不应该单纯地在生产函数内部追加投资，而应该把更多的资本用于自主研发或引进国外的先进技术，以此提高资本的使用水平。其次，改善企业的组织形式，提升企业的经营效率。供给侧结构性改革应该从这两个层面促进低收入行业提升全要素生产率，加快此类行业的转型升级，以缩小行业间收入分配差距。

12.3 小　　结

伴随着中国经济步入新常态，供给侧结构性改革成为当前经济发展的主要任务。本研究指出，供给侧结构性改革不但有助于缓解人民日益增长的美好生活需要和不平衡不充分的发展之间的矛盾，而且可以从根本上改变我国居民收入差距较大的现状。

宏观上的收入分配差距主要是收入在要素间和行业间的分配差距。我们利用一个简单的生产模型证明了当资本相对密集的第二产业在经济中的占比较大时，劳动这一生产要素在收入分配中处于相对劣势，导致社会平均劳动收入份额低下。此外，当经济中存在扭曲资源配置的因素 (如商业银行对于民营企业的融资约束) 时，由于资本密集度较高的国有企业获得了更多的资源，使得在劳动要素方面优势较大的民营企业的工资率下降，因而全社会平均劳动收入份额也相应下降。在这两种因素的共同作用下，我国的劳动收入份额不断下降，功能性收入分配差距持续扩大。而供给侧结构性改革的核心任务就包括增大服务业在经济中的占比，进行国有企业改革，消除资源配置扭曲等，从长期来看可以显著缩小功能性收入分配差距，进而缩小规模性收入分配差距。

行业间收入分配差距还源于不同行业的全要素生产率不同。资本的边际报酬递减规律告诉我们，单纯在生产函数中追加投资是一种无效率的做法。因此在深化供给侧结构性改革时，政府应当引导低收入行业将更多的资源用于技术水平的提升，提升本行业的全要素生产率，以缩小行业间收入分配差距。

参考文献

[1] 陈晓光, 张宇麟. 信贷约束、政府消费与中国实际经济周期. *经济研究*, 2010(12): 48—59.

[2] 郭庆旺, 贾俊雪. 中国全要素生产率的估算:1979—2004. *经济研究*, 2005(6): 51—60.

[3] 李清华. 中国劳动收入份额的国际比较研究. *当代财经*, 2013(3): 5—15.

[4] 李小林, 司登奎, 李晓文. 国外货币政策与收入分配研究评述. *金融评论*, 2016(3): 100—110.

[5] 刘伟, 蔡志洲. 完善国民收入分配结构与深化供给侧结构性改革. *经济研究*, 2017(8): 7—14.

[6] 王晓霞, 白重恩. 劳动收入份额格局及其影响因素研究进展. *经济学动态*, 2014(3): 107—115.

[7] 王一鸣, 陈昌盛, 李承健. 正确理解供给侧结构性改革. *求是*, 2016(10): 63—64.

[8] 张涛, 万相昱. 供给侧结构性改革背景下我国收入分配对策研究. *求是*, 2016, 43(6): 32—44.

[9] 郑江淮. 国有企业预算约束硬化了吗? 对 1996—2000 年信贷约束政策有效性的实证研究. *经济研究*, 2001(8): 53—60.

[10] 郑素利, 何玉长. 供给侧改革背景下产业结构调整与收入分配. *海派经济学*, 2017(1): 13—24.

[11] Coibion, O., Y. Gorodnichenko and L. Kueng. Innocent bystanders? Monetary policy and inequality. *Journal of Monetary Economics*, 2017, 5(88): 70-89.

第 13 章　货币政策对收入分配差距的影响

经济中的公平与效率一直都是社会各界热衷探讨的问题。从宏观层面来看，追求经济增长，即如何把蛋糕做大是效率问题；收入分配，即如何分蛋糕则是公平的体现。对于我国而言，货币政策长期以来都是政府确保经济增长效率的良药。根据《中华人民共和国中国人民银行法》公布的货币政策目标，经济增长是我国货币政策的最终目标之一，而货币政策确实也为我国长期以来的高速经济增长贡献了一份力量。那么，为我国经济保驾护航的货币政策在其中扮演了什么样的角色？扩张性货币政策是否收入分配差距扩大的幕后推手之一？

本研究旨在揭示我国的货币政策对居民收入分配差距的影响，简要地讨论货币政策在不同群体间收入分配的传导机制。我们首先考察了货币政策对全国居民收入泰尔指数的影响，发现正向的货币政策冲击导致收入泰尔指数上升，并且会持续一段时间。这意味着在我国，为了保增长而使用的扩张性货币政策对于收入分配差距的扩大确实难辞其咎。为了进一步分析我国的货币政策对收入分配差距的传导机理，我们分别估计了货币政策对城镇内部居民收入分配差距、农村内部居民收入分配差距以及城乡间收入分配差距的影响，发现货币政策对城乡居民收入分配差距的影响是非对称的。具体而言，扩张性货币政策都是先扩大后缩小城乡内部居民收入分配差距，但对农村居民的影响更大。然而，宽松的货币政策扩大了城乡间收入分配差距，这也是造成全国居民收入分配差距扩大的主要原因。

13.1　货币政策对收入分配的影响机理

货币政策可以通过多重渠道对收入分配产生影响。现有文献对这些渠道进行了总结，认为货币政策主要通过收入构成渠道、资产组合渠道、工资异质性渠道、金融市场分割渠道、储蓄再分配渠道来影响居民收入不平等 (Olivier et al., 2017; 李小林等，2016)。虽然这些文献罗列了货币政策影响收入分配的渠道，但并没有进一步归纳各种机制。我们认为，货币政策对收入分配的效应主要有两种：一是会影响已就业居民的收入结构，即内部效应；二是会影响居民收入 (主要是工资性收入) 的可得性，即外部效应。

从内部效应来看，货币政策主要是通过对各项收入的非对称影响进而作用于总体收入分配差距。不论是在短期还是在长期，货币政策一定会改变经济中的通货膨胀率。由于居民的实际收入等于名义收入除以价格水平，因此实际收入是否变化、变化多少取决于居民能在何种程度上调整名义收入。货币政策对居民总收入的影响主要取决于对工资性收入和财产性收入的影响。

首先，考虑通货膨胀率上升对工资性收入的影响。由于工资的调整存在黏性 (Erceg et al., 2000)，因此只要价格黏性和工资黏性的程度不同，实际工资就会发生变化。对于高收入群体和低收入群体而言，工资黏性的程度是不相同的 (Carpenter and Rogers, 2004)。由于高收入群体相对于低收入群体拥有更高的议价能力 (bargaining power)，因而当经济中的总体价格水平上升时，他们有更大的概率调整自己的名义工资水平以避免实际工资下降。而低收入者的议价能力较弱，在面临正向货币政策冲击时很难改变自己的名义工资。因此，对于既定的货币政策冲击，低收入群体的名义工资调整幅度要小于高收入群体，导致两个群体间的工资性收入差距扩大。

其次，Erosa and Ventura (2000) 和 Albanesi (2007) 指出，高收入家庭和低收入家庭的资产构成有很大差异。低收入家庭的主要财产是银行存款，而高收入家庭拥有更多的股票、债券、房产等财产，财产构成的差异导致财产性收入来源的差异。货币政策对财产性收入的影响是通过利率的传导机制发生作用的，而且对不同财产类型的影响不同。对于股票、债券或房产等财产而言，利率下降会使得资产价格上升，这意味着更多的财产性收入；但是对于银行存款而言，存款利率的下降会导致居民获得的存款收入减少。因此，扩张性货币政策会降低低收入群体的财产性收入并提高高收入群体的财产性收入，进而造成居民间收入分配差距扩大。

最后，低收入群体和高收入群体的收入构成也不相同。Williamson (2009) 和 Ledoit (2009) 指出，低收入群体的主要收入来源是工资性收入，而高收入群体总收入中的财产性收入的比重较高。正如我们前面分析的，由于较高的工资黏性和较为单一的财产结构，低收入群体实际收入下降相对较多。高收入家庭可以更容易地调整名义工资水平并购买高收益资产以规避通货膨胀率的上升，因而实际收入受到扩张性货币政策的影响较小。货币政策对于两类家庭的这种非对称冲击进一步扩大了收入分配差距，这就是货币政策对收入分配的内部效应。

但是上述分析的一个前提假设是：所有居民的收入可得性并没有受到货币政策的影响；但实际上，货币政策会影响可获得收入的群体。菲利普斯曲线告诉我们，当通货膨胀率上升时失业率会下降。这意味着当中央银行执行宽松的货币政策时，更多的居民能够找到工作，进而获得工资性收入，表现为工资性收入数据中更少的零值，从而会减小收入不平等程度；反之，如果中央银行执行紧缩的货币政策，失业率就会上升，导致收入分配差距扩大。我们把这一机制称为货币政策的外部效应。

由此可见，货币政策对收入分配的影响是复杂的。一方面，从已就业群体内部来看，货币政策会通过通货膨胀率和名义利率作用于各个分项收入，最终的影响程度取决于居民的名义工资黏性、资产配置结构和收入构成比例；另一方面，就整体经济而言，扩张性货币政策会提高通货膨胀率并降低失业率，使得可以获得工资性收入的群体更多，因而居民收入分配差距会倾向于缩小。最终，货币政策对收入分配差距的影响取决于这两种效应的相对大小。然而，如果要对这两种效应进行量化分析，就需要详尽的关于居民各项收入的微观数据。我国国家统计局从 2013 年才开始公布城镇和农村居民的分项收入，若干年的数据对于时间序列分析来说跨度太短，因而我们暂时无法全面分析货币政策针对收入分配差距的各种传导机制。退而求其次，我们考察货币政策对城镇内部和农村内部居民收入分配差距以及城乡间居民收入分配差距的影响。这是因为在我国，城镇居民的收入主要由工资性收入和财产性收入构成，农村居民的收入则主要来自经营性收入和工资性收入，这种差异可以在一定程度上帮助我们区分货币政策对收入分配差距的不同效应。

当前国内研究货币政策与收入分配关系的文献较少，且大多是文献综述 (李小林等，2016；李建勇等，2014)。中国人民银行海口中心支行课题组和吴盼文 (2014) 利用因子增强向量自回归 (FAVAR) 模型考察货币政策对城乡居民收入的影响，发现扩张性货币政策会提高城镇居民收入并抑制农村居民收入，进而使得城乡居民收入分配差距扩大。我们认为，他们的研究存在两个值得改进的地方。首先，他们直接用利率和货币供应量作为货币政策变量构建结构向量自回归 (SVAR) 模型，然而 Christiano et al.(1998) 指出，用这种方法识别出来的冲击并非纯粹外生的货币政策冲击，而是包含其他宏观经济变量的影响。由于中央银行的货币政策是对产出、通货膨胀等变量做出的反应，如果直接用货币政策工具变量 (如货币供应量和利率) 对居民收入进行回归，这不仅可以考察货币政策本身对收入的直接影响，还可以反映产出水平、通货膨胀率等变量通过货币政策对收入的间接影响，由此得到的结果的解释力是有限的。因此，我们有必要从货币政策工具中分离出纯粹外生的货币政策冲击，作为货币政策工具变量考察其对收入分配的影响。其次，他们考察的是货币政策对居民收入水平的影响，这虽然可以在一定程度上解释城乡居民收入分配差距，但无法分析货币政策对总体居民收入分配差距以及城镇内部和农村内部居民收入分配差距的影响。为了解决上述问题，我们首先识别出外生的货币政策冲击并计算居民收入分配泰尔指数，然后考察货币政策对居民收入分配差距的影响。

13.2 货币政策冲击的识别

中央银行的货币政策规则可以由以下方程表示：

$$mp_t = f(\Omega_t) + \varepsilon_t \tag{13.1}$$

其中，mp_t 表示中央银行在第 t 期实际执行的货币政策工具，Ω_t 是中央银行制定货币政策所依据的信息集，$f(\cdot)$ 是公众处理这些信息的方式，ε_t 是一个白噪声序列。注意到 $E_t(\mathrm{mp}_t) = f(\Omega_t)$，其经济学含义是由于公众对货币政策是有预期的，且假定公众面临的信息集与中央银行一致，并且也了解中央银行对于这些信息的处理方式，那么公众预期的货币政策就应当等于 $f(\Omega_t)$。然而在现实中，中央银行实际执行的货币政策与公众预期的货币政策往往是有差别的，这一差别可以用 $\varepsilon_t = \mathrm{mp}_t - E_t(\mathrm{mp}_t)$ 来刻画。因此，我们把货币政策冲击定义为实际货币政策与预期货币政策之间的差别，这一冲击不受任何内生经济变量的驱动，纯粹是由中央银行的外生因素决定的。我们认为，在研究货币政策对收入分配差距的影响时，应当使用货币政策冲击，而非货币政策工具本身可以作为货币政策的代理变量。只有这样，才能剔除其他宏观经济变量的影响，纯粹考察货币政策本身对居民收入分配的冲击。

识别货币政策冲击的策略主要有两种：基于递归假设的识别法和基于预期信息的识别法。递归假设的本质是货币政策存在外部时滞，因而在执行的当期对产出、就业等宏观经济变量没有影响。利用货币政策的这一特点可以借助一个向量自回归 (VAR) 模型将货币政策冲击识别出来。这种做法最早由 Sims(1980) 使用，Christiano et al.(1998) 对递归假设识别法进行了详细的解释、证明和实证分析。延续他们的思路，国内的学者也曾使用递归假设识别估计了我国的货币政策。刘斌 (2001) 用递归假设识别法估计了我国的货币政策冲击并分析了我国货币政策的有效性。赵文盛和张屹山 (2012) 利用加入符号约束的结构向量自回归模型，考察了货币政策冲击与人民币汇率之间的关系。基于预期信息的识别法是指用权威机构对一些主要经济变量的预测值作为解释变量，用货币政策工具作为被解释变量构建线性回归模型，估计出的残差就是货币政策冲击。Romer and Romer(2004)、Coibion(2017) 用美联储 FOMC(联邦公开市场委员会) 发布的绿皮书中关于产出、通货膨胀率和失业率的预期值作为信息集，估计了美国的货币政策冲击。

由于中国人民银行并不会在执行货币政策前就给出对相关经济变量的预期值，因此就目前而言，基于预期信息的识别法在我国不可行，故本研究选用基于递归假设的识别法识别我国的货币政策冲击。具体的识别方法在 Christiano et al.(1998) 和刘斌 (2001) 中有详细的阐述，这里不再赘述。

在识别货币政策冲击时，我们需要三类变量。第一类是包含同期值和滞后值的变量，根据 Christiano et al.(1998) 的标准，这类变量是在货币政策执行后的当期不受影响而在滞后期受影响。由于货币政策存在外部时滞，它对产出、通货膨胀等宏观变量的影响并不是在执行当期就发生，而是先由货币政策影响中介目标 (如货币供应量、利率等)，再通过一系列传导机制改变居民和企业的决策，进而影响到实际经济。对于这类变量的选择尚没有定论，现有文献主要是选择实际产出和物价水

平的衡量指标 (如 Christiano et al., 1998; 刘斌, 2001)，但我们认为这类变量可以与中央银行的货币政策目标联系起来。由于第一类变量是货币政策在未来会影响到的，因此它们同样是中央银行在制定货币政策时会考虑的，这一点从模型的设定中也可以看出。从这个角度看，这一类变量应当是被中央银行作为货币政策的最终目标。根据《中华人民共和国中国人民银行法》的规定，我国中央银行的最终目标是保证经济增长、币值稳定，促进就业并维持国际收支平衡。依据这些目标，我们选择工业增加值、CPI、经常账户差额作为第一类变量。① 第二类是货币政策在当期就会发生作用的变量，可以理解为货币政策的中介目标，即货币供应量和利率等。关于这类变量的选择没有什么争议，我们选择 M1(狭义货币量)、M2(广义货币量) 和 CHIBOR(中国银行间同业拆借加权平均利率) 作为第二类变量。第三类是货币政策工具的代理变量，由于我国的利率市场化改革尚未完成，存款利率依然受到管制，本质上我国的货币政策是数量型的，主要使用的也是数量型的政策工具，因此我们选择货币发行作为货币政策的代理变量。基于数据可得性的考虑，以上全部变量选择 2000 年 9 月至 2016 年 12 月的月度时间序列。②此外，由于工业增加值、经常账户差额只有季度数据，因此我们遵循 Uhlig(2005) 的做法，利用插值法把上述数据转化为月度数据。

对 7 个时间序列进行平稳性检验和处理。单位根检验结果显示，CPI 和 CHIBOR 是平稳的，但工业增加值、经常账户差额、货币发行、M1 和 M2 都是非平稳的；进一步对这 5 个序列进行协整检验后发现，检验结果拒绝存在两个协整关系的原假设。因此，这 5 个序列是非平稳的，且最多只存在一个协整关系。我们对这 5 个序列取一阶差分，全部转化为平稳的时间序列。利用这些变量，我们构建以下 VAR 模型：

$$\begin{bmatrix} X_{1t} \\ \mathrm{mp}_t \\ X_{2t} \end{bmatrix} = \sum_{i=1}^{L} \Phi_i \begin{bmatrix} X_{1t-i} \\ \mathrm{mp}_{t-i} \\ X_{2t-i} \end{bmatrix} + u_t \tag{13.2}$$

其中，$X_1 = [\mathrm{adv}, \pi, \mathrm{cur}]$ 是货币政策经过外部时滞后会影响到的各种宏观经济变量，包括工业增加值、消费者价格指数、经常项目差额；mp 是货币政策工具变量，即货币发行；$X_2 = [\mathrm{M1}, \mathrm{M2}, \mathrm{chibor}]$ 是货币政策执行当期就影响到的变量，包括狭义货币量、广义货币量和银行间同业拆借利率。对上述模型进行估计，并利用递归假设识别法分离出货币政策冲击 $\hat{\varepsilon}_t$，结果如图 13.1 所示。

① 在滞后变量中不包含失业率的原因有两点：第一，我国国家统计局公布的城镇登记失业率数据并不完全可靠，缺乏波动性，很难用于实际研究；第二，根据奥肯定律，失业率和经济增长率之间存在线性关系，因此在模型中可以将两者合并。

② 中经网统计数据库，Wind 数据库和国家统计年鉴。

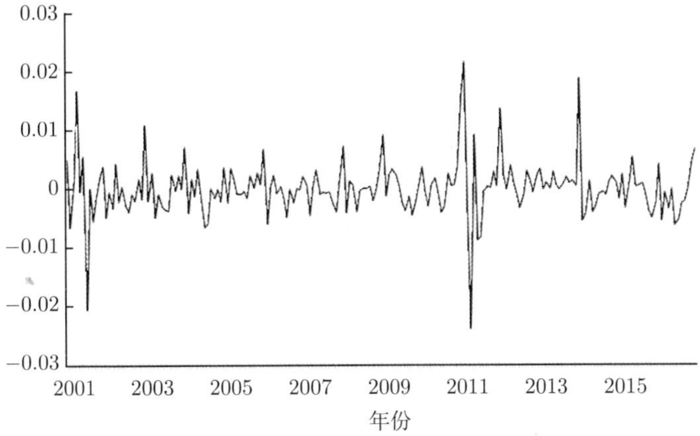

图 13.1　2001—2016 年我国的货币政策冲击

由图 13.1 可以看出，我国的货币政策冲击波动性比较大。我们认为这主要是因为我国货币政策的制定缺乏预期管理，使得公众难以对中央银行的货币政策形成稳定预期。2000—2016 年，有几个时段的货币政策波动性显著大于其他时段。

第一个区域是 2001 年。当时西方发达国家的科技股泡沫破裂引起股市崩盘，由此导致经济增长明显减速。对于中国这一出口导向型国家而言，负向的外部需求冲击必然导致国内经济增速放缓。为了对冲外需下降的负向影响，中央银行有必要利用扩张性货币政策扩大内需以“稳增长”。因此，2001 年第一季度末的货币发行量相比上年年末增长了 1.5%；可是在第二季度，中央银行并没有延续货币宽松的取向，而是保持了稳健偏紧的货币政策，使得第二季度的货币发行增速相比第一季度下降了 2.5%。对于公众而言，这无疑是一个巨大的负向货币政策冲击。

第二个区域是 2011 年。自 2008 年次贷危机后，中国采取了“4 万亿”财政政策和扩张性货币政策，以扩大投资、提振内需，从而避免经济增速下滑。这些总需求管理政策取得了显著的成效，在危机后两年 (2009 年和 2010 年)，全球经济增长率分别为 −1.735%和 4.327%①的背景下，中国的 GDP 增长率分别为 9.2%和 10.4%。然而货币政策和财政政策的作用毕竟仅在于熨平短期经济波动，到了 2011 年政策的边际效应开始递减，在投资、进出口贸易增长率不断下降但通货膨胀率不断上升的背景下，中央银行的货币政策也分为了两个阶段：除 2011 年 1 月货币发行量高企外，2011 年前三个季度货币政策的主要目标是稳通胀，2011 年 2 月到 2011 年 8 月的货币发行量不断下降；然而到了 2011 年最后一个季度，受到宏观经济环境的影响，货币政策的重点又从“稳通胀”转移到“保增长”上，从而形成一个正向的货币政策冲击。

第三个区域是 2014 年。自 2011 年后，受到外部需求尚未复苏、内部新经济增

① 世界银行数据库。

长点尚未形成、前期政策刺激效果逐渐减弱等多重因素的叠加影响，中国的经济增长率持续下滑，从 2011 年的 9.5%下降至 2013 年的 7.8%。为了避免经济增速的进一步下滑，中央银行进一步放松了货币投放量，从而又产生了一个波动较大的货币政策冲击。

13.3 货币政策冲击对我国居民收入分配的影响

在识别出货币政策冲击后，我们进一步考察货币政策冲击对居民总体收入分配差距的影响。考虑到泰尔指数具有可分解性，有助于我们在分析中国总体居民收入的同时，还可以分别考察城镇内部、农村内部以及城乡之间的收入不平等，因此我们重新计算了我国城乡的月度泰尔指数，以便在时间频率上匹配货币政策冲击。参考王少平和欧阳志刚 (2007) 的做法，我们选择 2001—2016 年中国 30 个省份[①] 的城镇居民可支配收入和农村居民可支配收入作为收入变量。其中，2001—2007 年各省份的城镇居民收入有月度数据，而 2008—2016 年的城镇居民可支配收入与 2001—2016 年的农村居民可支配收入只有季度数据，我们依然参照 Uhlig(2005) 的做法，利用二次插值法把季度数据转化为月度数据。而收入的权重则用各省份的人口数衡量。由于统计局只给出各省份的年度人口和年自然增长率，我们假定各省份每个月的人口增长率是恒定的，利用年度的自然增长率计算出人口的月度自然增长率，再按每年的人口数进行折算，进而得到各省份从 2001 年 1 月至 2016 年 12 月的月度人口数据。利用上述数据，我们计算出从 2001 年 1 月至 2016 年全国居民收入的泰尔指数、城镇居民收入的泰尔指数、农村居民收入的泰尔指数以及城乡间居民收入的泰尔指数，并用以下方程考察货币政策冲击对城乡居民收入分配差距的影响：

$$y_t = c + \sum_{i=1}^{I} \alpha_j y_{t-j} + \sum_{j=0}^{J} \beta_j \hat{\varepsilon}_{t-j} + \mu_t \tag{13.3}$$

其中，$y_t = [\mathrm{Theil}_t, \mathrm{urTheil}_t, \mathrm{rurTheil}_t, \mathrm{dif}_t]'$ 分别是全国居民收入的泰尔指数、城镇居民收入的泰尔指数、农村居民收入的泰尔指数以及城乡居民收入的泰尔指数，$\hat{\varepsilon}_t$ 是在上文中识别出来的货币政策冲击，i 和 j 均为滞后阶数，扰动项 $\mu_t \sim E(\bar{\mu}, \sigma_\mu^2)$ 服从正态分布。从中可以看出，式 (13.3) 不仅包含当期的货币政策冲击，还包含滞后期的货币政策冲击。这样设置同样是基于货币政策的外部时滞考虑的。我们依然假定货币政策的滞后期数为 4 期，即 $L = 4$。由式 (13.3) 可知，由于本期的货币政策会对未来的收入分配差距产生影响，当期发生 1 单位货币政策冲击并不会在本期消失，而是会对未来的收入分配差距产生一个持续性的影响。具体而言，第 t 期

① 由于西藏的城镇居民可支配收入缺失值较多，因此数据集中并未包含西藏的城乡人均可支配收入。

的货币政策冲击对第 $t+j$ 期的泰尔指数的影响为：

$$\begin{cases} \dfrac{\Delta y_{t+k}}{\Delta \varepsilon_t} = \displaystyle\sum_{p=1}^{k}\left(\alpha_p \dfrac{\Delta y_{t+k-p}}{\Delta \varepsilon_t} + \beta_p\right) + \beta_0, \quad k \leqslant J \\ \dfrac{\Delta y_{t+k}}{\Delta \varepsilon_t} = \displaystyle\sum_{p=1}^{k} \alpha_p \dfrac{\Delta y_{t+k-p}}{\Delta \varepsilon_t} + \sum_{q=0}^{4} \beta_q, \quad k \geqslant J \end{cases} \tag{13.4}$$

这样我们就可以考察本期的 1 单位货币政策冲击影响当期以及未来的居民收入不平等的动态路径。首先，考虑货币政策冲击对全国居民收入的泰尔指数的影响。利用最小二乘法对式 (13.3) 进行回归，并根据式 (13.4) 计算出货币政策冲击对全国居民收入的泰尔指数的动态影响，结果如图 13.2 所示。

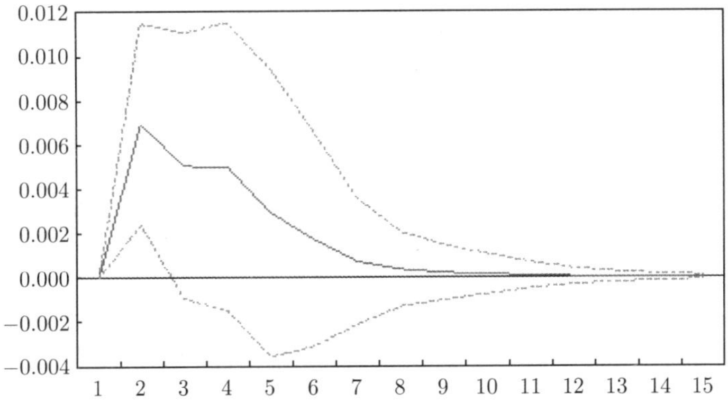

图 13.2 货币政策冲击对全国居民收入分配差距的脉冲响应分析

从图 13.2 可以看出，本期的 1 单位货币政策冲击对当期的总泰尔指数没有影响。但是从下一期，正的货币政策冲击会使得总泰尔指数产生一个跳跃性的上升，并在此后的 12 期内持续衰减，直到第 13 期为止回归到初始水平。这是因为货币政策毕竟是短期的，不可能从根本上改变居民收入分配结构。由于本研究在识别货币政策冲击时使用的货币政策代理变量是货币发行，因此正的货币政策冲击意味着更加宽松的货币政策，图 13.2 显示扩张性货币政策会在未来一段时间内提高全国居民收入不平等程度。这就意味着对于我国全体居民而言，货币政策影响居民收入分配的内部机制强于外部机制，导致其总效应为负，因而加剧了总体居民的收入不平等程度。

为了进一步考察货币政策对不同群体的异质性影响，我们分别用城镇内部居民收入的泰尔指数和农村内部居民收入的泰尔指数对货币政策冲击进行回归，并进行脉冲响应分析，结果如图 13.3 和图 13.4 所示。

从图 13.3 和图 13.4 可以看出，1 单位货币政策冲击对城镇内部和农村内部的居民收入分配差距的影响是非对称的。对于城镇居民而言，扩张性货币政策首先会使得居民收入不平等程度上升，但是在第 4 期后，正向的货币政策冲击反而会使得城镇内部居民收入的泰尔指数下降 (即缩小了收入不平等程度) 幅度较小。到了第 9 期，货币政策的影响消失，泰尔指数回归到初始水平。总体上，货币政策冲击对城镇居民收入分配差距的累计效应为正，这主要源于居民间的工资异质性和财产构成。城镇中的高收入家庭可以要求更高的工资和配置高收益型资产以规避通胀，而低收入家庭由于议价能力差和投资渠道单一，名义收入的上升有限。因此，扩张性货币政策扩大了城镇内部居民收入分配差距。

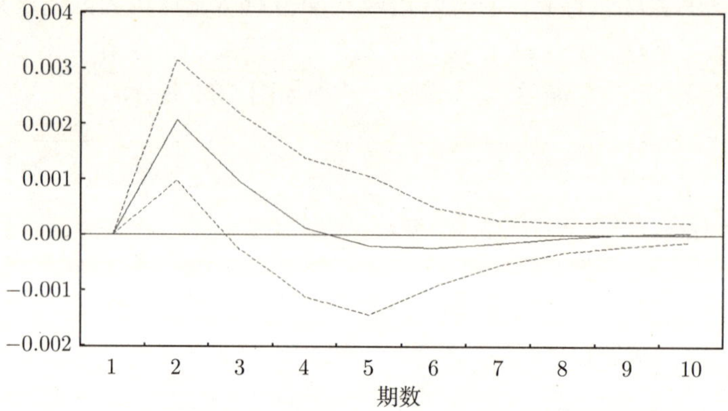

图 13.3　货币政策冲击对城镇内部居民收入分配差距的脉冲响应分析

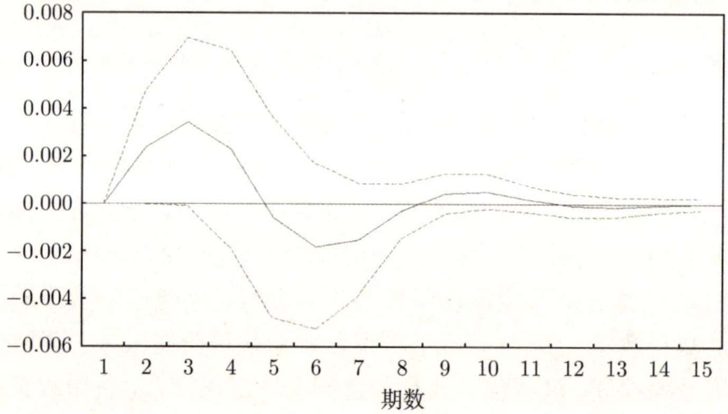

图 13.4　货币政策冲击对农村内部居民收入分配差距的脉冲响应分析

然而，货币政策冲击对农村居民内部收入分配差距的影响更为复杂。一方面，农村居民收入分配差距的波动要大于城镇居民。在第 2 期，农村内部的收入不平等程度会因扩张性货币政策而上升；而到了第 5 期，农村居民的收入分配差距有了一个显著的下降，不管上升还是下降的幅度都要大于城镇居民。我们认为，这可能是由农村居民收入结构导致的。农村居民的主要收入来源是耕种土地获得的经营性收入和进城务工获得的工资性收入，少部分较富裕的农村居民拥有财产性收入。当正向的货币政策冲击发生时，物价水平相对于经营性收入和工资上升了，依赖这两部分收入的农村居民的实际收入下降；而拥有财产性收入的农村居民受到的影响则相对较小，此时货币政策对农村居民收入的内部效应强于外部效应，因而扩大了农村内部的收入分配差距。然而随着时间的推移，货币政策作用于实体经济的效果开始显现，菲利普斯曲线显示通货膨胀率的上升会使得失业率下降，农村居民无疑是这一效应的直接受益群体。由于进城务工的农村居民大多属于低端劳动力，实际工资的下降提升了厂商对这部分劳动力的需求，因而更多的农民工得以找到工作并获得工资性收入，货币政策的外部效应占据了主导地位，农村内部的收入不平等程度也得到了明显的改善。此外，货币政策对农村居民收入分配差距产生了一个较为持续的影响，直到第 14 期冲击才渐渐消散，比对城镇居民的影响 (第 9 期) 更为持久。

图 13.5 展示了货币政策冲击对城乡间居民收入分配差距的影响。总体上，宽松的货币政策扩大了城乡居民的收入结构，主要原因有两点。首先，城镇居民与农村居民的收入来源结构存在差异。城镇居民的收入主要包括工资性收入和财产性收入，而农村居民的收入则由工资性收入和经营性收入构成。正如前文所分析的，当扩张性货币政策提高了经济中的总体价格水平时，由于工资存在黏性，导致其无法与总体价格水平 1:1 地变动，因而居民获得的实际工资性收入都会降低。然而，扩张性货币政策能够提高资产的名义回报率，持有资产较多的城镇居民的实际财产性收入并不会受到货币政策的影响，相对而言，刺激性货币政策对农村居民的实际收入的影响大于城镇居民，导致城乡间收入分配差距有所扩大。其次，城镇居民和农村居民的工资黏性程度可能不同。受到户籍和教育程度等因素的影响，城镇居民人力资本较高，其工资议价能力一般强于农村居民。当物价水平普遍上升时，为

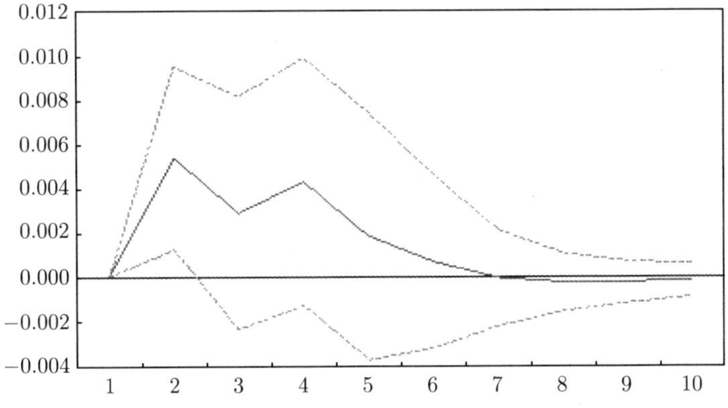

图 13.5 货币政策冲击对农村内部居民收入分配差距的脉冲响应分析

了避免实际工资下降，工人会与雇主进行谈判。对于议价能力较强的城镇居民而言，他们有更大的概率提高名义工资水平，总体上就是城镇居民整体的名义工资上升的速度更快，因而实际工资水平下降有限。然而，由于农民工的议价能力较弱，很难及时调整自身的工资水平，受到扩张性货币政策的影响较大，这一群体的实际工资下降幅度较大。这种议价能力的差异造成了城镇居民与农村居民工资黏性的差异，进而扩大了两个群体间的收入分配差距。值得注意的是，到第 7 期后，在外部效应的影响下，城乡居民间的收入不平等程度有所改善，但改善的程度很小。到了第 11 期，货币政策的影响消失，城乡间居民收入的泰尔指数回归到初始水平。

13.4 小　结

货币政策在四十多年来中国的经济发展中扮演了重要的角色，其在促进经济增长效率的同时对居民收入分配的影响一直是学者关注的话题。我们探讨了货币政策对居民收入分配差距的影响，在一定程度上弥补了国内此类研究不足的缺陷。首先，我们利用递归假设识别法识别出了外生的货币政策冲击，避免了因其他宏观经济变量的间接效应对结果造成的影响，提高了实证检验的解释力。其次，本文分别考察了货币政策对全国居民收入、城镇居民收入、农村居民收入和城乡间居民收入的泰尔指数的影响，发现从总体上而言，扩张性货币政策提高了居民收入分配差距。从城乡内部来看，居民收入分配差距都是因货币宽松的上升而先扩大后缩小，不同的是农村居民收入分配差距的波动性大于城镇居民，这说明货币政策的外部效应对农村居民的作用明显大于对城镇居民。最后，货币政策扩大了城乡居民的收入分配差距。

上述结果的启示是：政府在运用货币政策稳增长的同时不能忽略其对居民收入分配差距的影响。收入分配差距的扩大会导致总需求不足，并引发一系列社会问题。在未来，政府应当避免走“以宽松促增长”的老路，谨慎使用“大水漫灌”式的货币政策；而应当坚持以稳健为主的货币政策，在短期内使用定向降准、抵押补充贷款等结构性货币政策支持特定部门，把货币政策作为辅助结构调整而非拉动 GDP 增长率的政策工具。

参考文献

[1] 江春, 王青林, 苏志伟. 中国货币政策与汇率政策的冲突: 基于收入分配的新视角. 经济学动态, 2013(4): 48—57.

[2] 李建勇, 汪旭, 王枫淇. 货币政策对收入不平等的作用效应: 一个文献研究. 财经科学, 2014(1): 38—45.

[3] 李小林, 司登奎, 李晓文. 国外货币政策与收入分配研究评述. *金融评论*, 2016(3): 100—110.

[4] 刘斌. 货币政策冲击的识别及我国货币政策有效性的实证分析. *金融研究*, 2001(7): 1—9.

[5] 王红涛. 中国城乡收入差距分析——基于泰尔指数的分解. *经济论坛*, 2009(12): 4—8.

[6] 王少平, 欧阳志刚. 我国城乡收入差距的度量及其对经济增长的效应. *经济研究*, 2007(10): 44—55.

[7] 中国人民银行海口中心支行课题组, 吴盼文. 货币政策冲击的收入分配效应研究. *南方金融*, 2014(12): 17—24.

[8] Albanesi, S. Inflation and inequality. *Journal of Monetary Economics*, 2007, 54(4): 1088-1114.

[9] Andrei, D., B. Herskovic and O. Ledoit. The redistributive effects of monetary policy. Working Papers, 2011.

[10] Bordo, M. D., C. J. Erceg and C. L. Evans. Money, sticky wages, and the great depression. *American Economic Review*, 2000, 90(5): 1447-1463.

[11] Christiano, L. J., M. Eichenbaum and C. L. Evans. Monetary policy shocks: What have we learned and to what end? *Handbook of Macroeconomics,* 1999, 65-148.

[12] Coibion, O., Y. Gorodnichenko and L. Kueng. Innocent bystanders? Monetary policy and inequality. *Journal of Monetary Economics*, 2017, 5(88): 70-89.